Debora Sommer

DIE LEISEN WELTVERÄNDERER

Von der Stärke introvertierter Christen

SCM

Hänssler

SCM
Stiftung Christliche Medien

SCM Hänssler ist ein Imprint der SCM Verlagsgruppe, die zur Stiftung Christliche Medien gehört, einer gemeinnützigen Stiftung, die sich für die Förderung und Verbreitung christlicher Bücher, Zeitschriften, Filme und Musik einsetzt.

2. Auflage 2018

© 2018 SCM Hänssler in der SCM Verlagsgruppe GmbH · Max-Eyth-Straße 41
71088 Holzgerlingen
Internet: www.scm-haenssler.de · E-Mail: info@scm-haenssler.de

Umschlaggestaltung: Kathrin Spiegelberg, Weil im Schönbuch
Titelbild: Meerfotografie: shutterstock.com; U-Boot-Illustration:
Kathrin Spiegelberg
Satz: typoscript GmbH, Walddorfhäslach
Druck und Bindung: GGP Media GmbH, Pößneck
Gedruckt in Deutschland
ISBN 978-3-7751-5828-2 · Bestell-Nr. 395.828

Rolf, meinem Lieblings-Extrovertierten, zum 20. Hochzeitstag!

Zwanzig Ehejahre haben uns geprägt. Ohne dich wäre ich nicht diejenige, die ich heute bin. Du bist ein Segen für mein Leben. Zusammen mit Ruben und Dina, die unser extro-, intro- und zentrovertiertes Familienleben mit Lebendigkeit, Spannung und Einzigartigkeit füllen. Ich danke Gott für euch und liebe euch.

INHALT

Vorwort 7

Einleitung 13
   Introversion – ein globales Thema! 13
   Zum Anliegen dieses Buches und wer es lesen sollte 18
   Zum Aufbau dieses Buches 23

1. Introvertiertes (Christ-)Sein 27
   Unterschiede zwischen Introvertierten und Extrovertierten 28
   Introversion und Hochsensibilität 37
   Kennzeichen introvertierter Christen (mit Test!) 44

2. Introvertiert an Stärke gewinnen 54
   Stille Wasser sind tief 54
   Innere Stärke suchen 65
   Innere Stärke entdecken 81
   Innere Stärke empfangen 95
   Innere Stärke bewahren 105

3. Introvertiert den Alltag meistern 115
   Introvertiert im Alltag 116
   Introvertierte Kindheit, Jugend- und Studienzeit 124
   Introvertiert im Beruf und in der Berufung 138
   Introvertiert in Freundschaften und in der Liebe 153
   Introvertiert in der Familie
   (als introvertierte/-r Mutter/Vater) 169

4. Introvertiert die Gemeinde prägen 186
   Vom Leiden introvertierter Christen 186

Introversion in der Bibel 201

Introvertierte Christen der Gegenwart und Vergangenheit 211

Gemeinden prägen durch introvertierte Stärken 224

Gemeinden prägen durch Sichtbarkeit 241

5. Introvertiert die Welt verändern 259

Introvertierte Weltveränderer 260

Verändern durch Horizonterweiterung 268

Verändern durch Hingabe 280

Verändern durch Kreativität 292

Verändern durch Selbstfürsorge 298

Schlussgedanken 311

Dank 317

Gedicht »Hidden me« 320

Weiterführende Literatur 321

Anmerkungen 325

VORWORT

November 2011. Entspannt liege ich neben meinem Ehemann auf einer bequemen Liege an einem Swimmingpool in Eilat/Israel. Zum gefühlt hundertsten Mal trällert Sting aus dem Lautsprecher: *I'm an alien. I'm a legal alien. I'm an Englishman in New York.* Zu Deutsch: *Ich bin ein Fremder. Ich bin ein rechtmäßiger Fremder. Ich bin ein Engländer in New York.* Ich atme tief durch. Ich mag dieses Lied. Es bringt ein Lebensgefühl zum Ausdruck, das mir vertraut ist – auch wenn ich keine Engländerin bin. Nämlich das Gefühl, sich fremd zu fühlen. Und damit meine ich nicht das Fremdsein jenes Augenblicks, das durchaus nachvollziehbar gewesen wäre für eine Touristin im Ausland. Ich meine vielmehr das eigenartige Gefühl des Fremdseins in der Heimat. In einem vertrauten Umfeld. Unter Menschen, deren Sprache ich spreche.

Sich fremd fühlen in der Heimat

Anders als Sting, in dessen Lied unüberhörbar Nationalstolz mitschwingt, fühlte ich mich lange Zeit vielmehr verwirrt und einsam als stolz. Verwirrt von meinen eigenen Empfindungen und unsicher, ob es auch andere gibt, die so empfinden wie ich. Jahrelang hatte ich keine Ahnung, zu welchem »fremden Volk« ich denn gehöre und worin dieses Gefühl des Fremdseins gründet. Heute weiß ich, dass ich zum »Volk der Introvertierten« gehöre. Und zwar zur extremen Sorte. Den stillen Beobachtern (die nicht unbedingt auf den ersten Blick als solche zu erkennen sind und die gelegentlich sogar extrovertiert scheinen mögen). Solchen, die sich tief in ihrem Innersten vorstellen könnten, den Rest ihres Lebens – oder zumindest einen großen Teil davon – in der Einsamkeit zu verbringen. In einem abgelegenen Kloster, einem Häuschen am Meer, der Idylle eines gemütlichen Apartments mit inspirierender Aussicht auf See und Berge. Umgeben von Büchern, mit Blick auf die endlose Weite und unberührte Natur oder auch als geheime Beobachter der Geschäftigkeit anderer Menschen. Die friedvolle Stille einer Umgebung, speziell das Glitzern und Plätschern von Wasser, übt eine unglaublich beruhigende Wirkung auf mich aus. Ansonsten bräuchte ich keinerlei Ablenkung, Betrieb oder Unterhaltung. Denn die Welt in mir ist so laut, bunt und intensiv, dass meistens Hochbetrieb in mir herrscht.

Andererseits sträubt sich etwas in mir gegen ein Einsiedlerleben jener Art. Insbesondere die Tatsache, dass ich sehnsüchtig verbunden bin mit Menschen, die mir kostbar sind: mit meinem Ehemann, meinen Kindern, meinen Eltern, meiner Schwester und ihrer Familie, Verwandten, meinen Freunden … Ich bin reich beschenkt durch sie. Und möchte an ihrem Leben teilhaben – selbst wenn es mich oft herausfordert und manchmal auch überfordert. Ich möchte an der Begegnung mit meinen Mitmenschen reifen und ihnen auch einen Teil von mir schenken. Ich habe einen Auftrag, der zu Berührungspunkten mit anderen Menschen führt. Das große Bedürfnis nach Rückzug und Einsamkeit auf der einen Seite und der Dienst mit und unter Menschen auf der anderen Seite sind und bleiben jedoch ein großes Spannungsfeld.

Sich fremd fühlen in der *geistlichen* Heimat

Als besonders beklemmend erlebe ich es, wenn mich das Gefühl des Fremdseins in meiner »geistlichen Heimat« (wie man in frommen Kreisen so schön sagt) beschleicht. Damit meine ich die christliche Gemeinschaft, der ich angehöre, in meinem Fall eine Schweizer Freikirche. »Geistliche Heimat« steht dabei nicht selten austauschbar für die wirklichkeitsferne Vorstellung einer geistlichen Großfamilie, in der »Glaubensgeschwister« – allen Unterschieden und Meinungsverschiedenheiten zum Trotz – harmonisch miteinander umgehen. Ich frage mich: Wie sollte in einer »geistlichen Familie« dieser Dimension automatisch funktionieren, was selbst in der eigenen Familie ein intensives Übungsfeld für alle Beteiligten darstellt? Das Gefühl der Fremdheit im Kontext der christlichen Kirche rührt nicht zuletzt daher, dass *Gemeinschaft* als einer der wichtigsten Werte deklariert wird. Doch was ist, wenn mir Gemeinschaft schwerfällt? Wenn mich die Begegnung mit anderen Menschen unglaublich viel Kraft kostet? Wenn ich mich unsicher und unwohl fühle unter vielen Menschen, selbst wenn sie mir mehrheitlich vertraut sind? Wenn es mich überfordert, neue Kontakte zu knüpfen und bestehende zu pflegen? Macht mich dies zu einem ungeistlichen Menschen? Stimmt etwas nicht mit mir?

Während ich an anderen ihre ausgeprägte Gabe und Fähigkeit, Gemeinschaft und Gastfreundschaft zu leben, bewundere, fällt der Blick auf meinen eigenen Beitrag in dieser Hinsicht äußerst ernüchternd aus. Gaben wie Kontaktfähigkeit und Gastfreundschaft, die prototypmäßig als Markenzeichen einer frommen Christin gelten, scheinen in meinem Fall irgendwie vergessen worden zu sein. Auf unangenehme Weise fühle ich mich mit diesen (von mir so empfundenen) Defiziten nicht der christlichen Norm entsprechend. Ungenügend qualifiziert, meinen Teil zur Gemeinschaft beizutragen. Es kostet mich große Anstrengung und sehr viel Überwindung, überhaupt auf andere Menschen zuzugehen. Menschen einzuladen und zu bewirten, würde ich je nach Verfassung manchmal nicht ungerne. Aber ehrlich gesagt fühle ich mich ziemlich überfordert damit. Andere Menschen mögen mein Verhalten als distanziert deuten, vielleicht sogar als arrogant. Im Grunde genommen sind es Hilflosigkeit und Ausdruck einer Begrenzung, mit der ich lebe und an der ich oft auch leide. Andere Introvertierte erleben diese Begrenzung anders und empfinden Gastfreundschaft in einem überschaubaren Rahmen als durchaus angenehm und erstrebenswert.

Dafür habe ich andere Begabungen. Die Leidenschaft des Forschens, des Schreibens, des Lehrens, des Musizierens. Lange Zeit hat sich mir die Frage aufgedrängt: Sind diese Begabungen für eine christliche Gemeinschaft denn überhaupt von Bedeutung? Anderen introvertierten Christen mit anderen Gaben mag es ähnlich gehen.

Dieser innere Konflikt introvertierter Christen kann sich auch in weiteren Fragen äußern. Zum Beispiel: Brauche ich die christliche Gemeinschaft überhaupt? Es kostet so viel Kraft und ist auch oft mit Enttäuschungen verbunden, anderen Menschen zu begegnen. Ist es in einem solchen Fall nicht viel sinnvoller, am Sonntag zu Hause zu bleiben und mir in der Geborgenheit meiner eigenen vier Wände eine Radio- oder Fernsehpredigt anzuhören? Weiter stellt sich wiederholt und auf belastende Weise die Frage, wie ich den christlichen Auftrag erfüllen soll, andere Menschen mit dem Evangelium zu erreichen und ihnen die gute Nachricht von Jesus zu erzählen. Dies geschieht über Beziehungen. Doch was ist, wenn mir Beziehungen schwerfallen? Kann ich dem christlichen Auftrag unter solchen Voraussetzungen je gerecht werden?

Neulich in London

April 2017. Gemächlich schlendere ich mit meinem siebzehnjährigen Sohn am Südufer der Themse entlang. Wir genießen die Zweisamkeit und den herrlichen Frühlingstag in London mit allen Sinnen. Plötzlich erregen sanfte Klänge meine Aufmerksamkeit. Sie heben sich vom Stimmengewirr der Straßenkünstler ab und treffen mich mitten ins Herz. Da ist er wieder, jener Song. *Englishman in New York.* Meisterhaft interpretiert von einem jungen Musiker mit Gitarre. Für einen Bruchteil der Sekunde protestiert mein Verstand gegen die Widersprüchlichkeit der Situation: *Ich bin ein Engländer in New York* – gesungen in England? Was den Künstler wohl dazu bewegt hat, dieses Lied in sein Repertoire aufzunehmen? Ist er vielleicht gar kein Engländer, sondern ein Ausländer – *a legal alien, ein rechtmäßiger Fremder?* Hat er – falls er gebürtiger Engländer ist – vielleicht schon mal eine vergleichbare Situation im Ausland erlebt? Oder kennt vielleicht auch er jenes Gefühl, sich in der eigenen Heimat fremd zu fühlen? Energisch gebiete ich meinem inneren Gedankenkarussell Einhalt. Möglicherweise hat sich der Sänger all diese Gedanken gar nicht gemacht, sondern war schlicht und einfach überzeugt von dem Song und seiner positiven Wirkung auf die Passanten.

Während wir am Quai zum Musiker aufschließen, neigt sich der Song bereits dem Ende zu. Die Musik tanzt mit dem Frühlingswind um die Wette und versinkt in der Geräuschkulisse des geschäftigen Aprilmorgens. Gebannt lausche ich den letzten Worten des Liedes: *Be yourself no matter what they say.* – *Sei du selbst, egal was die anderen sagen.* Erst als der Straßenmusiker in meine Richtung schaut, fällt mir auf, dass ich die Einzige bin, die stehen geblieben ist. Schnell eile ich meinem Sohn nach, der sich schon wundert, wo ich geblieben bin. Federleichte Klänge und Worte, aber so unfassbar schwer und gewichtig in der Umsetzung …

Nichtsdestotrotz will ich dranbleiben und weiter an mir arbeiten. Ich will mehr und mehr wagen, ich selbst zu sein. Und ich möchte auch andere dazu ermutigen, genau das zu tun. Die Vorstellung davon, was geschehen könnte, wenn ganz viele Introvertierte damit beginnen, ihrer Persönlichkeit entsprechend zu leben und zu handeln (*auch* und *ganz besonders* im christlichen Kontext), beflügelt meine Schritte und pulsiert durch die Zeilen dieses Buches.

Debora Sommer, Strengelbach (Schweiz), im Juli 2017

EINLEITUNG

Introversion – ein globales Thema!

Als zwei Monate nach unserer Israelreise im Januar 2012 Susan Cains Buch *Quiet – The Power of Introverts in a World That Can't Stop Talking*[1] erschien, war nicht abzusehen, was dieses Buch weltweit auslösen würde. Es war in der Tat eine nicht geringe Überraschung, als sich die attraktive Amerikanerin, die als erfolgreiche Anwältin an der Wall Street gearbeitet hatte, als Introvertierte zu erkennen gab und damit unter anderem ihren Rücktritt aus jenem Berufsfeld begründete. *Quiet (Still)* ist ein Plädoyer für die Stärke und Kraft der Introversion, die bis heute – so Cain – von vielen Menschen verkannt wird. Mit ihrem Buch wollte sie in erster Linie Vorbehalte gegenüber Introvertierten entkräften. »*Unsere Schulen, Arbeitsplätze und religiösen Institutionen sind für Extrovertierte gemacht, und viele Introvertierte glauben, mit ihnen stimme etwas nicht und sie sollten versuchen, als Extrovertierte ›durchzugehen‹. Diese negative Voreinstellung führt zu einer kolossalen Verschwendung von Talenten, Energie und letztlich von Glück.*«[2]

Mit ihrem Buch über die stille Hälfte der Menschheit landete Susan Cain einen Volltreffer.[3] Das Buch wurde in vielen Ländern zum Bestseller. Mehr als drei Jahre hielt es sich gar auf der prestigeträchtigen *The New York Times*-Bestsellerliste. Cains Buch wurde in den vergangenen fünf Jahren in sechsunddreißig Sprachen übersetzt.[4] Tausende von Menschen rund um den Globus haben sich seither der *Stillen Revolution*[5] angeschlossen. Es besteht kein

Zweifel: Introversion ist ein globales Thema. Introversion macht nicht halt vor den unterschiedlichsten Nationalitäten!

Soziale Netzwerke als Weltcafé

Dies bestätigt auch ein Blick in die sozialen Netzwerke. Seit einigen Jahren folge ich mit großem Interesse den Beiträgen einiger Introversionsseiten auf Facebook, zum Beispiel *Introverts are Awesome* (»Introvertierte sind fantastisch«). Diese Seite wurde im Jahr 2011 von einer introvertierten jungen Frau ohne bestimmte Absicht ins Leben gerufen. Heute (im Mai 2017) zählt ihre Facebook-Seite rund eine halbe Million Fans weltweit! Gar über zwei Millionen Menschen folgen den Bildern und Zitaten auf *Introvert Problems* (»Probleme der Introvertierten«). Auch Seiten wie *Introvert Nation* oder *Introvert, Dear*[6] sind rege besucht.

Reaktionen auf einen Beitrag im Herbst 2016 haben mich dermaßen überrascht und bewegt, dass ich eine Menge Screenshots auf meinem Smartphone gespeichert habe. Leider habe ich in meiner Faszination vergessen festzuhalten, zu welcher Facebook-Seite dieser Beitrag gehörte, und ich konnte es nachträglich nicht mehr feststellen. Ganz beiläufig wurde am Ende des Posts in die (eher passive) Runde der Introvertierten gefragt: »Hey, wo kommt ihr denn eigentlich her?« Und dann ging es los … Tausende von Menschen rund um den Globus meldeten sich innerhalb kürzester Zeit zu Wort: Apapa aus Nigeria, Sushmita aus Indien, Rookeya aus Südafrika, Mauri aus Finnland, Miguel aus Südkalifornien, Eleonora aus Italien, Beth aus einem Vorort von Chicago, Jagadish aus Nepal, Elin aus Schweden, Syahnaz aus Singapur, Ole aus Norwegen, Zsófia aus Ungarn, Frits aus Holland, Kerry aus Australien, Janet aus

Schottland, Joe aus England, Gaby aus Deutschland und – um noch ein letztes verblüffendes Beispiel zu nennen – Rene von der Kenai-Halbinsel in Alaska. Viele von ihnen öffneten ihr Herz und erzählten, wie es ihnen als Introvertierte erging in ihrem Umfeld, ihrem Land, ihrer Kultur. Andere äußerten ihre große Dankbarkeit für diese Gruppe, die ihnen das Gefühl gab, nicht so einsam zu sein. Ich lag auf dem Sofa, als ich mich durch diese Flut von Beiträgen scrollte. Dabei liefen mir Tränen über die Wangen, weil mich dieses globale Zusammentreffen auf seltsame Weise anrührte.

Das Zeitalter von Web 2.0 eröffnet dem »Volk der Introvertierten« ganz neue Möglichkeiten, sich zu sammeln. Nicht zuletzt deswegen, weil viele Introvertierte die schriftliche Kommunikation bevorzugen. Dies erinnert mich an den englischen Slogan, den ich neulich auf einem T-Shirt im Internet gesehen habe (ja, es gibt tatsächlich Artikel für Introvertierte!): *Introverts unite – separately in your own homes* (»Introvertierte, vereinigt euch – alle separat, in euren eigenen Häusern«)! Dieser Slogan kommt tatsächlich nicht von ungefähr. Social Media machen aus der Welt ein Dorf. Die sozialen Netzwerke werden zum virtuellen Marktplatz oder Weltcafé. Dies birgt selbstverständlich Gefahren, aber (und ganz speziell für Introvertierte) auch ganz viele Chancen! So ist dieses globale »Dorfwissen« auch maßgeblicher Bestandteil dieses Buches, indem vieles mit einfließt, was mir im Laufe der vergangenen Wochen, Monate und Jahre im Netz begegnet ist.

Die Rolle der Kultur

Introversion ist global und doch gibt es kulturelle Gegebenheiten, die das Leben von Introvertierten vereinfachen oder erschweren. So ist es zumindest in diversen Büchern und Artikeln zu lesen. Anne Heintze schreibt beispielsweise in ihrem Buch *Auf die leise Weise*, dass introvertierte Menschen in Asien sehr geschätzt werden.[7] Dies liege besonders an deren Zurückhaltung und der damit verbundenen Bescheidenheit, die dort nicht nur als angenehm, sondern auch als Erfolg versprechend eingestuft werde. In der asiatischen Kultur hätten das Stetige und Stille von jeher einen höheren Stellenwert gehabt. Ebenso Qualitäten wie Hingabe, Konzentration, Entschlossenheit und Achtsamkeit.

Wiederholt begegnete mir die Äußerung, dass Amerika ein sehr extrovertiertes Land sei, in dem es Introvertierte schwer hätten. Nicht zuletzt deshalb, weil extrovertiertes Verhalten viele begeistert. Großbritannien und nordische Länder wie Schweden, Norwegen und Dänemark werden hingegen oft als introvertiertenfreundlicher beschrieben. In der kulturellen Diskussion kommt verwirrend hinzu, dass die extrovertierte Art häufig positiv, die introvertierte Art hingegen negativ assoziiert wird. So schwärmte etwa die Bloggerin und Fotografin Andrea Monica Hug nach einem dreiwöchigen Aufenthalt in Los Angeles von der unglaublichen Herzlichkeit und Nächstenliebe der Amerikaner. Zurück in der Schweiz musste sich Hug erst wieder an ihre Heimat gewöhnen: »*Ich fühlte mich in L. A. mehr zu Hause als hier. Die Schweizer sind so introvertiert und distanziert – das ist schlimm.*«[8] Undifferenzierte Aussagen dieser Art sind alles andere als hilfreich. Denn genau mit solchen Vorurteilen sehen sich Introvertierte konfrontiert. Im Gegensatz zu den lebensfreudigen, freundlichen, hilfsbereiten und großzügigen Extrovertierten werden Introvertierte nicht selten als unfreundlich, distanziert, verklemmt und Ähnliches bezeichnet.

Stereotype Festlegungen kultureller Art sind eine Sackgasse. Selbst *wenn* gewisse Tendenzen auszumachen sind: So wenig wie es *den* introvertierten Schweizer gibt, gibt es *den* extrovertierten Amerikaner oder *die* introvertierte Asiatin. (Dasselbe gilt auch für die Introversion an sich: Es gibt nicht *die* oder *den* Introvertierten.)[9] Und was »die introvertierte Asiatin« betrifft, relativiert Christine Tan diesen Mythos in einem entsprechendem Artikel[10] den Mythos der introvertierten Asiaten. Sie selbst wurde von einem extrovertierten chinesisch-malaysischen Elternpaar in Kanada großgezogen. Nachdem sie immer wieder mit dem Vorwurf der »introvertierten Asiatin« konfrontiert worden war, begab sie sich auf eine Reise der Selbstfindung nach Asien: zunächst nach Singapur und nach einem Aufenthalt in London nach Schanghai. Heute lebt sie ein ruhiges Leben in Malaysia. Was sie auf ihrer Reise lernte: Es gibt introvertierte Asiaten. Aber auch extrovertierte. Und genau dies wiederholt sich überall auf der Welt. Mit Verweis auf die Art und Weise, wie sich einige chinesische Studenten verhalten oder wie Chinesen feilschen, einen Streit klären oder miteinander plaudern, schreibt sie: »*Unterstehen Sie sich, mir zu sagen, dass Asiaten von Natur aus ein schüchterner, introvertierter Haufen sind!*«[11]

Introversion ist also kein kulturell bedingtes Phänomen. Andererseits beeinflussen das Land und die Kultur, in der wir leben, maßgeblich, wie es Introvertierten im Alltag geht. So finden sich auch in jeder Kultur und jedem Land christliche Gemeinschaften, die stärker oder weniger stark extrovertiert ausgerichtet sind. Und ich wage zu behaupten, dass introvertierte Christen verschiedener Länder und Kulturen mit ähnlichen Herausforderungen zu kämpfen haben.

Zum Anliegen dieses Buches und wer es lesen sollte

Dass ich über Introvertierte schreibe, könnte für einige überraschend sein. »Wieso schreibt Debora Sommer über Introversion? Ich habe sie bei Vorträgen erlebt. Dabei hat sie kein bisschen introvertiert gewirkt.« Solche und ähnliche Reaktionen wären durchaus nachvollziehbar, da sich mein öffentliches Auftreten nicht unbedingt mit der Vorstellung eines introvertierten Menschen deckt. Allerdings können mein Ehemann und meine Kinder ein Lied davon singen, wie ich bin, wenn ich aus dem Rampenlicht zurückkehre. Sie wissen um meine stark introvertierte Seite.

Das Anliegen für dieses Buch entspringt primär meinem persönlichen Ringen um meinen Lebens- und Berufungsweg. Vor ungefähr eineinhalb Jahren hielt ich in meinem Tagebuch fest, dass folgende drei Adjektive mein Leben und meinen Dienst prägen, herausfordern und begrenzen wie keine anderen: *weiblich*, *introvertiert* und *hochsensibel*. Die Auseinandersetzung mit jedem dieser Adjektive hat mich viele schlaflose Nächte gekostet, mich letztendlich aber auch einen großen Schritt weitergebracht. Nach jahrelangem Ringen um meine Rolle und meinen Dienst als Frau im christlichen Kontext setzte ich mich als Nächstes intensiv mit dem Thema Hochsensibilität auseinander. Und nun ist das dritte Adjektiv an der Reihe: *introvertiert*. Genau wie die Weiblichkeit und Hochsensibilität ist auch die Introversion ein Teil von mir. Sie berührt den innersten Kern meiner Persönlichkeit und somit alle Lebensbereiche. Auch mein Christsein. Und genau dieser Aspekt liegt mir ganz besonders am Herzen, weil ich hier eine große Not feststelle.

Introvertiertes Christsein

Schweren Herzens habe ich in den vergangenen Monaten zahlreiche Aussagen von introvertierten Christen gelesen, die zum Schluss kamen, sie hätten in einer christlichen Gemeinde nichts verloren. Oder schlimmer noch, dass man mit einer solchen Persönlichkeit vermutlich gar kein echter Christ sein könne. Neulich sprach ich mit einer Christin, die vehement abstritt, introvertiert zu sein, obwohl es für mich ihrer Beschreibung nach offensichtlich schien. Als ob es etwas ganz Schlimmes wäre, als »introvertiert« entlarvt zu werden. Dies zeigt, wie wichtig und dringend notwendig Aufklärungsarbeit in diesem Bereich ist. Introvertiert zu sein, ist keine Schande, sondern vielmehr eine wunderbare Gabe, die es zu entdecken und zu entfalten gilt. Mit diesem Buch möchte ich introvertierten Christen, die an sich zweifeln, eine Stimme geben und Mut machen. Leise Menschen – wie Sylvia Löhken Introvertierte auch gern in ihren Büchern[12] bezeichnet – haben besondere Fähigkeiten, brauchen aber auch besondere Rahmenbedingungen, um diese Fähigkeiten und Gaben kraftvoll auszuleben.

Als stark introvertierte und hochsensible Christin in den frühen Vierzigern habe ich schon diverse Facetten dieser Thematik durchlebt und durchkämpft. Als Pfarrerstochter und spätere Pfarrersfrau sind mir die Erwartungen, denen Introvertierte in einer christlichen Gemeinschaft ausgesetzt sind, bestens vertraut. Trotz aller Herausforderungen bin ich heute wieder aktives Mitglied einer christlichen Gemeinde. Gott hat mich in den vergangenen zwanzig Jahren einen Weg geführt, der mich wiederholt vor die Entscheidung gestellt hat, mich ängstlich zurückzuziehen oder aber eine Horizonterweiterung zu wagen. Obwohl ich stark introvertiert bin und mich die Begegnung mit Menschen viel Mut und Energie kostet, sehe ich einen Teil meines Lebensauftrags darin, anderen Menschen zu dienen. Zum Beispiel, indem ich Referate, Schulungen oder Predigten halte oder Lobpreiszeiten leite. Das Tagebuchschreiben und die Autorentätigkeit gehören zu meinen kostbarsten Lebensoasen. Hier schöpfe ich besonders viel Lebensenergie, da ich mein Leben schreibend bewältigen kann. Auch die Leitung und Betreuung eines Fernstudiums[13] entspricht zu einem großen Teil meiner introvertierten Natur. Trotzdem bleiben immer noch genügend Spannungsfelder übrig, in denen ich in meinen Rollen als Ehefrau, Mutter von zwei lebhaften Teenagern, aktives Gemeindeglied, Vorstandsmitglied, Selbstständige etc. um einen gangbaren Weg zwischen persönlichen Begrenzungen und Auftrag ringe.

Im Rückblick auf die vergangenen fünfzehn Jahre bin ich bewegt von dem, was Jesus geschenkt und möglich gemacht hat. Er hat mir Türen geöffnet, die ich nie erwartet hätte, und ich bin gespannt darauf, wie und wo mein Weg weitergeht. Auf dem Hintergrund dieser persönlichen Erlebnisse möchte ich mit diesem Buch auch andere ermutigen, einen kraftvollen Umgang mit ihrer Introvertiertheit zu finden und sichtbar zu werden. Mein extro-, zentro- und introvertiertes Familienleben ist und bleibt ein tägliches Übungs- und Bewährungsfeld. Dies ist auch der Grund, weshalb sich in diesem Buch sehr viele persönliche Einsichten und Erlebnisse finden.

Kernanliegen

Auf dem Hintergrund meiner persönlichen Erfahrungen verfolgt dieses Buch folgende Kernanliegen:

1. Zunächst möchte ich introvertierten Christen Mut machen, ein Ja zu ihrer introvertierten Art zu finden. Und zwar nicht unbegründet, sondern indem sie die verborgene Stärke der Introversion als Geschenk erkennen. Es ist nichts, wofür man sich schämen oder entschuldigen müsste. Im Gegenteil: Es ist ein Schatz, der auch anderen zum Segen werden kann, wenn er sichtbar wird und Introvertierte den Mut aufbringen, andere daran teilhaben zu lassen. Als ich einen introvertierten Bekannten um seine Meinung zu einigen Aussagen in diesem Buch bat, schrieb er mir: »Schon nur zu wissen, dass jemand ein Buch darüber schreibt, hilft meiner Seele – ich fühle mich endlich ernst genommen.« Das hat mich zutiefst bewegt. Es wird höchste Zeit, dass introvertierte Christen ernst genommen werden!

2. Ausgehend von dieser Erkenntnis möchte ich introvertierte Christen dazu ermutigen, ihre introvertierte Komfortzone zu erweitern, damit sie sich auf Gottes Abenteuer mit ihrem Leben einlassen. Ich möchte dazu ermutigen, dass introvertierte Christen ihren ganz eigenen Weg finden, wie sie ihren Glauben und Auftrag in Übereinstimmung mit ihrem introvertierten Wesen leben können. Introversion wird man – genauso wie Extroversion – nie ablegen können. Sie ist seit dem Tag der Geburt da und wird es bleiben.[14] Aber wir können daran arbeiten, wie wir mit ihr umgehen, damit ein erfülltes, zufriedenes Leben, das uns und anderen zum Segen dient, möglich wird.

3. Und schließlich möchte das Buch auch Nicht-Introvertierten Einblick in die Denk- und Lebensweise introvertierter Menschen geben und sie für das oft ungenutzte Potenzial introvertierter Menschen sensibilisieren. Besonders in Teams und

somit auch in der christlichen Gemeinde kann eine konstruktive Zusammenarbeit von Introvertierten, Zentrovertierten (der Begriff wird in Kapitel 1 auf den Seiten 33–34 erklärt) und Extrovertierten ein großer Gewinn sein. Es wäre fantastisch, wenn in christlichen Gemeinschaften neu erkannt würde, wie kostbar diese ergänzende Vielfalt ist.

Den Kernanliegen zufolge richtet sich mein Buch in erster Linie an introvertierte Christen. In zweiter Linie richtet es sich auch an all diejenigen, die mit introvertierten Christen in Berührung kommen (auch wenn ihnen das bis jetzt vielleicht nicht einmal bewusst ist): insbesondere Verantwortliche in christlichen Gemeinden – vom Pastor bis zu den Mitarbeitenden –, aber auch Ehepartner, Eltern, Lehrpersonen, Therapeuten, Freunde und so weiter.

Kein Fachbuch über Introversion

Was Sie hier in Händen halten, ist kein Handbuch oder Fachbuch über Introversion. Davon gibt es mittlerweile etliche (vgl. hierzu das Literaturverzeichnis am Ende des Buches).[15] Selbstverständlich prägt die Auseinandersetzung mit der Fachliteratur meine Erkenntnisse und Schlussfolgerungen. Mein Buch unterscheidet sich von anderen existierenden Büchern über Introversion durch seine gezielt christliche Ausrichtung. Als Theologin gilt mein besonderes Augenmerk zudem der Frage, was wir aus der Bibel lernen können. Ich persönlich erlebe die Bibel in meinem Alltag als wertvollen und weisen Ratgeber, den ich nicht missen möchte. Dies ist auch der Grund, weshalb ich im Buch immer wieder auf Bibeltexte zurückgreifen werde, die mir hilfreich erscheinen.

In meiner Teenagerzeit und auch danach wäre ich unglaublich dankbar gewesen für ein Buch zu diesem Thema. Es hätte mir geholfen, mich besser zu verstehen, vielleicht auch früher ein Ja zu meiner Andersartigkeit zu finden und ehrlicher dazu zu stehen. Unzählige Male habe ich mich gefragt: Was stimmt nicht mit mir? Wieso erlebe ich es so intensiv und anstrengend, mit anderen Menschen zusammen zu sein? Wieso mag ich keine Gruppenarbeiten? Wieso macht es mich so nervös, mit Menschen zu sprechen? Fragen über Fragen … Im Laufe der Jahre fragte ich mich zudem immer öfter, wie es wohl anderen introvertierten Menschen in der christlichen Gemeinschaft geht. In einem Setting, dessen Fokus stark auf gelebter Gemeinschaft und der Investition in Beziehungen liegt. Mit welchen Herausforderungen sehen sie sich konfrontiert?

Doch es gab kein Buch, das mir bei meinen Fragen weitergeholfen hätte (zumindest war mir zu jenem Zeitpunkt keines bekannt). Und bis heute sind Beiträge hierzu – zumindest im deutschsprachigen christlichen Literaturmarkt – rar.[16] Mit meinem Buch möchte ich einen Beitrag dazu leisten, dass die Lücke in der deutschsprachigen christlichen Literatur etwas kleiner wird.

Zum Aufbau dieses Buches

Unsere literarische Reise ins Land der Introversion umfasst fünf Kapitel. Jedes Unterkapitel der Kapitel 2 bis 5 schließt mit *Impulsen zum Weiterdenken*. In Kapitel 1 werden zunächst einige grundlegende Dinge geklärt. Für den Aufbau der Kapitel 2 bis 5 habe ich das Bild von konzentrischen Kreisen gewählt, wie in der folgenden Darstellung zu sehen ist:

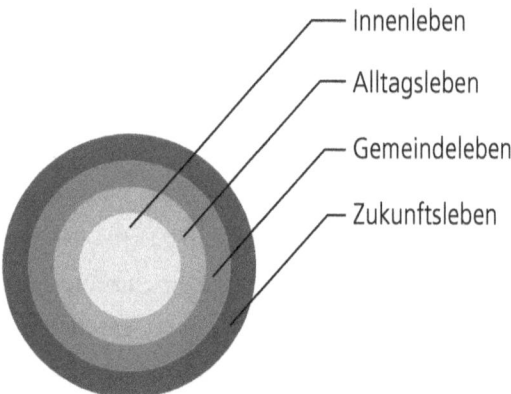

Innenleben
Alltagsleben
Gemeindeleben
Zukunftsleben

Der konzentrische Aufbau führt zu folgender inhaltlichen Struktur:

Kapitel 1: Introvertiertes (Christ-)Sein (Grundsatzkapitel)

Kapitel 2: Introvertiert an Stärke gewinnen (Innenleben)

Kapitel 3: Introvertiert den Alltag meistern (Alltagsleben)

Kapitel 4: Introvertiert die Gemeinde prägen (Gemeindeleben)

Kapitel 5: Introvertiert die Welt verändern (Zukunftsleben)

Die Schlüsselrolle spielt der innerste Kreis. Er steht symbolisch für die innere Mitte eines Menschen. Für das Innenleben. Das menschliche Herz als Sitz der Gefühle und der Seele. Der Zustand der inneren Mitte wirkt sich unmittelbar auf alle weiteren Lebensbereiche aus, die sich in konzentrischen Kreisen um die Mitte anordnen. Das gilt natürlich nicht *nur* für introvertierte Menschen, aber für jene doch im Besonderen. Denn wenn Sie introvertiert sind, wirkt sich dies auf all Ihre Lebensbereiche aus. Je gesünder und kraftvoller der Umgang mit dem eigenen Innenleben ist, desto gesünder und kraftvoller entwickeln sich auch die übrigen Lebensbereiche. Ich musste schmunzeln, als ich lange nach der Planung meiner Gliederung in Sylvia Löhkens Buch *Leise Menschen – starke Wirkung* mit Verweis auf den dortigen Aufbau las: »*Das Buch ist so aufgebaut, wie Intros gern denken und kommunizieren: von innen nach außen.*«[17] Ich fühlte mich ertappt. Denn tatsächlich denke ich so und auch viele meiner Texte oder Referate sind genau so aufgebaut. Allerdings war mir bis jetzt nie bewusst, dass es sich dabei um eine typische Intro-Eigenschaft handeln könnte.

Die innere Mitte kann man mit den Wurzeln eines Baumes vergleichen. Damit ein Baum in die Höhe und Breite wachsen kann, muss sein Wachstum zunächst in die Tiefe führen. Mit seinen Wurzeln greift er tief in die Erde hinein, um dann umso kraftvoller in die Höhe zu treiben. Der Baum strebt so dem Licht entgegen, ohne dabei die Dunkelheit zu meiden. Denn es braucht beides: Licht und Dunkelheit. Sichtbares und Verborgenes. Keines auf Kosten des anderen und keines unter Verleugnung des anderen. Sichtbares muss oft erst im Verborgenen reifen. Doch das Reifen im Verborgenen *soll* in eine Sichtbarkeit münden. Das ist die besondere Botschaft an Introvertierte, die sich von Natur aus lieber um eine lebenslange Pflege ihrer verborgenen Wurzeln kümmern würden als um eine Sichtbarkeit dessen, was tief verborgen gewachsen ist.

Die konzentrischen Kreise erinnern mich an ein Gedicht von Rainer Maria Rilke:

Ich lebe mein Leben in wachsenden Ringen,
die sich über die Dinge ziehn.
Ich werde den letzten vielleicht nicht vollbringen,
aber versuchen will ich ihn.

Ich kreise um Gott, um den uralten Turm,
und ich kreise jahrtausendelang;

und ich weiß noch nicht: bin ich ein Falke, ein Sturm
oder ein großer Gesang.[18]

Im Prozess des Wachsens und Werdens, des Fragens und Ringens auf der Suche nach meinem innersten Kern, nach meiner Identität, ist Gott »der uralte Turm«, die feste Konstante, an der ich mich orientieren kann. Er ist es, der mich mitten in den Unklarheiten und Turbulenzen des Lebens festhält und aushält.

1. INTROVERTIERTES (CHRIST-)SEIN

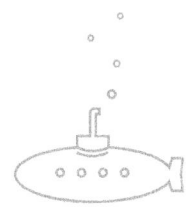

Der besondere Fokus dieses Buches liegt auf introvertierten Christen. Das sind introvertierte Menschen wie andere auch. Der Unterschied liegt in der christlichen Glaubensausrichtung und dem christlichen Kontext, in dem sich viele introvertierte Christen bewegen. Genau dies führt zu besonderen Herausforderungen, da der christliche Kontext und damit verbundene Verhaltensregeln und Werte (von wem auch immer aufgestellt) der introvertierten Art in mancherlei Hinsicht zu widersprechen scheinen.

Da introvertiertes Christsein jedoch ganz ursächlich introvertiertes Sein ist, möchte ich in diesem Grundsatzkapitel zunächst einen Blick auf die Frage werfen, was »introvertiert« denn eigentlich bedeutet. Dies zu klären, ist grundlegend und soll dabei helfen, Missverständnissen und Vorurteilen gegenüber Introvertierten vorzubeugen. Klärung schaffen soll auch die Frage, wie sich »introvertiert« zu »hochsensibel« verhält. Es hängt in vielen Fällen eng zusammen und ist doch klar zu trennen. Und falls sich Ihnen beim Lesen mehr und mehr die Frage aufdrängt, ob vielleicht auch Sie oder jemand, der Ihnen nahesteht, zu den introvertierten Christen gehören, habe ich am Ende dieses Kapitels einen Test für Sie vorbereitet, der Ihnen dabei helfen soll, einer entsprechenden Antwort näherzukommen.

Unterschiede zwischen Introvertierten und Extrovertierten

Vor einigen Jahren bin ich auf ein Kunstwerk gestoßen, das bis heute in mir nachklingt. Es bringt treffend auf den Punkt, inwiefern sich Introversion und Extroversion[19] unterscheiden. Auf dem Bild sieht man zwei identisch angezogene schlanke Frauen in einem langen grauen Rock, die einander in einem gefühlten Abstand von rund zwei Metern gegenüberstehen. Sie würden sich direkt ins Gesicht schauen, wäre da nicht die Tatsache, dass der Körper beim Hals aufhört, weil bei beiden der Kopf fehlt. Anstelle des Kopfes ist im Hintergrund der beiden Frauen an der Wand jeweils ein Bild aufgehängt, das ihre Persönlichkeit zum Ausdruck bringt und zeigt, was in ihrem Kopf vorgeht.

Das linke Bild, das zur introvertierten Gestalt gehört, zeigt den Eingang eines Stollens, der in das Innere eines Berges gehauen ist. Vorne ist der Eingang noch relativ breit und durch künstliches Licht gut beleuchtet. Das Bild besteht aus kühlen dunkelroten, grauen und schwarzen Bildfarben und versetzt den Betrachter in ein mit Schwere behaftetes Tunnelerlebnis. Dort, wo bei der Frau der Hals ansetzen würde, ragt eine Schiene aus dem Halsansatz. Diese führt schnurgerade ins Berginnere. Je weiter sich die Schiene vom Rumpf entfernt, desto schmaler wird sie und desto dunkler, grauer, eintöniger und kleiner wird der in den Felsen gehauene Tunnelgang. Dieser wird schließlich zusammen mit der Schiene von der Finsternis in einem kleinen schwarzen Punkt in weiter Ferne verschluckt.

Das rechte Bild, das zur extrovertierten Frau gehört, ist völlig anders. Es steht auf dem Kopf und zeigt eine helle, sonnige Sommerlandschaft. Zwei breite Flüsse, die durch einen schmalen, mit

Sträuchern bewaldeten Landstreifen getrennt sind, fließen von links nach rechts durch das Bild. Die beiden Gewässer bewegen sich entlang eines weit entfernten Landstriches, der von Wald, Feldern, braunorangen Hügeln und kleineren Straßenzügen durchzogen ist. Der Himmel ist sommerlich blau und von einigen Wolkenfeldern unterbrochen. Warme Bildfarben wechseln sich ab und vermitteln dem Betrachter hochsommerliche Gefühle. Blickfang des Bildes ist eine hellbraune, breite, zweispurige Verkehrsbrücke, die über die beiden Flüsse ans andere Ufer in Richtung Landesinnere führt. Doch ehe die Brücke das andere Ufer erreichen könnte, trifft sie auf den Rumpf der kopflosen Frau und verschwindet da, wo ihr Hals ansetzen würde.

Dieses Kunstwerk hilft uns dabei, drei grundsätzliche Dinge über die Wesensart introvertierter Menschen festzuhalten:

- **Introvertierte sind nicht zwingend als solche zu erkennen!** Introvertierte und Extrovertierte können – wie im Kunstwerk dargestellt – völlig identisch aussehen und wirken. Dies, obwohl sie innerlich ganz anders ticken.

- **Der Unterschied liegt im Kopf.** »Introvertiert« bezeichnet die Art und Weise, wie ein Mensch seine Umwelt wahrnimmt und sein Leben innerlich bewältigt. Wörtlich bedeutet introvertiert »nach innen gewandt« und extrovertiert »nach außen gewandt«. Die Gemälde bringen es auf den Punkt: Während die Bewegung und Energie der Verarbeitung bei den Extrovertierten nach außen führt, fließt sie bei den Introvertierten bevorzugt nach innen. Extrovertierte Menschen nimmt man als gesellig, abenteuerlustig, risikofreudig wahr, Introvertierte hingegen als eher ruhig, zurückhaltend, in sich gekehrt.

- **Introvertierte sind tiefgründige Denker.** Wie es das Bild des Stollens zeigt, verarbeiten Introvertierte Erlebtes bevorzugt im

Verborgenen, ganz für sich allein. Extrovertierte hingegen verarbeiten Dinge, indem sie sie nach außen tragen und sich mit anderen Menschen austauschen. Während Extrovertierte ihr Herz auf der Zunge tragen, halten sich Introvertierte mit ihren Gefühlen und Äußerungen oft zurück. Sie geben nur zögerlich Dinge von sich preis. Dies verleiht ihnen oft etwas Geheimnisvolles. Sie sind schwer einzuordnen und man weiß nicht so genau, was sie tief in ihrem Innersten wirklich denken.

Die drei Punkte, die sich aus dem beschriebenen Kunstwerk ableiten, möchte ich nun noch um einige zusätzliche Informationen ergänzen. Sie erscheinen mir wesentlich und grundlegend für das, was ich im weiteren Verlauf ausführen werde:

1. **Introversion ist kein neues Thema.** Die Begriffe *Extroversion* und *Introversion* wurden erstmals im Jahr 1921 von dem Schweizer Psychoanalytiker Carl Gustav Jung geprägt. Mit Introversion beschrieb er das Verhalten jener Menschen, die ihre psychische Energie nach innen, weg von der Außenwelt, wandten. Bis heute gelten diese beiden Temperamente als wichtigste Aspekte der Persönlichkeitspsychologie. An dieser Stelle sei darauf hingewiesen, dass neben Intro- und Extroversion auch noch weitere Persönlichkeitsmerkmale das Verhalten eines Menschen beeinflussen. Jahrhundertelang war die vom griechischen Arzt Galen (129–199 n. Chr.) begründete Temperamentslehre weit verbreitet. Jener verband seine Lehre der vier Temperamente mit der Viersäftelehre, die Hippokrates (griech. Arzt, ca. 460–370 v. Chr.) zugeschrieben wird. Nach Galen gibt es vier Temperamentstypen: den Sanguiniker, den Phlegmatiker, den Choleriker und den Melancholiker. Im 20. Jahrhundert ergänzte der deutsche Psychologe Hans Jürgen Eysenck (1916–1997) jene

Temperamentstypen durch zwei weitere Dimensionen: psychische Stabilität[20] beziehungsweise Instabilität auf der einen und Introversion beziehungsweise Extroversion[21] auf der anderen Seite. Eysencks Theorie der Persönlichkeitstypen ist aus unterschiedlichen Gründen jedoch nicht allgemein anerkannt. Offensichtlich reichen die zwei Achsen *Extroversion* und *Stabilität* nicht aus, um die gesamte Vielfalt persönlicher Eigenschaften zu beschreiben. In der Folgezeit definierten weitere Forscher bis zu hundert Faktoren. In der modernen Persönlichkeitspsychologie hat sich indessen das Fünf-Faktoren-Modell der Persönlichkeit (die sogenannten *Big Five*) etabliert. Laut dieser Theorie kann eine Persönlichkeit mithilfe der folgenden fünf Eigenschaftsskalen beschrieben werden: Extroversion, Stabilität, Offenheit für Erfahrungen, Gewissenhaftigkeit und Verträglichkeit.

2. **Introversion betrifft mehr Menschen, als viele vermuten.** Weil Extrovertierte in unserer Gesellschaft durch ihr nach außen gerichtetes Verhalten von Natur aus mehr Aufmerksamkeit auf sich ziehen, geht man davon aus, dass sie eine überragende Mehrheit darstellen. Dies wird von etlichen Wissenschaftlern stark infrage gestellt. Will man das konkrete Verhältnis von Introvertierten und Extrovertierten benennen, wird es diffus. Die Angaben unterscheiden sich von Autor zu Autor. Einige sprechen von einem Viertel Introvertierter im Vergleich zu den Extrovertierten, andere von einem Drittel, weitere von der Hälfte. Die Psychologin Laurie Helgoe brachte in ihrem Buch *Introvert Power*[22] Licht ins Dunkel. In einem einführenden Unterkapitel mit dem Titel *The Big Lie* (»Die große Lüge«) empörte sie sich über die Behauptung, dass Introvertierte in der Minderheit seien, da jene höchstens ein Viertel oder ein Drittel der Bevölkerung ausmachten.[23] Diese Zahlen seien zwar schnell und überall

zu finden – nicht nur bei der Webrecherche, sondern auch in vielen Ratgebern. Doch als Laurie Helgoe diesen Angaben auf den Grund ging, stellte sie fest, dass die Zahlen auf Schätzungen um das Jahr 1957 zurückzuführen sind. Damals entwickelte Isabel Myers einen Test, mit dessen Hilfe die von Jung entwickelten psychologischen Typen systematisch erfasst werden sollen. Ebenjener Test, bekannt als *Myer-Briggs-Typenindikator (MBTI)*, hat in der Zeit danach, also seit rund sechzig Jahren, auswertbare Daten generiert. Dasselbe gilt für Ergebnisse des Big-Five-Persönlichkeitstests, der seit den 1980er-Jahren in Gebrauch ist. Ergebnisse aus den Jahren 1998 und 2001 belegen, dass es leicht mehr Introvertierte (beiden Geschlechts) gab als Extrovertierte.[24] Mir ist nicht bekannt, wie die aktuellen Zahlen lauten. Ebenso wenig, ob diese Zahlen stärker im amerikanischen Kontext zu verorten sind als im europäischen. Daher halte ich es mit Sylvia Löhken, die zum Schluss kommt: *»Das tatsächliche Zahlenverhältnis lässt sich wohl nicht ermitteln. Sicher ist aber: Es gibt viele, sehr viele introvertierte Menschen.«*[25] Und wenn ich mir vorstelle, dass jede vierte, jede dritte oder gar jede zweite Person in einer christlichen Gemeinde introvertiert ist (meiner Vermutung nach variiert das Verhältnis je nach Art der christlichen Gemeinschaft), bestätigt dies die Dringlichkeit dieses Buches!

3. **Introversion in Reinform gibt es nicht.** Jung vermutete, dass jeder Mensch von Geburt an mit einem Temperament ausgestattet ist, das ihn irgendwo auf einer Skala zwischen »sehr introvertiert« und »sehr extrovertiert« ansiedelt.[26] Er kam zum Schluss, dass wir uns am besten an die Welt anpassen können, wenn wir auf dieser Skala eine gewisse Flexibilität aufweisen und je nach Bedarf eher introvertiert oder extrovertiert agieren. Allerdings

war für ihn auch offensichtlich, dass sich jeder stärker zur einen oder anderen Seite hingezogen fühlt. Denn jeder Mensch hat eine »natürliche Nische«, in der er am besten funktioniert.

Jungs Vermutungen wurden später durch die Wissenschaft bestätigt. Introversion und Extroversion sind demnach zwei Pole eines Kontinuums. Jeder Mensch verfügt über einen Bereich auf diesem Kontinuum, in dem er sich am wohlsten fühlt. Diese Wohlfühlzone entspricht einer Persönlichkeitseigenschaft, mit der man geboren wird und die das ganze Leben über relativ stabil bleibt. Sylvia Löhken, Expertin für intro- und extrovertierte Kommunikation, betont, wie wichtig es ist, dass ein Mensch idealerweise den größten Teil seiner Zeit in seiner Wohlfühlzone verbringen kann, »*sonst wird es ungesund. Schwankungen und Verschiebungen zwischen Introversion und Extroversion sind normal und können mit der umgebenden Kultur, der konkreten Situation, der Rolle, dem Lebensalter und sogar der Stimmung zu tun haben.*«[27]

Die Tatsache, dass jeder Mensch an einem anderen Punkt auf einer Skala zwischen extrem introvertiert und extrem extrovertiert anzusiedeln ist, trifft auch auf die Leser dieses Buches zu. Selbst Introvertierte unterscheiden sich in der Ausprägung ihrer Introversion so stark, dass die Beispiele in diesem Buch längst nicht immer auf alle Intros zutreffen.

4. **Intros, Extros und Zentros.** Während nur wenige Menschen an den extremen Enden der Skala angesiedelt sind, liegen die meisten im Mittelfeld. Mit den Ambi- oder Zentrovertierten, kurz Zentros genannt, hat sich neben den Intro- und Extrovertierten ganz offiziell eine dritte Gruppe etabliert.[28] Löhken schreibt: »*Wenn Intros und Extros ›der Norden und der Süden des Temperaments‹ sind, dann sind die Zentros der Äquator.*«[29] In der Spra-

che der Psychologen werden Zentros oft auch »Ambivertierte« genannt. »Ambivertiert« (abgeleitet von englisch *ambivert*) bedeutet »nach beiden Seiten gewandt«. Zentros tragen demnach Eigenschaften beider Pole in sich und fühlen sich je nach Situation eher der einen oder der anderen Gruppe zugehörig.[30] Je besser sich Intros, Extros und Zentros gegenseitig kennen, umso rücksichtsvoller können sie mit sich selbst und anderen umgehen. Die Gesellschaft ganz allgemein sowie die christliche Gemeinschaft im Besonderen braucht die Eigenschaften aller Persönlichkeitstypen!

5. **Introversion ist (laut einigen Wissenschaftlern) wissenschaftlich nachweisbar.** Die Wissenschaft hat seit den 1990er-Jahren große Fortschritte gemacht. Dabei ist insbesondere die Hirnphysiologie für die Intro-Extro-Thematik von Interesse. Löhken erklärt: »*Verschiedenste Studien belegen in verschiedenen Bereichen des zentralen Nervensystems, dass das Intro-Extro-Kontinuum nicht nur eine psychologische Annahme, sondern auch eine biologische Realität ist.*«[31] Anders gesagt: Unsere Persönlichkeit und unser Handeln entsprechen physiologischen Gegebenheiten im Hirn. Konkret unterscheiden sich die Gehirne von Introvertierten und Extrovertierten einerseits darin, wie die Gehirne organisiert sind, und andererseits, auf welche Weise die Gehirne aktiv sind. So sind Unterschiede zwischen introvertierten und extrovertierten Menschen zum Beispiel neurologisch messbar.[32] Das Gehirn von introvertierten Probanden wies in Untersuchungen eine höhere elektrische Aktivität auf. Und zwar unabhängig davon, ob sie sich bei der Arbeit oder in einem Ruhezustand befanden. Aufgrund dieser (von Natur aus) höheren Gehirnaktivität haben leise Menschen offenbar ein stärkeres Bedürfnis, sich gegen Reizüberflutung abzuschirmen.

Um sich wohlzufühlen und neue Kraft zu schöpfen, brauchen Introvertierte Ruhe. Bei Extrovertierten ist es genau umgekehrt: Um einen optimalen neuronalen Erregungszustand zu erreichen, brauchen sie Anregungen von außen, zum Beispiel Musik, Gespräche oder Bewegung.

Dies bestätigte auch ein Experiment an Studenten der University of Minnesota: Introvertierte lernten am besten in ruhiger Umgebung (maximal 65 Dezibel), während sich Extrovertierte besser konzentrieren konnten, wenn es lauter war (um die 85 Dezibel). »*Andere Forschungsarbeiten weisen darauf hin*«, erklärt Sophia Dembling, »*dass das Gehirn Extrovertierter große Mengen des Neurotransmitters Dopamin (sehr vereinfacht gesagt, ist das die Substanz, die dazu beiträgt, im Gehirn die Belohnungs- und Vergnügungszentren zu kontrollieren) verlangt, die sie sich verschaffen, indem sie ausgehen und etwas unternehmen*«[33]. Dopamin ist der Neurotransmitter der Aktivität, Motorik, Aufmerksamkeit, Konzentration, Motivation und des Antriebs. Die Tatsache, dass das Dopamin keinen weiten Weg bis zu seinem Ziel im Gehirn zurückzulegen muss, ermöglicht es den Extrovertierten, Daten schnell zu verarbeiten und unter Druck zu handeln und zu sprechen. Im Gegensatz hierzu wird das Gehirn eines Introvertierten angespannt, wenn es von Dopamin überflutet wird. Es fühlt sich sehr viel wohler, wenn es vom Neurotransmitter Acetylcholin versorgt wird. Dieser Botenstoff veranlasst Introvertierte dazu, in sich zu gehen, um zur Ruhe zu kommen und Sicherheit und Beständigkeit zu finden. Acetylcholin ist darüber hinaus auch entscheidend an kognitiven Prozessen wie Lernvorgängen und Gedächtnisbildung beteiligt. Acetylcholin muss zwischen Start und Ziel zudem einen weiten Weg zurücklegen. Vielleicht neigen Introvertierte deshalb dazu, langsamer zu agieren und zu reagieren als Extrovertierte.

6. **Introversion ist eine Frage der Energiequelle.** Der Hauptunterschied zwischen Extrovertierten und Introvertierten bezieht sich auf die Quelle, aus der die Menschen ihre Energie schöpfen. Extrovertierte erhalten Antrieb und Energie durch andere Menschen und durch Dinge, die außerhalb von ihnen liegen, denn sie fühlen sich einsam, wenn sie nicht mit anderen in Kontakt stehen. Introvertierte hingegen schöpfen ihre Energie aus dem Alleinsein: Sie benötigen eine geistige und räumliche Privatsphäre, da sie ihre Energie von innen heraus beziehen. Sie gehen daher lieber Einzelbeschäftigungen nach, lesen viel, stöbern im Internet und mögen es still und ruhig. »*Genau hier liegt der Unterschied zwischen introvertierten und extrovertierten Menschen*«, schreibt Martin Wehrle. Weiter erklärt er: »*Die Introvertierten sind wie Quellen: Die Energie sprudelt aus ihnen heraus, sie kommt von innen und erneuert sich, wenn sie allein sind oder unter Vertrauten. [...] Anders die Extrovertierten: Sie halten die Stille kaum aus. Wenn sie umringt von Menschen sind, neue Eindrücke sammeln und mit Höchsttempo durchs Leben fahren, dann strotzen sie vor Lebendigkeit. Sie gleichen Regentonnen: Die Energie kommt von außen. Ihr Speicher füllt sich nur, wenn es um sie herum ordentlich prasselt und quasselt, wenn (neue) Reize auf sie einhageln. Bleibt der Regen aus, verdunstet die Energie.*«[34]

7. **Introversion darf nicht mit Schüchternheit verwechselt werden.** Es überrascht mich immer wieder, dass »introvertiert« im allgemeinen Sprachgebrauch sehr oft mit »schüchtern« und »ruhig« gleichgesetzt wird. Schüchterne Menschen haben in der Regel Angst, sich vor ihren Mitmenschen zu blamieren oder zu scheitern, und ziehen sich aus diesem Grund zurück. Im Blick

auf die wissenschaftliche Nachweisbarkeit bleibt zu sagen, dass diesbezüglich kein Konsens unter den Neurologen, Hirnphysiologen und Psychologen besteht. Die Hirnphysiologie ist viel zu komplex für endgültige Festlegungen. Zudem bieten Forschungsergebnisse oft einen gewissen Spielraum für Interpretationen. Es handelt sich also eher um verschiedene Theorien als um unwiderlegbare wissenschaftliche Nachweise. Introvertierte Menschen dagegen ertragen soziale Kontakte einfach eher in kleineren Dosen, weil zu viele Reize von außen die Innenwelt überfordern würden. Während Introversion eine genetische Veranlagung ist, kann man Schüchternheit durch gezielte Maßnahmen überwinden.

Wer weiß? Vielleicht sind auch Sie introvertierter, als Sie vermutet hätten. Oder jemand, der Ihnen nahesteht und dessen Verhalten Sie bis jetzt nicht einordnen konnten, ist es. Es gibt verschiedene Tests, die verfügbar sind – in Introversionsbüchern oder auch online –, die Aufschluss über die entsprechende Veranlagung geben. Für besonders empfehlenswert halte ich den Onlinetest von Sylvia Löhken: www.intros-extros.com/online-test (Stand: 15.07.2017). Nehmen Sie sich doch einen Moment Zeit, den Test auszufüllen. Es könnte ein wichtiger Schritt sein auf der Entdeckungsreise zu Ihrem Selbst!

Introversion und Hochsensibilität

Hochsensibilität hat sich in den vergangenen Jahren zum Trendthema entwickelt.[35] Dies gilt auch für den christlichen Kontext.[36] Und offen gestanden: Ich bin dankbar dafür! Eine Fülle von Literatur hat mir dabei geholfen, mich besser zu verstehen und eine positivere Haltung gegenüber meiner hochsensiblen Art zu entwickeln. Heute halte ich sogar selber Referate und Schulungen zu diesem Themenbereich. Meiner Meinung nach ist die Auseinandersetzung mit dem Thema Hochsensibilität äußerst wichtig und relevant – auch für Christen und christliche Gemeinden. Denn es fällt auf, dass in christlichen Gemeinschaften besonders viele hochsensible und hochsensitive Menschen zu finden sind.[37]

Doch wieso erwähne ich das überhaupt? In diesem Buch geht es ja um Introversion und nicht um Hochsensibilität. Der Grund dafür ist ganz einfach: Ich habe wiederholt festgestellt, dass ebendiese Begrifflichkeiten zu einiger Verwirrung führen. Daher ist es mir wichtig, einführend zu klären, inwiefern Introversion und Hochsensibilität zusammenhängen und wie sie voneinander abzugrenzen sind.

Hochsensibilitäts- und Introversionsspezialisten stimmen darin überein, dass auffallend viele hochsensible Menschen auch introvertiert sind und umgekehrt. Dies liegt in der Natur der Veranlagung. Wenn Sie also introvertiert sind, könnte es durchaus sein, dass Sie auch hochsensibel sind. Es *muss* aber nicht sein! Vielleicht gehören Sie auch zu den extrovertierten Hochsensiblen. (Und falls Sie zu den *extrovertierten* Hochsensiblen gehören, sollten Sie sich nicht darüber wundern, wenn etliche Beschreibungen von Introvertierten in diesem Buch auch auf Sie zutreffen!) Laut Susan Cain weiß niemand exakt, wie viele *Introvertierte* tatsächlich hochsensibel sind, aber es ist bekannt, dass 70 Prozent aller *Hochsensiblen* introvertiert sind.[38] Laut Birgit Trappmann-Korr bildet die Gruppe der Introvertierten auch die Mehrzahl der Hochbegabten.[39] Weiter ist davon auszugehen, *dass mit steigender Intelligenz auch der Grad der Introvertiertheit ansteigt.*[40] Dies soll allerdings nicht zur irrigen

Schlussfolgerung führen, dass es keine genialen Extrovertierten gäbe! Selbstverständlich haben die Introvertierten die Intelligenz nicht für sich gepachtet. Es ist auch hier wiederum eine Frage, welche grundsätzliche Veranlagung eine Person hat.

Ein Berührungspunkt von Introversion und Hochsensibilität finden wir in dem überaus sensiblen Nervensystem, das beiden Gruppen eigen ist. Anne Heintze erklärt, dass der Begriff Hochsensibilität für Menschen verwendet wird, *»die über ein besonders sensibles Nervensystem verfügen und intensivere Wahrnehmungen über ihre fünf Körpersinne erleben als Normalsensible«*[41]. Viele von ihnen sind auch hochsensitiv und verfügen über einen ausgeprägten »sechsten Sinn«. Sie spüren die Stimmungen anderer Menschen sehr intensiv, nehmen Veränderungen in ihrem Umfeld deutlich wahr und haben eine stark ausgeprägte Intuition. Und ebendies trifft auch ganz wesentlich auf introvertierte Menschen zu. Sie sind feinfühliger für Reize und Stimulationen verschiedenster Art und benötigen daher zumindest phasenweise eine ruhigere Umgebung, um sich wohlzufühlen und innerlich im Gleichgewicht zu bleiben. Während Extrovertierte auch nach einer längeren Zeit unter vielen Menschen und ohne Zeit für sich selbst noch voller Energie sind, suchen Introvertierte viel schneller nach einer kleinen Auszeit, um sich zu regenerieren. Ein Grund kann in der Hochsensibilität liegen. Introvertierte weisen ebenso wie Hochsensible in vielen Situationen eine höhere Gehirnaktivität auf.

Introversion und Hochsensibilität voneinander abzugrenzen, ist nicht einfach, da es viele Parallelen gibt. Nichtsdestotrotz dürfen die beiden Eigenschaften nicht undifferenziert in einen Topf geworfen werden. Je nach Kombination mit anderen Persönlichkeitsmerkmalen (wie Introversion, Extroversion, Hochbegabung etc.) äußert sich Hochsensibilität bei jedem Menschen anders. Zu berücksichtigen ist außerdem, dass es *die* Hochsensibilität genauso wenig gibt wie *die* Introversion oder *die* Extroversion. Genau genommen müsste sogar der Begriff »Hochsensibilität« präziser definiert werden, da in diesem Begriff sowohl Hochsensibilität als auch Hochsensitivität subsumiert werden, obwohl dies eigentlich zu unterscheiden ist.

Hochsensibilität meint eine besonders ausgeprägte Begabung zu feiner, intensiver und empfindlicher Wahrnehmung mit allen fünf körperlichen Sinnen (hören, sehen, schmecken, fühlen, riechen). Hochsensible, die stark auf Geräusche reagieren, sind im Alltag zum Beispiel daran zu erkennen, dass sie bei lauten Geräuschen leicht erschrecken oder dass sie sich kaum konzentrieren können, wenn der Geräuschpegel ihrer Umgebung (Radio, Gespräche etc.) ihrem Empfinden nach zu laut ist. Bei anderen können Gerüche, die von Nicht-Hochsensiblen kaum wahrgenommen werden, zu Unwohlsein oder gar Übelkeit führen. Aufgrund der vielfältigen und überwältigenden Eindrücke, denen sie mit ihren zarten Sinnen ausgesetzt sind, leiden hochsensible Menschen oft unter Reizüberflutung.

Wer hingegen *hochsensitiv* ist, muss nicht unbedingt über eine Schärfung der fünf physischen Sinne und über dieselbe Empfindsamkeit verfügen, die Hochsensiblen zu eigen ist. Stattdessen scheinen hochsensitive Menschen über einen sechsten Sinn zu verfügen. Hochsensitive fühlen sich oft hingezogen zur Spiritualität, Philosophie und Metaphysik. Sie haben eine ausgeprägte Intuition, manchmal sogar Ahnungen und Visionen. In vielen Büchern zum Thema Hochsensibilität wird diese Unterscheidung allerdings nicht gemacht, sondern vielmehr von »Hochsensibilität« als einer Mischform dieser beiden Dinge gesprochen.

Brigitte Schorr nennt in ihrem Buch *Hochsensibilität – Empfindsamkeit leben und verstehen* folgende vier Kriterien von Hochsensibilität:[42] 1. schmale Komfortzone (schmaler Grat zwischen Langeweile und Überforderung; das Wohlbefinden ist von viel mehr Faktoren abhängig als bei Nicht-Hochsensiblen); 2. schnelle Überreizbarkeit (es werden mehr Reize aufgenommen als verarbeitet werden können. Dies führt zu Anspannung und Nervosität, Konzentration und Leistung sinken); 3. langes Nachhallen (Erlebnisse, Bilder, Worte, Gedanken etc. bleiben bei Hochsensiblen lange im Gedächtnis und in der Gefühlswelt haften. Symptome der Überstimulation können nach Tagen oder Wochen noch spürbar sein); 4. individuelle Wahrnehmungsfähigkeit (unterschiedliche Ausprägung der Hochsensibilität: sensorisch hochsensibel, empathisch hochsensibel, kognitiv hochsensibel, spirituell hochsensibel).

Die von Brigitte Schorr erwähnten Kriterien sind – wie bereits erwähnt – grundsätzlich unabhängig von Introversion und Extroversion. Allerdings bringt die feine Wahrnehmung vieler Hochsensibler ein größeres Bedürfnis nach Rückzug mit sich, was sich ähnlich äußert wie introvertiertes Verhalten. Aber im Gegensatz zum Rückzug von Hochsensiblen, die beispielsweise vor einer Reizüberflutung fliehen, ist der Rückzug von Introvertierten keine Flucht vor äußeren Reizen, sondern ein angeborenes Bedürfnis. Ich kenne Introvertierte, die mir bestätigten, dass sie überhaupt kein Problem mit Reizüberflutung haben. Die parallele Erfahrung beider Eigenschaften (dies schreibe ich ausgehend von meiner persönlichen Erfahrung als stark introvertierter *und* stark hochsensibler/hochsensitiver Person) ist in der Tat herausfordernd und fühlt sich manchmal an wie eine doppelte Hypothek. Die Überschneidung und Vermischung von Introversion und Hochsensibilität/Hochsensitivität machen das Leben auf doppelte Weise anstrengend und der Weg zum Punkt, beides als Stärke und Gabe zu sehen, scheint doppelt so lang zu sein.

Hochsensibel introvertiert oder hochsensibel extrovertiert?

Während meiner langjährigen Auseinandersetzung mit dem Thema Hochsensibilität hat mich wiederholt irritiert, dass ich mich in gewissen Hochsensibilitätsratgebern oder im Austausch mit anderen Hochsensiblen nur teilweise wiedergefunden habe. Das Gefühl der Andersartigkeit blieb. Auch an Tagungen zum Thema Hochsensibilität fiel mir auf, wie unterschiedlich die Gruppe der Hochsensiblen ist. Mit der Zeit bestätigte sich meine Vermutung, dass es von entscheidender Bedeutung ist, ob jemand hochsensibel *introvertiert* oder hochsensibel *extrovertiert* ist.

Heute bin ich davon überzeugt, dass die Charakterisierung in introvertiert und extrovertiert eine der zentralsten Unterscheidungen überhaupt ist. Sie erklärt, wie ein Mensch schöpfungsmäßig »programmiert« ist. Ob er sein Leben bevorzugt nach innen (introvertiert) oder nach außen orientiert (extrovertiert) meistert. Und ob er seine Lebensenergie aus der Distanz zu und im Rückzug von anderen Menschen schöpft (introvertiert) oder aus der Gemeinschaft mit anderen (extrovertiert).

Dieses Buch fokussiert sich speziell auf introvertierte Christen. Also auf Introvertierte, die sich in einem christlichen Umfeld bewegen, das aber zweifellos stärker auf Extrovertierte ausgerichtet ist. Bedauerlicherweise richtet die Literatur über Hochsensibilität auch im christlichen Kontext[43] ihr Scheinwerferlicht meist stärker auf hochsensible *Extrovertierte* – obwohl jene doch lediglich 30 Prozent aller Hochsensiblen ausmachen. Wer kümmert sich dann um die übrigen 70 Prozent – die *introvertiert* Hochsensiblen – oder einfach die Introvertierten überhaupt? Solche, die (wie ich) vielleicht manchmal sogar introvertierte Verhaltensweisen mit Hochsensibilität verwechselt haben? Durch meine intensive Auseinandersetzung mit dem Thema Hochsensibilität begann ich, mein Unbehagen im christlichen Kontext ausschließlich aus der Perspektive der Hochsensibilität zu deuten. Vieles davon ließ sich so auch tatsächlich erklären. Die Reizüberflutung zum Beispiel war ein reales Problem. Und doch schien es nur ein Ausschnitt aus einem größeren Ganzen zu sein. Vieles ergab erst Sinn, als ich verstand, dass meine *Introversion* als grundlegende Veranlagung meine Beziehung zu anderen Menschen (und insbesondere auch meine Grenzen im Umgang mit anderen Menschen) noch viel grundsätzlicher prägt als die Hochsensibilität. So fühlte ich mich als introvertierte Hochsensible im Buch von Lülings nicht wirklich verstanden, da sich ihre Praxisbeispiele an *extrovertierte* Hochsensible richten. Es geht in ihren Beispielen vorrangig um Dienste an anderen Menschen, die ein hohes Maß an sozialer Interaktion voraussetzen. Und damit verbunden um das Problem, dass die Reizüberflutung im Dienst an anderen Menschen zur Überforderung werden kann. Aber ich empfand allein schon den Dienst an anderen Menschen als Überforderung!

Ein *extrovertierter* Hochsensibler kann zweifellos nachvollziehen, wie anstrengend Reizüberflutung für einen *introvertierten* Hochsensiblen ist und dass Rückzug daher oft unumgänglich ist. Aber er kann nur begrenzt nachempfinden, wie anstrengend ein introvertierter Hochsensibler den alltäglichen Umgang mit anderen Menschen erlebt. Auch hier gibt es selbstverständlich ganz unterschiedliche Ausprägungen. Und auch die Aufgaben, die sich aus diesen verschiedenen Veranlagungen ergeben, sind anders. *Extrovertierte* Hochsensible müssen sich der Aufgabe stellen, einen disziplinierten Lebensstil zu lernen, weil sie dazu neigen, ihre Bedürfnisse und ihren Körper durch stetige Überreizung zu missachten. Hier ist Abgrenzung gefragt. *Introvertierte* Hochsensible hingegen müssen lernen, der Versuchung nach Abkapselung zu widerstehen und offen zu sein für Veränderungen und Neues. In stetigem Rückzug oder in Traumwelten zu leben, ist Flucht. Ihre Aufgabe ist es, ein Ja zum normalen Leben zu finden.

Im Vorwort habe ich vom »Volk der Introvertierten« gesprochen. Dass dieses Volk in sich auch wieder unterschiedlich ist, ist ja klar, und doch bilden sie – meiner Meinung nach – eine recht homogene Gruppe. Dies ist auch der Grund, weshalb in diesem Buch der Fokus auf Introversion und nicht auf Hochsensibilität liegt.[44] Es wird höchste Zeit, dass sich jemand um dieses Volk der Zurückhaltenden und Stillen kümmert, die unglaublich viel Wertvolles zu einer Gemeinschaft beitragen könnten.

Kennzeichen introvertierter Christen (mit Test!)

Die Zugehörigkeit zu einer christlichen Gemeinschaft ist für viele Introvertierte ein Spannungsfeld. Denn die natürliche Veranlagung introvertierter Menschen steht, wie bereits erwähnt, nicht selten im Widerspruch zu Tugenden und Werten, die in einem christlichen Umfeld hochgehalten werden: gelebte Gemeinschaft, Gastfreundschaft, Kontaktfähigkeit, Spontaneität usw. Beurteilt man Introvertierte danach, inwieweit sie solche Kriterien erfüllen, ist die Beurteilung in etwa so fair, wie wenn man einen Hund nach seiner Flugkraft oder einen Fisch nach seiner Kriechgeschwindigkeit beurteilen würde. Am Ende einer Kette von Missverständnissen wird introvertierten Christen nicht selten mangelnde Verbindlichkeit, Hingabe oder sogar Egoismus unterstellt. Dabei übersehen nicht nur sie selbst, sondern auch andere, welch bedeutende Stärken und Fähigkeiten Introvertierte in eine Gemeinschaft einbringen könnten.

In Büchern und auf zahlreichen Websites[45] findet man Auflistungen von Merkmalen, die introvertierte Menschen charakterisieren. Für Außenstehende kann es allerdings schwierig sein, Introvertierte anhand dieser Merkmale zu erkennen. Die Antwort auf die Frage »Woran erkennt man introvertierte Christen?« kann nämlich lauten: Man erkennt sie überhaupt nicht! Das bedeutet nicht, dass keine da sind, sondern vielmehr, dass sich jene bedeckt halten. In vielen Fällen scheinen introvertierte Christen unsichtbar zu sein. Entweder versuchen sie angestrengt, ihr Verhalten demjenigen von Extrovertierten anzupassen, um ja nicht aufzufallen, oder aber sie werden übersehen und unterschätzt, weil sie sich ihrem Naturell entsprechend sehr ruhig verhalten und sich zurückziehen.

Schwierig wird es, wenn den Betroffenen selbst gar nicht bewusst ist, dass sie introvertiert veranlagt sind. Und dass sie in der Kirche deshalb vieles anders erleben als ihre extrovertierten Glaubensgeschwister. Selbstredend wird es auch bei reifen Introvertierten, die im Einklang mit ihrer Wesensart leben, immer wieder Momente geben, in denen sie sich bewusst extrovertiert verhalten. Aber es ist auf die Dauer ungesund, wenn Introvertierte allein der Anpassung wegen extrovertiert auftreten. Vorgetäuschte Extroversion kann Introvertierte auf die Dauer an die Grenzen ihrer Belastbarkeit und im Extremfall zu ernsthaften psychischen und gesundheitlichen Problemen führen. Das Gefühl der Andersartigkeit kann bei einigen introvertierten Christen mitunter so belastend werden, dass sie lieber darauf verzichten, sich verbindlich einer christlichen Gemeinschaft anzuschließen. Vielleicht entscheiden sie sich sogar dafür, gesellschaftlichen Anlässen einer Kirche ganz fernzubleiben. Schließlich kann man heute ja auch bequem in den eigenen vier Wänden einem TV-Gottesdienst beiwohnen, ohne dabei die Strapazen, anderen Menschen begegnen zu müssen, in Kauf zu nehmen. Ich kann Letzteres durchaus nachvollziehen, werde im Laufe des Buches aber darauf eingehen, warum ich es für äußerst wichtig halte, dass sich Introvertierte eben gerade nicht so verhalten, sondern sich verbindlich einer christlichen Gemeinschaft anschließen.

Testen Sie sich selbst (oder jemanden, der Ihnen nahesteht)!

In der Fortsetzung finden Sie eine Zusammenstellung von Merkmalen oder Verhaltensweisen, die auf introvertierte Christen zutreffen könnten. Die Merkmale an sich treffen natürlich auch auf nicht christliche Introvertierte zu. Mein Test richtet sich aber bewusst an introvertierte Christen, indem ich allgemein bekannte Verhaltensweisen von Introvertierten gezielt im kirchlichen Umfeld verorte. Die Zusammenstellung basiert auf eigenen Beobachtungen. Bedenken Sie, dass ein introvertierter Christ nicht alle genannten Eigenschaften aufweisen muss. Es ist allerdings davon auszugehen, dass mit zunehmender Ausprägung der Introversion auch die Anzahl der Eigenschaften steigt, in denen Sie sich wiederfinden.

Es geht bei der folgenden Auflistung nicht darum, Ihnen selbst oder Menschen in Ihrem Umfeld das Etikett »introvertiert« anzuheften. Der Test will vielmehr Anhaltspunkte bieten, das Verhalten von introvertierten Christen besser zu verstehen. Bitte füllen Sie die Fragen auch dann aus, wenn Sie aktuell nicht verbindlich einer christlichen Gemeinschaft angehören. Und sollten Sie einer Gemeinde angehören, in der es zum Beispiel keinen Kirchenkaffee gibt (wie unten in einigen Testfragen beschrieben), dann versuchen Sie, sich so gut wie möglich in die entsprechende Situation hinein-zuversetzen und die Frage so realistisch wie möglich zu beantworten. Der Kirchenkaffee kann auch allgemein mit Gesprächen und Begegnungen im Anschluss an einen Gottesdienst ersetzt werden.

36 mögliche Verhaltensweisen oder Kennzeichen von introvertierten Christen

(Markieren Sie alle Punkte, in denen Sie sich oder eine Person, die Ihnen nahesteht, wiederfinden.)

1. Es ist (oder wäre) einfacher für Sie, sonntags zu Hause eine Radiopredigt anzuhören oder eine TV-Predigt anzuschauen, als sich den sozialen Interaktionen eines Gottesdienstes zu stellen.

2. Nach einer intensiven Woche mit zahlreichen Begegnungen kostet Sie ein Gottesdienstbesuch viel Überwindung. Sie würden sich lieber einen Tag in die Stille zurückziehen, um neue Energie für die kommende Woche zu tanken.

3. Sie erscheinen in der Regel pünktlich (eine Verspätung würde auffallen!), aber meist relativ knapp zum Gottesdienst. Auf diese Weise können Sie zu viele Begegnungen und Small Talk vor dem Gottesdienst vermeiden.

4. Generell gilt, dass Sie sich vor Veranstaltungen stets so gut wie möglich informieren, damit Sie nicht durch Unwissen oder Fehlverhalten auffallen (insbesondere, wenn es sich um einen außergewöhnlichen Gottesdienst, ein spezielles Kinderpro-gramm oder was auch immer handelt).

5. Unter Menschen – selbst wenn es sich dabei um den bekannten Rahmen eines Gottesdienstes und mehrheitlich vertraute Gesichter handelt – fühlen Sie sich oft unwohl und unsicher.

6. Sie setzen sich in der Kirche oder im Gottesdienstraum bevorzugt in die hintersten Reihen. Dort fallen Sie weniger auf. Sie fühlen sich weniger beobachtet und sind dadurch entspannter. Zudem bietet sich Ihnen dort eine optimale Beobachterposition. (Sofern es nicht die hintersten Reihen sind, setzen Sie sich vermutlich immer an einen ähnlichen Ort oder dorthin, wo Sie schon wissen, wer sich noch dazusetzen wird, was Ihnen ein Gefühl der Sicherheit vermittelt.)

7. Sie sind eine exzellente Beobachterin/ein exzellenter Beobachter. Dank Ihrer Beobachtungsgabe können Sie Stimmungen erfassen oder sich ein Bild vom Ergehen einzelner Gottesdienstbesucher machen. Dadurch gewinnen Sie eine Menge Informationen, die den meisten Extrovertierten entgehen (außer sie sind hochsensibel!).

8. Interaktionen mit Sitznachbarn während des Gottesdienstes sind Ihnen unangenehm. (Zum Beispiel wenn der Moderator dazu auffordert, den Sitznachbarn mit Händeschütteln oder einem netten Wort zu begrüßen. Erst recht, wenn der Sitznachbar unbekannt ist.)

9. Wenn während des Gottesdienstes Freiwillige gesucht werden (zum Beispiel für eine Veranschaulichung der Predigt), lassen Sie liebend gerne anderen den Vortritt. Dies gilt auch dann, wenn eine Frage gestellt oder das Wort freigegeben wird (selbst wenn Sie die richtige Antwort wüssten oder eine wertvolle Ergänzung hätten).

10. Wenn Sie stark erkältet sind, eine sichtbare Verletzung oder Ähnliches haben, bevorzugen Sie, auf einen Gottesdienstbe-

such zu verzichten. Abgesehen von der körperlichen und emotionalen Anstrengung möchten Sie auch hier nach Möglichkeit alles unterlassen, was Aufmerksamkeit erregt und Rückfragen provoziert.

11. Es kostet Sie viel Mut und Kraft, auf neue Gottesdienstbesucher zuzugehen, obwohl Sie grundsätzlich neugierig sind.

12. Ein Gottesdienst mit Anschlussprogramm – zum Beispiel Kirchenkaffee oder gemeinsames Mittagessen – ist für Sie (sofern Sie nach dem Gottesdienst nicht auf direktem Weg nach Hause gegangen sind) wegen der vielen Begegnungen mit anderen Menschen wesentlich anstrengender als der Gottesdienst an sich.

13. Sie halten sich beim Kirchenkaffee lieber am Rand der Menge oder in einer Ecke auf als mitten im Gedränge.

14. Sie sind ein guter Zuhörer/eine gute Zuhörerin. Sie stellen Ihrem Gegenüber gerne Fragen und hören aufmerksam und ehrlich interessiert zu, was Ihr Gegenüber antwortet.

15. Es hilft Ihnen sehr, wenn Sie sich beim Kirchenkaffee oder einfach generell nach Gottesdienstschluss extrovertierten Freunden anschließen und ihrem Gespräch zuhören können.

16. Sie mögen keinen Small Talk und können es von Natur aus auch nicht besonders gut. Oft fällt Ihnen mitten im Small Talk einfach nichts mehr ein, was Sie noch sagen könnten, so sehr Sie sich auch anstrengen, einen passenden nächsten Satz zu finden.

17. Falls sich ein tieferes Gespräch entwickelt (insbesondere zu einem Thema, das Ihnen am Herzen liegt), kann es gut sein, dass Sie Ihre Zurückhaltung ablegen und zu einem/einer sehr engagierten Gesprächspartner/-in werden.

18. Wenn Sie im Gespräch von jemandem verletzt werden, lassen Sie sich meistens nichts anmerken. Die Aussage trifft Sie aber hart und zu Hause beginnt dann das große Grübeln.

19. Sie scheuen sich vor Auseinandersetzungen. Meistens geben Sie um der Harmonie willen nach und ziehen sich zurück. Sie machen keine Szene und werden – wenn überhaupt – nur äußerst selten laut.

20. Sie neigen zu Schuldgefühlen. Wenn Sie das Gefühl haben, einem anderen Menschen Umstände zu bereiten oder ihn falsch behandelt zu haben, leiden Sie schnell unter einem schlechten Gewissen.

21. Sie zweifeln oft an sich selber und sind selten von sich überzeugt. Daher haben Sie vermutlich Mühe damit, Komplimente anzunehmen.

22. Ihrem Empfinden nach werden die Gaben, die Ihnen besonders am Herzen liegen, in der christlichen Gemeinschaft, in der Sie sind, nur wenig beachtet. Sie fühlen sich eher als Außenseiter/-in.

23. Sie fühlen sich häufig übersehen und unbeachtet und denken, dass es vermutlich kaum jemandem (oder nur Einzelnen) auffallen würde, wenn Sie sich stillschweigend aus der christlichen Gemeinschaft, der Sie angehören, zurückziehen würden. Und dass wohl (wenn überhaupt) nur wenige Sie vermissen würden.

24. In Gruppen und Teams halten Sie sich meistens zurück. Sie hören aufmerksam zu, sind ansonsten aber eher still. Falls Sie jedoch etwas zur Diskussion beitragen, hört man Ihnen in der Regel aufmerksam zu.

25. Sie sind vorausschauend. Sie neigen dazu, nicht nur die positive Seite zu sehen, sondern erahnen schon frühzeitig mögliche Probleme und weisen darauf hin. Dadurch wirken Sie auf andere manchmal pessimistisch oder negativ.

26. Sie klären Dinge lieber schriftlich als mündlich.

27. Auf andere Menschen wirken Sie eventuell kühl, reserviert, distanziert und geheimnisvoll, weil Sie nicht viel von sich preisgeben.

28. Sie bevorzugen Dienste, die nicht so viele soziale Interaktion erfordern (zum Beispiel Dekoration, Kaffee ausschenken, Gemeindeinformationen sammeln, Einladungen gestalten etc.).

29. Es kostet Sie viel Mut und Überwindung, eine Aufgabe im Rampenlicht zu übernehmen. (Trotzdem sind auch einige introvertierte Christen dazu berufen!)

30. Aufgrund der Komplexität Ihres Denkens brauchen Sie mehr Zeit, Informationen zu verarbeiten, sich eine eigene Meinung zu bilden oder zu einer Entscheidung zu gelangen.

31. Sie reagieren emotional zurückhaltender und nüchterner als extrovertierte Christen und damit auch weniger euphorisch. Mit anderen Worten: Sie lachen oder weinen im Gottesdienst seltener als Ihre extrovertierten Freunde, da Sie die Gefühle in erster Linie innerlich verarbeiten.

32. Sie erleben es als Grenzüberschreitung, wenn Ihnen jemand im Zweiergespräch zu nahe kommt beziehungsweise weniger räumliche Distanz wahrt, als Ihnen angenehm ist. In solchen Fällen ertappen Sie sich dabei, wie Sie nach hinten ausweichen, um die für Sie nötige Distanz wiederherzustellen.

33. Wenn Sie am Mittag nach dem Gottesdienst nach Hause kommen (insbesondere, wenn Sie beim Kirchenkaffee noch verschiedene Gespräche geführt haben), fühlen Sie sich erschöpft und ausgelaugt und sehnen sich nach einer Pause und einem ungestörten Nachmittag.

34. Nicht selten spiegelt Ihr Körper nach einem Gottesdienstbesuch etwas von der emotionalen Anspannung wider, der Sie

ausgesetzt waren, zum Beispiel durch Verspannungen, Kopf-schmerzen, Übelkeit oder Ähnliches.

35. Sie neigen dazu, zu viel über vergangene Ereignisse, Begegnungen oder Gespräche nachzudenken (gilt auch für extrovertierte Hochsensible). So gehen Sie zum Beispiel lange nach dem Gottesdienst Begegnungen und Gespräche nochmals im Kopf durch und überlegen sich (insbesondere, wenn es schwierige Gespräche waren), was Sie hätten besser machen können.

36. Es fällt Ihnen schwer, im Alltag mit anderen Menschen über den Glauben zu sprechen (*überhaupt* mit jemandem ins Gespräch zu kommen!).

Je mehr der oben genannten Verhaltensweisen auf Sie zutreffen, desto stärker sollten Sie sich mit dem Gedanken anfreunden, dass auch Sie zu den introvertierten Christen gehören könnten! In diesem Fall hoffe ich sehr, dass die Auseinandersetzung mit dem Thema Introversion zu einem großen Gewinn für Sie wird. Und falls Sie den Test für jemand anderen ausgefüllt haben oder Ihnen bei den Testfragen eine bestimmte Person durch den Kopf ging, die diesen Aussagen nach introvertiert sein könnte – dann wäre dieses Buch vielleicht auch für sie oder ihn eine praktische Hilfe.

In diesem Sinne lade ich Sie herzlich dazu ein, gemeinsam mit mir eine Horizonterweiterung zu wagen. Allen Nicht-Introvertierten wünsche ich ein offenes Herz dafür, die Not, aber auch die verborgene Stärke ihrer introvertierten Mitmenschen zu entdecken. Überdies einen klaren Blick dafür, wen Sie in Zukunft besser in seiner Andersartigkeit unterstützen könnten. Allen Introvertierten, die dieses Buch lesen, wünsche ich eine Offenheit dafür, sich nicht hinter ihrer Introvertiertheit zu verstecken. Sondern mutig ihre introvertierte Komfortzone zu erweitern und sich dem Abenteuer des Lebens, behutsam und leise die Welt zu verändern, mit neuem Mut zu stellen.

In der wertschätzenden und respektvollen Ergänzung beider Extreme liegt ein Geheimnis und eine besondere Kraft, gerade auch für die christliche Gemeinde!

2. INTROVERTIERT AN STÄRKE GEWINNEN

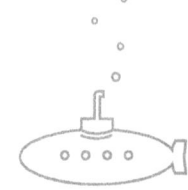

In diesem Kapitel gehen wir dem Geheimnis der inneren Stärke auf den Grund. Das ist elementar. Denn der Umgang mit dem eigenen Innenleben (symbolisiert durch den innersten konzentrischen Kreis) entscheidet zugleich darüber, wie sich die übrigen Lebensbereiche entwickeln. Der Zugang zu unserer inneren Mitte ist nicht automatisch da, sondern wir müssen uns auf die Suche danach machen. Und wenn wir nach einer abenteuerlichen Reise dort ankommen, fängt die eigentliche Arbeit erst an.

Stille Wasser sind tief

> Du kennst nur einen Teil von mir.
> Ich bin ein Universum voller Geheimnisse.
>
> *Lupytha Hermin*[46]

Ich gehöre zu den Bilderdenkern. Solchen, die gerne nach einem bildhaften Vergleich suchen, um komplexe Zusammenhänge besser zu verstehen und anderen einfacher zugänglich zu machen. Und genau darum geht es in diesem einführenden Teil. Anhand eines

Bildes möchte ich Ihnen das Thema Introversion, seine Herausforderungen und Stärken auf anschauliche Art näherbringen. Das Bild wird uns auch in der Fortsetzung des Buches weiter begleiten.

Doch zuvor möchte ich kurz auf das Sprichwort eingehen, das ich als Überschrift für diesen Teil gewählt habe: *Stille Wasser sind tief.* Es bildet die perfekte Brücke zum nachfolgenden Sinnbild. Das Sprichwort ist aus der Natur abgeleitet, wo selbst ruhige Gewässer oft ungeahnt tief sind und wo sich unter ruhigen Wasseroberflächen manchmal unsichtbare Strömungen und Turbulenzen verbergen. Ähnliches trifft auch auf introvertierte Menschen zu. Oft erscheinen Introvertierte im Gegensatz zu Extrovertierten ruhiger und zurückhaltender. Dabei bleibt häufig verborgen, welche Komplexität, Intensität und Fülle an Gedanken und Ideen Introvertierte in ihrem Inneren bewegen. Deshalb werden sie nicht selten falsch eingeschätzt. Entsprechend groß ist die Überraschung, wenn introvertierte Menschen plötzlich durch unerwartete Handlungen oder überdurchschnittliches Können oder Wissen beeindrucken.

Genau dies beschreibt auch Toni, der mich seit meiner Jugendzeit kennt. Toni stieß zu unserer Freikirche, als mein Vater dort leitender Pastor war. Wie er mir kürzlich schrieb, fiel ich ihm damals durch meine »*äußerst angenehme, eher schüchterne Zurückhaltung auf*«, aber auch durch meinen für sein Empfinden »*teilweise eher altbackenen Kleidungsstil*«. Die Kombination dieser beiden Dinge ergab für ihn »*ein völlig falsches Bild*« von mir: »*Was ich damals aber wirklich nie erahnt hätte*«, schrieb er, »*ist dein gewaltiges geistiges und emotionales Potenzial.*« Die anfängliche Skepsis, mit der er meinen weiteren Weg verfolgte, wandelte sich in zunehmende Verwunderung: »*Nie, aber wirklich nie hätte ich gedacht, dass du dich später mit einem akademischen Abschluss zur erfolgreichen Buch-*

autorin und Doktorandin entwickeln und letztlich diesen höchsten akademischen Grad mit genialem Erfolg erreichen wirst.«

Auf mich wirken solche Reaktionen bis heute seltsam, weil ich mich meinem Empfinden nach als Person gar nicht groß verändert habe. Vielmehr ist im Laufe der Jahre mit Gottes Hilfe etwas von dem tief verborgenen Schatz in mir sichtbar geworden, der ja eigentlich schon immer da war – bloß unsichtbar für andere. Etwas von dieser inneren Welt, die auf der einen Seite ein Segen ist und auf der anderen Seite manchmal auch zur erdrückenden Last werden kann.

Ein dunkler, tiefer Ozean

Damit sind wir beim Bild beziehungsweise der Metapher, die uns dabei helfen soll, die Realität introvertierter Menschen besser zu erfassen: Es ist das Bild eines weiten Ozeans mit U-Booten (Introvertierten) und Schiffen (Extrovertierten).

Dieser Vergleich ist inspiriert von der Verhaltenswissenschaftlerin Birgit Trappmann-Korr. Am Ende ihres Standardwerks zur Hochsensitivität vergleicht sie hochsensitive Menschen mit U-Booten.[47] Wieso ich in diesem Buch anstelle von *hochsensitiven* von *introvertierten* Menschen spreche, erschließt sich aus den folgenden Zeilen: »*Hochsensitive Menschen haben eine reiche und komplexe Innenwelt, das trifft besonders auf diejenigen zu, die introvertiert sind. Während die Introvertierten in unserer Gesellschaft eine Minderheit darstellen, machen sie einen Großteil aller hochsensitiven Menschen aus.*«[48] Ausgehend hiervon habe ich mir erlaubt, Trappmann-Korrs Idee zu übernehmen, jene auf Introvertierte zu übertragen und weiter zu entfalten.

Der dunkle, tiefe Ozean steht symbolisch für das Innenleben eines Menschen, egal, ob extrovertiert oder introvertiert. Denn selbstverständlich können auch Extrovertierte eine durchaus reiche Innenwelt haben. Im Unterschied zu den Introvertierten nehmen Extrovertierte jene allerdings nicht so detailliert wahr, weil Außen- und Innenwelt für sie nahezu identisch sind. Mit anderen Worten: »*Extrovertierte haben eine einschichtige Persönlichkeit*«, erklärt Birgit Trappmann-Korr, »*denn sie sind im Allgemeinen in der Öffentlichkeit und im Privaten dieselben. Sie neigen dazu, ihre privaten Gedanken anderen Menschen auch mitzuteilen.*«[49] Introvertierte hingegen haben ein öffentliches Selbst und ein zweites, privates Selbst. »*Dieses private Selbst, die Innenwelt, wird regelrecht von der Außenwelt abgeschirmt und geschützt, sodass oftmals sogar der eigene Partner keine Kenntnis davon erhält und gar nicht weiß, wie der andere wirklich ist.*«[50]

In einem Tagebucheintrag vom 10. Mai 2006 habe ich diese Tatsache eines öffentlichen und privaten Selbst in eigenen Worten umschrieben, ohne zunächst zu verstehen, wieso ich so empfinde. An jenem Nachmittag verbrachte ich wieder einmal etwas Zeit allein mit unserem damals sechsjährigen Sohn. Die kleine Schwester war ein paar Tage im Urlaub bei der Patin. Auf Rubens Wunsch hin schauten wir uns in einem Kino den Film *Asterix und die Wikinger* an. Nach dem Film, als niemand mehr im Saal war, schlichen wir uns auf die mächtige Bühne. In meinem Tagebuch von damals ist zu lesen:

Es war ein unvergesslicher Moment. Noch immer sehe ich uns ausgelassen und glücklich über die Bühne hüpfen, sehe Rubens strahlende Augen vor mir, höre unser gemeinsames Lachen …
Es tat einfach sooo gut! Und tat gleichzeitig sooo weh! Genau in

solchen Momenten wird mir die Endlichkeit meines/unseres Lebens schmerzhaft bewusst … Unsere Kinder werden so schnell älter und größer. Ich möchte sie manchmal ganz fest an mich binden und nie mehr loslassen. Andererseits freue ich mich auch zu beobachten, wie sie Fortschritte machen und größer und reifer werden!! Beim anschließenden McDonald's-Abstecher schrieb ich auf eine Serviette: Ich gehöre zu jener Spezies Menschen, die mitten im Trubel eines fröhlichen Alltags in Tränen ausbrechen können (so wie auf der Kinobühne). Natürlich sehr diskret. Nicht öffentlich. Oft erlebe ich das Leben gleichzeitig auf zwei parallelen Ebenen: einerseits die Oberflächenebene mit ihrer alltäglichen Beschaffenheit. Andererseits die Tiefenebene, die mich immer bis ins Mark erschüttert.

Eine überraschend treffende Beschreibung dessen, was introvertierte Menschen charakterisiert: ein privates und ein öffentliches Selbst.

Werden Introvertierte verbal angegriffen oder verletzt, dann zeigen sie es nach außen nur schwach oder auch gar nicht, denn sie haben die Tendenz, sich nach innen abzuschirmen. Etwa so, wie sich eine Schnecke in ihr Häuschen zurückzieht oder eine Schildkröte in ihren Panzer. Um ihr privates Selbst zu schützen, ziehen sich Introvertierte bei drohender Gefahr in ihren geheimen Schutzraum zurück. Daher reagieren sie auch selten wütend, sondern eher seltsam distanziert. Meist ist dem Gegenüber gar nicht bewusst, dass der introvertierte Gesprächspartner nicht mehr erreichbar ist. Denn jener innere Rückzug ist äußerlich kaum wahrnehmbar und besonders für eine extrovertierte Persönlichkeit kaum nachzuvollziehen. Leider führt dieses Verhalten oft zu Missverständnissen – etwas, was ich auch oft im christlichen Kontext beobachte: Die Reaktion des introvertierten Gesprächspartners vermittelt dem extrovertierten Gegenüber den Eindruck, dass alles in bester Ordnung ist und wieder zur Tagesordnung übergegangen werden kann. Doch in Wirklichkeit ist bei der introvertierten Person nichts in Ordnung. Sie ist zutiefst verletzt. Und wenn sie keinen Weg findet, auf gute Art mit dieser Verletzung umzugehen, wird diese alte Verletzung auch in zukünftigen Begegnungen mit der betroffenen extrovertierten Person mitschwingen. Letztere hat oft keine Ahnung, weshalb sich das introvertierte Gegenüber plötzlich so seltsam verhält.

Von U-Booten (Introvertierten) und Schiffen (Extrovertierten)

Der Hauptunterschied der beiden Typen liegt also darin, wie sie mit ihrem Innenleben umgehen oder anders gesagt, welche Rolle das Innenleben in ihrem Alltag spielt. Und genau dies findet Ausdruck im Bild der unterschiedlichen Wasserfahrzeuge:

Die **extrovertierten Schiffe** bewegen sich ihrer Natur gemäß bei Tag und Nacht gut sichtbar auf der Wasseroberfläche. Hier, in der Außenwelt, haben sie den Überblick. Hier können sie sich an den Sternen orientieren und den Horizont absuchen. Hier können sie sich mit ihresgleichen treffen und austauschen. Sie begnügen sich damit, aus der Innenwelt herauszufischen, was sie zum Überleben brauchen. Sie lassen sich vom Wind treiben und stellen sich abenteuerlustig den Herausforderungen der Schifffahrt. In kritischen Situationen wird ihnen manchmal unangenehm bewusst, welch unbekannte Welt in der Tiefe unter ihnen schlummert. Doch in voller Fahrt auf der glitzernden Oberfläche neigen sie dazu, den Gedanken daran wieder zu verdrängen.

Ganz anders die **introvertierten U-Boote**. Ihnen erscheint das Leben über der Wasseroberfläche ähnlich bedrohlich wie den Extrovertierten dasjenige unter der Wasseroberfläche. U-Boote sind mit der Fähigkeit geboren, in den dunklen, tiefen Ozean ihres Geistes abzutauchen. Dorthin, wo ihnen niemand folgen kann, wo sie ganz ungestört und allein mit sich sind. Im Gegensatz zu den Schiffen können sich U-Boote sowohl unterhalb als auch oberhalb der Wasseroberfläche aufhalten. Introvertierte U-Boote sind allerdings nicht ausschließlich für ein Leben unter der Wasseroberfläche bestimmt. Gelegentlich oder regelmäßig verlangt das Leben auch von U-Booten, dass sie dem Schiffsverkehr und bunten Treiben über der Wasseroberfläche zusehen (und sei es nur ganz vorsichtig mit dem Periskop) oder sich gar aktiv daran beteiligen. Das heißt, sie *müssen* von Zeit zu Zeit auftauchen. Und tun sie das, sind die Schiffe an der Wasseroberfläche ihrerseits manchmal ein wenig verwundert »*über die seltsamen Fahrzeuge, die da plötzlich auftauchen*«, schreibt Birgit Trappmann-Korr, »*denn man kann sie kaum hören und meistens sind sie irgendwie nicht ›da‹ und nicht so recht bei der Sache. Sie glauben, dass U-Boote vielleicht einen Konstruktionsfehler haben und deshalb nicht so richtig schwimmen können.*«[51]

Je intensiver und länger die Eindrücke und Erfahrungen oberhalb der Wasseroberfläche, desto größer wird die Sehnsucht der U-Boote nach der Stille des Ozeans. Haben sie genügend Daten gesammelt (zum Beispiel nach einem langen Arbeitstag oder wenn viele Eindrücke auf sie einstürmten), tauchen sie ab, um diese Daten zu verarbeiten. Doch dieses Verhalten ist auch mit Gefahren verbunden. Einige Introvertierte tauchen so tief, dass sie den Weg zur Wasseroberfläche kaum mehr allein finden. Sie brauchen Hilfe, da sie in ihrer Innenwelt die Orientierung verlieren. Sie wissen nicht mehr, wo »oben« und »unten« ist und wo sie eigentlich hingehören.[52] Es ist für sie von zentraler Bedeutung, dass sie gute Strategien entwickeln, wie sie sich in den zwei unterschiedlichen Lebensräumen so bewegen können, dass sie nicht verloren gehen.

Schwierige Begegnungen

Es liegt auf der Hand, dass Begegnungen von Schiffen mit U-Booten anders verlaufen als solche von Schiffen untereinander oder von U-Booten untereinander. Unter seinesgleichen braucht es keine Erklärungen für ein Verhalten, das mit dem bevorzugten Lebensraum zusammenhängt. So kommt es auf beiden Seiten oft zu Missverständnissen und Vorurteilen. Während U-Boote die Schiffe als eher oberflächlich, rücksichtslos, lieblos, vorschnell, gedankenlos, unbesonnen, launisch, unbeherrscht oder Ähnliches erleben, verzweifeln die Schiffe manchmal schier am rätselhaften Verhalten der U-Boote. Ja, mag sein, dass sie, die Schiffe, manchmal etwas laut und vorschnell sind und vielleicht sogar rücksichtslos erscheinen. Doch was in den Augen der harmoniebedürftigen U-Boote rücksichtslos erscheint, ist aus Sicht der Schiffe ehrliches Verhalten, das durchaus angemessen und sogar dringend nötig ist und das sie bei den U-Booten meist vermissen. In der Regel stehen sie zu dem, was sie sind, wie sie sind, was sie denken, wie sie sich fühlen, und lassen das auch alle Wasserfahrzeuge in ihrem Umkreis wissen. Hier, auf der Wasseroberfläche, im Tageslicht sieht man die Dinge, wie sie sind. Man wird mit offensichtlichen Tatsachen konfrontiert und erkennt, wo man bei Problemen ansetzen muss. Sind Reparaturen oder Anpassungen notwendig, kann alles, was dafür gebraucht wird, in die Wege geleitet werden.

Sollte jedoch ein Schiff einem U-Boot in Not beistehen, wird der Fall komplizierter, und so mancher Schiffer beziehungsweise manche Schifferin fischt im Trüben. Unter der Wasseroberfläche sind die Gesetzmäßigkeiten, die über der Wasseroberfläche gelten und funktionieren, zermürbenderweise außer Kraft gesetzt. In der Dunkelheit, der Undurchsichtigkeit, der Komplexität und Endlosigkeit des Ozeans ist manchmal nicht nur keine Lösung des Problems absehbar, sondern selbst das U-Boot verschwindet aus dem Blickfeld. Dieser Umstand ist für lösungsorientierte und praktisch veranlagte Schiffe nur schwer zu akzeptieren. Das Gefühl der Hilflosigkeit kann sich in Form von Unmut gegenüber U-Booten Luft machen. Schiffe raten den U-Booten eindringlich, ihr Verhalten zu ändern und (wie sie) über der Wasseroberfläche zu leben.

Wer lebt richtig?

Vielleicht ist dies der größte Spannungspunkt zwischen Schiffen und U-Booten überhaupt: dass beide ihren bevorzugten Lebensraum für den wichtigeren, entscheidenden oder im Extremfall sogar für den einzig richtigen halten. Das Abtauchen der U-Boote in den tiefen Ozean scheint den Schiffen nichts anderes als eine Flucht vor der Wirklichkeit des Lebens zu sein und ein Zeichen mangelnder Bereitschaft, sich der Realität des Lebens zu stellen. Für die Schiffe ist ohne jeden Zweifel die *äußere Welt* aus Menschen und Dingen die wahre Welt. Dabei übersehen sie die Tatsache, dass U-Boote im Gegensatz zu ihnen für ein Leben unter Wasser geschaffen sind. Dass U-Boote in diesem unendlichen, undurchdringlichen, aber auf seine Weise ebenfalls wunderschönen und faszinierenden Lebensraum zu Hause sind. Dass dies *deren* Realität ist, dass sich Intros dort wohlfühlen und sich dort auf intensive Weise der Wirklichkeit und den Herausforderungen ihres Lebens stellen. Und dass Intros im Gegensatz zu ihnen vielmehr die *innere Welt* aus Gedanken, Zusammenhängen und Tiefgang für die wahre Welt halten.

Ähnlich wie die Schiffe den U-Booten vorwerfen, sich der Realität des Lebens über der Wasseroberfläche zu verweigern, halten U-Boote die Schiffe für feige, weil jene es nach Möglichkeit vermeiden, abzutauchen und sich der Realität ihrer inneren Abgründe zu stellen. Im Grunde genommen sind viele U-Boote auch selbst überfordert mit sich, den Untiefen des Ozeans und dem Auftauchen an der Wasseroberfläche. Birgit Trappmann-Korr beschreibt es sehr anschaulich:

> Leider, und dies ist meines Erachtens ein Dilemma, gibt es noch keine »U-Boot-Schule«, niemand sagt den kleinen und großen U-Booten, was das Besondere an ihnen ist, was sie können und vor allem, worauf sie beim Abtauchen achten müssen. So bleibt jeder sich selbst überlassen und muss alles Stück für Stück allein herausfinden, und nicht selten wächst die Erkenntnis, dass hier wirklich etwas nicht zu stimmen scheint. Manche wollen doch einfach nur so sein wie alle anderen, doch je mehr sie das versuchen und je weniger sie abtauchen, desto überstimulierter werden sie. Manchmal kommt es auch zu einer Radikalwende und sie tauchen ab, wann immer sie möchten. Wenn die Welt über Wasser nicht länger von Wichtigkeit ist, dann kann es zu ihrem Schicksal werden, ziellos im Ozean zu treiben.[53]

In solchen Fällen ist bei Introvertierten auch eine Tendenz zum Suchtverhalten feststellbar. Die Flucht in eine Sucht wird als momentaner Ausweg gesehen, all die belastenden Gedanken zu verdrängen und die innere Uferlosigkeit zumindest für einen Moment zu vergessen. Doch leider ist dies ein Trugschluss, da Intros ihrer inneren Realität nie entfliehen können.

An dieser Stelle gilt es, mit Nachdruck festzuhalten: Introversion ist weder falsch noch Extroversion richtig – und umgekehrt. Wir sind, wie wir sind, und genau das macht die Welt interessant. Und so wenig, wie man einen Kurzsichtigen auffordern kann, »sei nicht kurzsichtig«, kann man einen Extrovertierten auffordern, »sei nicht extrovertiert«, oder einen Introvertierten, »sei nicht introvertiert«. Sophia Dembling erklärt: »*Introversion […] ist ganz einfach eine Funktionsweise in dieser Welt, und daran ist überhaupt nichts Verkehrtes. Es ist an der Zeit, dass wir unsere Natur annehmen und anfangen, unseren Fall zu verteidigen. – In aller Stille.*«[54] Hier klingt auch schon etwas davon an, was möglich wäre, wenn an die Stelle gegenseitiger Kritik und Ablehnung ein Blick für die kraftvolle Ergänzung treten würde.

Damit das Leben der U-Boote und hiermit auch die Begegnung von U-Booten mit Schiffen und umgekehrt einfacher wird, werden in der Fortsetzung dieses Kapitels folgende Fragen untersucht: Wie können sich U-Boote (in diesem Fall introvertierte Christen) auf die Suche nach ihrer inneren Stärke machen? Wie entdecken sie ihre innere Stärke? Wie kann jene geschützt werden? Und mitten in alldem: Welche Hilfestellungen bietet uns Gottes Wort zu diesen Fragen?

Impulse zum Weiterdenken

• Ist Ihr bevorzugter Lebensraum über oder unter der Wasseroberfläche? Worin äußert sich dies?

- Wie denken Sie über »die anderen« (als Extrovertierte über Introvertierte oder umgekehrt)?
- Welches Vorurteil möchten Sie als Extrovertierte/-r gegenüber Introvertierten (oder als Introvertierte/-r gegenüber Extrovertierten) loslassen?

Innere Stärke suchen

Aus der Tiefe schreie ich zu dir, Herr!

Psalm 130,1

Die Tiefe, Undurchdringlichkeit und Dunkelheit des inneren Ozeans kann die Sicht der Introvertierten auf ihre Stärken trüben oder gar verhindern. Auf dem Weg zu den eigenen Stärken braucht es daher zunächst die Entscheidung: Ich *will* mich auf die Suche nach meiner inneren Stärke machen! Gepaart mit dem Mut, dieser Entscheidung auch Taten folgen zu lassen. Im Bild des Ozeans gesprochen, kann man sich die innere Stärke introvertierter Menschen als einen versunkenen Schatz vorstellen, den es zu entdecken und zu bergen gilt. Nach der inneren Stärke zu suchen, bedeutet dann: Ich tauche ein in mein unergründliches Innenleben. Ich mute mich mir zu. Ich will mich den Abgründen und der Dunkelheit in mir stellen. Auch dem Schmerz, der damit verbunden ist. Ich lerne aus der Vergangenheit. Ich nehme meine Gefühle ernst und lasse sie zu. Ich wage diesen Schritt im Vertrauen darauf, dass ich gehalten werde, selbst wenn ich nichts davon spüre. Im Vertrauen darauf, dass einer da ist, der mich schützt und mich davor bewahrt, in den Untiefen zu ertrinken. Dass ich in meiner ganzen Komplexität und den schweren Gedanken, die manchmal auf mir lasten, von einem Schöpfer liebevoll geschaffen bin, der einen Plan für mein Leben hat. Und dass die Schätze, die er in mich hineingelegt hat, Teil dieses Plans sind.

Doch wie finde ich den nötigen Mut für dieses Abenteuer? Auf Udo Schroeter geht das Zitat zurück: »*Wenn die Sehnsucht größer ist als die Angst, entsteht Mut!*«[55] Ich wage dieses Abenteuer, getrieben von der Sehnsucht, mehr über meinen Schöpfer und seinen Plan mit mir und meinem Leben zu erfahren. Im Vertrauen darauf, dass er mir Wege aufzeigen wird, wie ich mit meiner vielschichtigen und intensiven Innenwelt so umgehen kann, dass sie mir und anderen zum Segen wird. Ulrich Schaffer hat dieses Wagnis so umschrieben:

Ich wage es,
mich mit meinen dunklen Seiten zu befassen,
weil ich ihnen ihre finstere Macht nehme,
wenn ich sie in mir verstehe.
Durch den Schatten breche ich durch
in ein umfassenderes Licht.[56]

In diesem Sinne möchte ich Ihnen Mut machen, ins Ungewisse abzutauchen. Nicht ziellos, sondern auf der Suche nach den kostbaren Schätzen, die in der Tiefe Ihrer Innenwelt verborgen sind. Es ist eine Suche nach Antworten, nach Klarheit, nach Orientierung, nach Frieden, nach Erfüllung und einem festen Halt. Einem Anker in den Stürmen des Lebens. Und sollten Sie in den Untiefen auf Hindernisse, Unvorhergesehenes oder gar auf »Ungeheuer« stoßen: Lassen Sie sich nicht davon beirren! Nichts und niemand soll Sie von Ihrer Suche abhalten! Denn es ist für Ihr Leben von entscheidender Bedeutung, dass Sie Ihre innere Stärke entdecken und diesen Schatz bergen.

In der Fortsetzung möchte ich beispielhaft vier Hindernisse aufzeigen, die Ihre Suche erschweren könnten. Es sind vier Problemfelder, mit denen introvertierte Menschen besonders oft zu kämpfen haben. Je nach Ausprägung der Introversion können sie stärker oder schwächer sein. Auch die Kombination von Introversion mit Hochsensibilität und/oder Hochbegabung kann beeinflussen, wie intensiv die Erfahrung ist.

1. Dunkelheit

Dieses erste Hindernis möchte ich ausführlicher behandeln als die übrigen, weil es mir aus persönlichem Erleben besonders am Herzen liegt und weil ich weiß, dass es für diejenigen, die davon betroffen sind, von großer Tragweite sein kann.

Dunkelheit ist hier nicht im wörtlichen Sinne zu verstehen, sondern vielmehr als Sammelbegriff für Gefühle oder Zustände, die teilweise nur schwer in Worte zu fassen sind und für deren Auftreten oder Existenz man selber oft keine Erklärung findet: Mutlosigkeit, Erschöpfung, Traurigkeit, Schmerz, Lebensmüdigkeit, Antriebslosigkeit, Hoffnungslosigkeit bis hin zur Resignation.

Um 1576 hat der Kirchenlehrer und Mystiker Johannes vom Kreuz ein Gedicht geschrieben mit dem Titel *Die dunkle Nacht der Seele*. Obwohl es in dem Gedicht um geistliche Erfahrungen geht, fand das Gedicht (und vor allem sein Titel) später in vielen Büchern als Metapher für Depressionen Eingang. Experten sind sich einig, dass eine auffallend hohe Zahl von »*außergewöhnlichen Menschen*«[57] mehr oder weniger intensiv depressive Lebensphasen erlebt. (Wobei man vorsichtig mit dem Begriff *Depression* umgehen sollte, da es sich hierbei um ein sehr ernst zu nehmendes Krankheitsbild handelt.) Wenn die Dunkelheit so überwältigend wird, dass man keinen Ausweg mehr sieht, kann ein Mensch im Extremfall sogar zur Überzeugung gelangen, dass sein Leben nicht mehr lebenswert ist. In vielen Fällen hatten Menschen, die Suizid begehen, vorher mit schweren Depressionen zu kämpfen. Und in den meisten Fällen wundert sich das Umfeld anschließend, wieso niemand etwas davon gemerkt hat. Eine erschütternde Illustration für die verborgene Innenwelt im Leben eines Introvertierten.[58] Wenn die Dunkelheit so überwältigend wird, dass das alltägliche Leben massiv davon beeinträchtigt wird (auch wenn dies nur der betroffenen Person selbst bewusst ist), braucht es dringend Unterstützung von außen! Wenn ich in der Fortsetzung von Dunkelheit spreche, meine ich damit *nicht* eine schwere Form der Depression (die dringend ärztliche Betreuung erfordert), sondern eine grundsätzliche Veranlagung zu depressiven Verstimmungen und damit verbundenen depressiven Phasen im Leben eines Introvertierten. In Kapitel 19 seines Romans *Schuld und Sühne* schrieb Fjodor Dostojewski: »*Wo eine umfassende Erkenntnis und ein tief empfindendes Herz vorhanden sind, da bleiben auch Leid und Schmerz nicht aus. Die wahrhaft großen Menschen müssen, wie ich glaube, auf der Welt eine große Traurigkeit empfinden.*«[59]

Das Stichwort Traurigkeit erinnert mich an mein allererstes Klavierstück, das ich an einem Vorspielabend vortragen durfte. Das Stück hieß *Columbine is sad/Kolumbine ist traurig/Colombine est triste*. Auf dem Notenblatt war zur Illustration in Schwarz-Weiß ein kleines Mädchen mit hängendem Kopf, hängenden Schultern und einem Clown in der Hand abgebildet. Ich kann mich erinnern, wie ich dieses Stück immer und immer und immer wieder gespielt habe, obwohl ich es längst fehlerfrei konnte. Es tat so unglaublich gut in der Seele! Es war, als ob ich die Melodie meines Herzens gefunden hätte! Eine Sprache für Gefühle, für die es keine Worte gab. Noch heute klingt die schlichte Melodie in Molltönen in meinen Ohren, als wäre es gestern gewesen. Als wir vor rund drei Jahren das Haus meiner Eltern verkauften, fielen mir bei den Räumungsarbeiten im Dachgeschoss die Notenblätter wieder in die Hände und ich war ganz gerührt. Ich brachte es nicht übers Herz, sie zu entsorgen. Columbine war zwar bloß eine Skizze auf Papier. Es war auch nicht ersichtlich, weshalb sie traurig war. Doch es reichte aus, dass ich mich mit ihr identifizieren konnte – weil ich ihre Traurigkeit mitfühlte. Für mich blieb auch rätselhaft, wo meine Traurigkeit herrührte. Ich wuchs in einem behüteten Zuhause auf, war von Liebe umgeben, hatte einen kindlichen, aber ernsthaften Glauben an Gott, der mir Halt gab, ich kam gut klar mit dem Schulstoff, war nach außen hin aufgeweckt und fröhlich und vieles mehr. Wenn da nur nicht diese Traurigkeit, diese Dunkelheit tief in mir gewesen wäre …

Diese Veranlagung kann belastend sein. Auch für Freundschaften, Familien, Beziehungen. Mein Ehemann weiß, wovon ich spreche. Er ist einer der wenigen, der hin und wieder einen kleinen Einblick in meine Innenwelt erhält. Vorbereitend auf meine Arbeit an diesem Buch, stellte ich ihm einige Fragen und bat um eine schriftliche Antwort. Dazu gehörte die Frage: *Was stört dich am meisten an mir?* Rolfs ehrliche Antwort lautete: »*Deine pessimistische Art (depressive Verstimmungen) bis hin zur Selbstaufgabe, wenn es dir nicht gut geht. Und das war in den letzten Monaten/Jahren fast immer der Fall.*« Seine Antwort mag viele meiner Bekannten und sogar Freunde überraschen. Menschen, die mich für alles andere als pessimistisch halten. Ganz im Gegenteil! Schon viele haben mir gesagt, wie sehr sie meine positive und fröhliche Art schätzen. Und Anteile hiervon habe ich durchaus. Es ist nicht einfach nur gespielt. Es ist höchstens *einseitig* gespielt, weil ich den schmerzvollen und dunklen Teil in mir lieber bedeckt halte.

Mein Beispiel zeigt, was auch auf viele andere Introvertierte (mit unterschiedlichen Abstufungen) zutrifft. Es wäre aber absolut unzutreffend, Introversion per se mit dem Bild eines schlecht gelaunten, griesgrämigen Menschen in Verbindung zu bringen. Glauben Sie mir: Vielen Introvertierten, die mit Dunkelheit in ihrem Inneren kämpfen, ist von außen nichts davon anzumerken! Während Extrovertierten meist am Gesicht abzulesen ist, wie es ihnen geht, und sie in der Regel sehr offen mit ihren Gefühlen umgehen, geschieht dies bei Introvertierten im Verborgenen. Anne Heintze und andere Autoren weisen überdies darauf hin, dass Depressionen umso wahrscheinlicher sind, wenn Introvertierte ihr eigentliches Wesen unterdrücken.[60] Dabei möchte ich nochmals betonen: Es wäre eine falsche Schlussfolgerung zu denken, dass *alle* Introvertierten depressive Verstimmungen erleben, wie ich sie eben beschrieben habe. Von der Veranlagung her sind am ehesten diejenigen betroffen, deren Introversion auch mit Hochsensibilität und/oder Hochbegabung gekoppelt ist oder die von ihrer introvertierten Ausrichtung her zur Melancholie neigen.

Das Hindernis *Dunkelheit*, dem sich viele Introvertierte stellen müssen, kann für introvertierte *Christen* eine doppelte Herausforderung darstellen, zum Beispiel im Blick auf Fragen wie: »Was stimmt nicht mit mir und meinem Glauben?«, »Sollte ich als Christ nicht von solchen Gefühlen befreit sein?«, »Jesus ist doch das Licht. Er hat doch die Dunkelheit besiegt – wieso ist sie dann in meinem Leben noch da?« Hier scheint mir zunächst einmal wichtig, dass wir die Dunkelheit der Seele nicht mit der Dunkelheit der Sünde verwechseln oder gar gleichsetzen. Was Letzteres betrifft, bietet uns Jesus durch sein Sterben am Kreuz Vergebung unserer Schuld an. Diejenigen, die seine Vergebung annehmen, führt er aus der Macht der Dunkelheit in sein göttliches Licht. Paulus schreibt an die Christen in Ephesus: *Früher gehörtet ihr selbst zur Finsternis, doch jetzt gehört ihr zum Licht, weil ihr mit dem Herrn [Jesus Christus, D. S.] verbunden seid. Verhaltet euch so, wie Menschen des Lichts sich verhalten* (Epheser 5,8). Ja, Jesus ist das Licht. Er hat die Dunkelheit überwunden. Und trotzdem wird Dunkelheit im Sinne von schmerzvollen Gefühlen und Erfahrungen Teil unserer menschlichen Realität bleiben. Auch im Leben von Christen. Dies bestätigt ein Blick in die Bibel: beispielsweise in Psalmtexten (zum Beispiel Psalm 143,4), weiter das Beispiel von Elia (vgl. 1. Könige 19,4) oder auch Aussagen von Paulus im Neuen Testament (vgl. 2. Korinther 4,8-9), um nur einige zu nennen.

Passend zum Bild des Ozeans habe ich dieses Unterkapitel mit den Worten aus dem Wallfahrtspsalm 130,1 überschrieben: *Aus der Tiefe schreie ich zu dir, Herr!* Die »Tiefe« wird nicht näher erklärt. Es bleibt offen, ob es eine körperliche Krankheit, ein psychisches Leiden, die Last einer Schuld, eine familiäre Not oder was auch immer ist. Das hebräische Wort, das hier mit »Tiefe« übersetzt wird, lässt an Verschiedenes denken: zum Beispiel an ein Wasserloch, in das man stürzen kann, eine dunkle Grube, ein Grab, die Unterwelt und nicht zuletzt an die Meerestiefen, in denen die Menschen der damaligen Zeit den Sitz von Ungeheuern und Chaosmächten vermuteten. Was auch immer die Tiefe ist, aus der sich der Psalmbeter an Gott wendet – es ist ein Hilfeschrei aus tiefster Not. Ähnlich singt David in Psalm 69,3: *Ich versinke in tiefem Schlamm und finde keinen Halt. Das Wasser reißt mich in die Tiefe, die Flut überschwemmt mich.* Verbunden mit der Bitte an Gott: *Sorge dafür, dass die Flut mich nicht überschwemmt und die tiefen Strudel mich nicht verschlingen* (Psalm 69,16a).

Wenn es uns nicht gelingt, vertrauens- und hoffnungsvoll mit dem Hindernis *Dunkelheit* umzugehen, bringt Letztere die Suche nach inneren Schätzen früher oder später zum Scheitern. Während ich das schreibe, ist mir schmerzlich bewusst, wie widersprüchlich die Worte »vertrauens- und hoffnungsvoll« in der Dunkelheit klingen. Ein vertrauens- und hoffnungsvoller Umgang verändert möglicherweise nichts an meiner Dunkelheit oder meinem Empfinden, aber ich ringe darum, meinem Denken mitten in der Dunkelheit eine andere Ausrichtung zu geben. Ich entscheide mich, meinen Blick nicht länger verzweifelt auf das Dunkel zu richten, das mich umgibt, sondern auf denjenigen, der mich in dieser Dunkelheit auffängt, wenn ich falle. Auf den, der mich rettet, wenn ich innerlich ertrinke. Der russische Dichter Apollon Maikow kam zum Schluss: *»Je dunkler die Nacht, umso heller die Sterne, je tiefer die Trauer, umso näher ist Gott.«*[61] Vertrauen kann mich trotz Dunkelheit in Gottes Nähe ziehen. Es ist das Vertrauen darauf, dass Gott zu dem steht, was er in seinem Wort verspricht: *Gott ist unsere Zuflucht und unsre Stärke, der uns in Zeiten der Not hilft. Deshalb fürchten wir uns nicht, auch wenn […] die Ozeane wüten und schäumen und durch ihre Wucht die Berge erzittern!* (Psalm 46,2-4; NLB).

Falls Ihre Sicht auf das Leben genau in diesem Moment von Dunkelheit getrübt ist, möchte ich Ihnen Folgendes ans Herz legen: Geben Sie sich der Dunkelheit *nicht* hin! Bleiben Sie in Ihrer Not nicht allein und wagen Sie es, Ihre Dunkelheit mit jemandem zu teilen. Das kann jemand sein, der Ihnen nahesteht, eine Fachperson oder sonst jemand, zu dem Sie Vertrauen haben. Fassen Sie sich ein Herz und wagen Sie diesen wichtigen Schritt aus der Isolation.

Aus eigener Erfahrung möchte ich noch ergänzen: In manchen Fällen kann auch die Einnahme von Medikamenten hilfreich sein (in Absprache mit einem Arzt), damit sich der dunkle Schleier der Seele etwas lichtet. Und schließlich: Bitten Sie Gott, dass er Ihnen trotz dunkler Strömungen, die Ihre Sicht gelegentlich trüben werden, eine zunehmend klarere Sicht schenkt und Ihnen *seine* Sicht der Dinge offenbart.

2. Ängste

Zu den größten Stolperfallen gehören außerdem *Ängste*. Es liegt auf der Hand, dass einige Ängste untrennbar mit der oben geschilderten Dunkelheit in Verbindung stehen. Angst vor der Dunkelheit, vor dem Versinken, der Einsamkeit. Darauf werde ich hier nicht weiter eingehen. Und selbstverständlich sind auch Extrovertierte von vielerlei Ängsten betroffen. An dieser Stelle möchte ich lediglich auf *eine* Angst hinweisen, die meines Erachtens eng mit dem introvertierten Wesen in Verbindung steht: die Angst, was geschehen könnte, wenn meine »Außenwelt« einen ungefilterten Einblick in mein komplexes Innenleben erhalten würde. Oder anders formuliert: die Angst davor, nicht für die Person geliebt zu sein, die ich im Innersten bin. Dahinter steckt im Kern auch die Angst davor, mich verletzlich zu machen – und im schlimmsten Fall abgelehnt zu werden.

Neulich fiel mir ein Gedicht in die Hände, das ich vor rund drei Jahren geschrieben habe. Ich schrieb es in Englisch, möglicherweise weil der Gebrauch einer Fremdsprache eine wohltuende Distanz zum schonungslos ehrlichen Inhalt geschaffen hat oder weil mir der prägnante englische Wortschatz geeigneter dafür schien auszudrücken, was ich fühlte. Ich überschrieb das Gedicht mit dem Titel

Hidden me (Verborgenes Ich). Es ist vermutlich das »introvertierteste« Gedicht, das ich je geschrieben habe (auch wenn mir dies gar nicht bewusst war). Und zwar in einer Zeit, in der mich eine chronische Schmerzsituation an den Rand meiner Kräfte brachte. Der erste Teil beschreibt mein Empfinden, wie ich von der Außenwelt wahrgenommen werde – und dann folgt der ehrliche Blick in die Innenwelt:

Verborgenes Ich

sie loben mich
für mein heiteres Wesen
meine Intelligenz und Höflichkeit

sie mögen mich
wegen meines herzlichen Lachens
meiner Freundlichkeit und Heiterkeit

sie danken mir
für mein Verständnis
meine Ermutigung und Nachsicht

sie nennen mich
stark, zäh
tapfer und mutig

und rühmen sich dafür
mich so gut zu kennen.

Ich lächle nur

fühle mich einsamer
als je zuvor

frage mich
ob sie mich wohl immer noch mögen würden
wenn nichts von mir bliebe
als mein verborgenes Ich?

wenn sie
den Schmerz hinter meinen Worten
die Tränen hinter meinem Lächeln
die Ängste hinter meinen Taten
die Zweifel hinter meinen Plänen
die Schwächen hinter meinen Stärken
sehen würden?

wirst DU mich noch mögen
wenn nichts von mir bleibt
als mein verborgenes Ich?

mein einsames, ängstliches
verletzliches, weinendes
verborgenes Ich

überfordert vom Leben
verloren in der Komplexität

Debora Sommer, 10. August 2014
(übersetzt aus dem Englischen) [62]

Kennen Sie solche oder ähnliche Gefühle und Gedanken? In den Jahren, seit ich dieses Gedicht schrieb, ist viel geschehen. Behutsam wage ich, mein verborgenes Ich zu enthüllen. Und ich möchte auch Sie von Herzen ermutigen: Lassen Sie sich nicht von Angst lähmen! Die Welt braucht Ihr verborgenes Ich!

3. Selbstkritik und Selbstzweifel

Ein weiteres Hindernis, das Introvertierten die Suche nach ihrer inneren Stärke erschweren kann, ist Selbstkritik. Selbstkritik an sich ist eine durchaus hilfreiche Eigenschaft. Sie hat die Funktion, sich selbst einen Spiegel vor Augen zu halten und das eigene Verhalten oder die eigene Leistung ehrlich zu reflektieren und zu bewerten. Sich selbst infrage stellen zu können und kritisch unter die Lupe zu nehmen, hilft dabei, wenn man wachsen und sich verändern will.

Doch wie alles im Leben kann man auch dies übertreiben und aus einer reflektierenden Selbstanalyse werden lähmende Selbstzweifel. Dies gilt insbesondere für leise Menschen. Jene neigen nämlich dazu, besonders kritisch mit sich selbst umzugehen, und müssen ihre guten Seiten oft erst bewusst entdecken. Einerseits ist es durchaus lobenswert, wenn Intros hohe Maßstäbe an sich selbst anlegen und Standards für das setzen, was sie sein, leisten und erreichen wollen. Andererseits erschüttert ein zu kritischer Umgang mit der eigenen Person leicht das eigene Selbstvertrauen – ein Selbstvertrauen, das Menschen, die weniger streng mit sich sind, zur Verfügung haben und ausstrahlen.[63]

So wird an sich gesunde Selbstkritik zu einem großen Hindernis, sobald sie nicht mehr konstruktiv ist. Destruktive Kritik ist meist unbegründet, beliebig, subjektiv, übertrieben und vor allem daran zu erkennen, dass Sie Ihnen nicht dabei hilft, besser zu werden, sondern Sie vielmehr daran hindert. Sie äußert sich beispielsweise in Äußerungen wie: »Das schaffe ich nie«, »Ich bin nicht gut genug«, »Andere können das besser« und so weiter. Plötzlich ist alles um uns herum viel zu schwierig, viel zu groß und wir selbst viel zu klein und viel zu schwach. Die anderen sind besser, schöner, erfolgreicher und haben das alles auch viel mehr verdient. Wir akzeptieren uns selbst nicht mehr, zweifeln an uns und bezweifeln, dass wir jemals Erfolg haben können. Dies hat oft auch direkten Einfluss auf unser Selbstbild und auf unsere Vorstellung davon, was andere von uns denken. Selbstzweifel rauben die Hoffnung, nagen am Selbstvertrauen oder können zur Folge haben, dass man bedeutsamen Impulsen nicht nachgeht oder seiner Berufung nicht folgt, weil man dem inneren Ankläger, der davon abrät, Gehör schenkt.

Genau deswegen ist es äußerst wichtig, zerstörerische von konstruktiver Selbstkritik zu unterscheiden und Erstere zu vermeiden. Dabei ist von elementarer Bedeutung, dass wir die negativen Gedanken über uns selbst überwinden. Selbstzweifel besiegen und Selbstvertrauen aufbauen kann man nur durch Taten und positive Erfahrungen. Um der zerstörerischen Selbstkritik und den Selbstzweifeln ihre Macht zu nehmen, brauchen Sie einen klaren Blick auf Ihre Stärken! Bieten Sie Ihrem inneren Kritiker und den Selbstzweifeln Einhalt, die Ihnen einreden wollen, dass Sie ein hoffnungsloser Fall sind und dass bei Ihnen jegliche Suche nach inneren Stärken sinnlos ist. Das ist eine Lüge! Wenden Sie sich von ihr ab! Denn genau solche Lügen will uns der Teufel, der »Vater der Lüge« (Johannes 8,44), einflüstern. Lebenslügen entlarven können wir dann, wenn wir ihnen die Wahrheit entgegenhalten, die uns Jesus – als lebendig gewordene Wahrheit (vgl. Johannes 14,6) – in seinem Wort zuspricht.

Wenn wir bloß auf uns und unsere Möglichkeiten schauen, kann in der Tat ernüchternd sein, was wir sehen. In den letzten Monaten kam mir wiederholt ein Lieblingssatz meiner früh verstorbenen Großmutter mütterlicherseits in den Sinn: »Im Leben und im Sterben bin ich sechs Nullen gleich. Jesus ist die Eins davor – das macht mich stark und reich!« Nicht in uns selbst liegt die Stärke, die unser Selbstbewusstsein aufbaut, sondern in der neuen Identität, die Jesus denen schenkt, die an ihn glauben. Gottes Kinder erhalten eine Würde geschenkt, die mit keinem Reichtum dieser Welt aufzuwiegen ist. Als Königskinder werden sie aus der göttlichen Schatzkammer beschenkt: mit Gottes Gegenwart, mit Stärke, Zuversicht, Vergebung, Trost, Hoffnung, Frieden, Mut, Freiheit, ewigem Leben. Woran klammern Sie sich – an Lebenslügen oder an die göttliche Wahrheit? Die Antwort auf diese Frage wird Ihren Alltag und Ihre Zukunft bestimmen.

4. Überforderung und Passivität

Während Extrovertierte dazu neigen, unter Druck und bei anstehenden Problemen in einen bemerkenswerten Aktivismus zu verfallen, geschieht bei vielen Introvertierten genau das Gegenteil. Es ist, als ob ihr U-Boot unter all der zusätzlichen Last gar nicht mehr den Weg zur Wasseroberfläche schaffen würde. Das Gefühl der Überforderung – aus welchen Gründen auch immer – kann so übermächtig werden, dass sich Introvertierte wie gelähmt fühlen. Statt wie Extrovertierte die Dinge aktiv anzugehen, kann es geschehen, dass Introvertierte innerlich erstarren, was sich äußerlich in einer passiven Haltung widerspiegelt.

Das Gefühl der Überforderung ist in meinem Leben (leider!) ein häufiger, wenn auch unwillkommener Gast. Während ich in einigen Phasen unglaublich leistungsfähig bin und auf erstaunliche Weise über mich und meine Grenzen hinauswachse, gibt es umgekehrt Phasen, in denen ich mich innerlich so gelähmt fühle, dass nichts mehr geht. Konkret kann das bedeuten, dass ich mich – statt mich aktiv meiner viel zu langen To-do-Liste zu stellen – erschöpft hinlege, bevor ich überhaupt erst damit angefangen habe, die Liste abzutragen. Ich kann gut verstehen, dass mein extrovertierter Mann große Mühe damit hat. Das ist nämlich der zweite Punkt, den er auf meine Frage erwähnt hat, was ihn denn am meisten an mir stört: »[...] *deine Passivität, wenn du zu viel Druck hast – alles schleifen lassen. Das ist gar nicht mein Ding.*«

Das Gefühl der Überforderung und Erschöpfung kann ganz unterschiedliche Ursachen haben. Vielleicht sind es tatsächlich zu viele Dinge, die parallel erledigt werden sollten. Vielleicht sind es aber auch Selbstzweifel oder Ängste, die uns lähmen. Vielleicht sind es Probleme oder Nöte, die uns beschäftigen. Seelische oder körperliche Schmerzen. Hilflosigkeit, weil Menschen in unserem Umfeld leiden und wir nichts dagegen tun können. Und so kämpfen viele Introvertierte eine Vielzahl von inneren Kämpfen, ohne dass nach außen hin etwas davon sichtbar wird. In alldem fühlen sie sich einsam und unverstanden. Sie sind nicht nur überfordert von ihren inneren Abgründen, sondern noch mehr überfordert, dies nach außen mitzuteilen.

Kennen Sie solche und ähnliche Gefühle? Lassen Sie nicht zu, dass jene Ihre Suche nach der inneren Stärke verunmöglichen. Entscheidend ist, dass wir uns der Überforderung nicht resigniert hingeben, sondern dass wir mitten in aller Orientierungslosigkeit und Hilflosigkeit Halt suchen bei dem, der als Einziger Halt zu geben vermag: Jesus Christus. In *ihm* sind wir gehalten – auch in der Uferlosigkeit der Gedanken. In Psalm 139 wird auf berührende Weise deutlich, dass uns der lebendige Gott kennt wie kein anderer:

> Herr, du hast mich erforscht und kennst mich ganz genau. Wenn ich mich setze oder aufstehe – du weißt es; meine Absichten erkennst du schon im Voraus. Ob ich gehe oder liege, du siehst es, mit all meinen Wegen bist du vertraut. Ja, noch ehe mir ein Wort über die Lippen kommt, weißt du es schon genau, Herr. Von allen Seiten umschließt du mich und legst auf mich deine Hand. Erforsche mich, Gott, und erkenne, was in meinem Herzen vor sich geht; prüfe mich und erkenne meine Gedanken! Sieh, ob ich einen Weg eingeschlagen habe, der mich von dir wegführen würde, und leite mich auf dem Weg, der ewig Bestand hat!
>
> *Psalm 139,1-5.23-24*

Impulse zum Weiterdenken

- Nennen Sie die Hindernisse, die Ihnen auf der Suche nach Ihrer inneren Stärke im Weg stehen, beim Namen. Überlegen Sie, wie Sie gezielt gegen diese Hindernisse vorgehen können.
- Suchen Sie aktiv eine Mentorin/einen Mentor oder einen Coach, die Ihnen dabei helfen, an Ihrer Persönlichkeit zu arbeiten. Ich weiß, dass das nicht einfach ist für introvertierte Menschen, aber ich habe an mir selbst erlebt, wie segensreich ein solcher Schritt ist.
- Und sollten Sie sich im Moment in einer Zeit der tiefen Dunkelheit befinden, möchte ich Ihnen nochmals eindringlich ans

Herz legen: Teilen Sie sich jemandem mit in Ihrer Not. Suchen Sie einen Arzt auf oder sprechen Sie mit einer Vertrauensperson und nehmen Sie professionelle Hilfe in Anspruch! So schnell wie möglich!

Innere Stärke entdecken

Unterschätze mich nicht, weil ich schweigsam bin.
Ich weiß mehr, als ich sage,
denke mehr, als ich ausspreche,
und beobachte mehr, als du denkst.
Michaela Chung[64]

Es würde mir zweifellos leichter fallen, ein Buch über meine Schwächen zu schreiben als über meine Stärken. Seit meiner Kindheit und Jugendzeit bin ich mir meiner Schwächen bewusst. Meine Tagebücher sind stumme Zeugen der intensiven Auseinandersetzung damit. Beim Teil über die Schwächen sprudelten meine Gedanken und Ideen geradezu über. Ganz anders bei den Stärken. Da musste ich mich erst einmal hinsetzen und sehr lange nachdenken. Auch meine Familie fragte ich, was sie an mir schätzt. Menschen, die vor Selbstvertrauen strotzend durchs Leben gehen und ihre Stärken lobend erwähnen, sind mir ein Rätsel. Und ich habe festgestellt, dass es anderen Introvertierten ähnlich geht.

Die Wahrnehmung, als U-Boot in der Überwasserwelt nicht mit den Schiffen mithalten zu können, vermittelt ein unangenehmes Gefühl der Unzulänglichkeit. Denn was dort »oben« geschieht, wird wahrgenommen. Es wird gesehen und beurteilt – nach den dort geltenden Maßstäben. Dabei schneiden Introvertierte vergleichsweise schlechter ab als Extrovertierte. Eigentlich seltsam, dass man nicht danach fragt, wie denn die Schiffe in der Unterwasserwelt mit den U-Booten mithalten könnten. Unter Wasser bewegen wir uns im Bereich der Unsichtbarkeit. Was hier geschieht, sieht man nicht und es wird kaum wahrgenommen. Aber ist es deswegen auch weniger wichtig?

Die Andersartigkeit von Introvertierten in der sichtbaren Überwasserwelt erweckt bei einigen den Eindruck, dass mit diesen sonderbaren U-Booten etwas nicht in Ordnung ist. Verunsichert durch Reaktionen aus ihrem Umfeld, beginnen auch Introvertierte, plötzlich an sich zu zweifeln. Das gilt ebenso für introvertierte *Christen.* In einem Setting, in dem hingegebenes Christsein primär an Aktivitäten gemessen wird, spielen Introvertierte eine unscheinbare Nebenrolle. Ihr Beitrag scheint nicht relevant. Nicht ausreichend. Tragischerweise setzen zudem viele amerikanische Evangelikale, so Susan Cain, »*Kontaktfreudigkeit mit Frömmigkeit gleich*«[65]. Selbst jetzt, wo mehr über Introversion bekannt wird, unterliegen Introvertierte noch immer dem offenen oder versteckten Druck, sich zu ändern, bedauert Sophia Dembling in ihrem Buch *Die Macht der Stille.*[66] Die Tatsache, dass man Introversion im Jahr 2010 in die nächste Ausgabe der »Diagnosebibel für Psychische Störungen«[67] aufnehmen wollte, macht die Sache nicht besser. Introversion als psychische Störung?[68] Schließlich besannen sich die Ärzte eines Besseren und beschlossen, die Introversion aus der Diskussion herauszuhalten.

Trotzdem bleibt ein fahler Nachgeschmack. Und es erklärt sich von selbst, wie schwierig es für Introvertierte ist, an ihre eigene Stärke zu glauben und von sich selbst überzeugt zu sein. Dembling bedauert: »*Nachdem man uns zeitlebens erzählt hat, dass unsere*

Lebensart nicht die richtige sei, haben wir unser Leben lang versucht, ›aus unserem Schneckenhaus‹ zu kommen, oder haben uns auf die Zunge gebissen und unserer Introversion nur heimlich nachgegeben, als wäre sie ein schmutziges Geheimnis.«[69] Doch das ist sie nicht! Introversion ist nichts, wofür man sich schämen müsste! Wenn Sie introvertiert sind, sind Sie weder psychisch krank noch gefährlich, seltsam oder mangelhaft. Sie sind einfach nur manchmal gerne allein. Das ist Ihnen angeboren.[70]

Introversion ist ein kostbarer Schatz, den es zu bergen, zu hegen und zu pflegen gilt. Sie ist ein wertvolles Geschenk. Eine Stärke, die es zu würdigen gilt. Dementsprechend schicken wir uns in diesem Unterkapitel an, diesen Schatz zu entdecken. Sich auf Schatzsuche zu begeben bedeutet, den Blick statt auf die Defizite (die den Introvertierten oft überdimensional stark bewusst sind) auf die vorhandenen Ressourcen zu richten. Das Wort *Ressource* ist von lateinisch *resurgere* abgeleitet, was unter anderem für »hervorquellen« und »zur Wirkung bringen« steht. Ihre innere Stärke wurde Ihnen nicht geschenkt, damit sie tief verborgen vom Sand der Zeit und den Altlasten des Lebens zugeschüttet wird, sondern dass sie ihre Wirkung entfaltet – Ihnen und anderen zum Segen.

Ehrlich gesagt war ich ziemlich überrascht davon, wie viel Raum die Beschreibung der Stärken von Introvertierten in den Büchern einnimmt, die sich auf meinem Schreibtisch stapeln. »*Ich weiß aus eigener Erfahrung*«, schreibt Susan Cain, »*wie schwierig es für Introvertierte ist, sich über ihre eigenen Talente klar zu werden – und wie sehr es sie stärkt, wenn sie es schließlich tun.*«[71] Laurie Helgoe ermutigt ihre Leser eindringlich, die Kraft der Introversion anzunehmen, und verrät folgendes »*gut gehütetes Geheimnis: Introversion wird nicht durch einen Mangel definiert. Wenn Introversion akzeptiert wird, ist sie eine Quelle von Reichtümern.*«[72]

Was die Kommunikation zwischen Introvertierten und Extrovertierten betrifft, hat Sylvia Löhken im Laufe der Jahre festgestellt,
dass leise Menschen besonders häufig über folgende Intro-Stärken
verfügen: Vorsicht, Substanz, Konzentration, Zuhören, Ruhe, ana-
lytisches Denken, Unabhängigkeit, Beharrlichkeit, Schreiben (statt
Reden), Einfühlungsvermögen.[73] Ebendieser »geheime Schatz«, so
Löhken, hilft Introvertierten im Umgang mit sich selbst und anderen sowie bei der Bewältigung verschiedenster Anforderungen.

Ausgehend von der Literatur, von Gesprächen sowie von meinen eigenen Beobachtungen und Erfahrungen möchte ich Ihnen
nachfolgend drei Stärken vorstellen. Jene sind meiner Meinung
nach besonders charakteristisch für introvertiertes Denken und
Handeln. Es sind drei stille Stärken, die das Potenzial haben, sich
in verschiedensten Lebensbereichen auf unterschiedliche Weise
zu entfalten. Sie sind auch für eine christliche Gemeinschaft von
höchster Bedeutung (vgl. den Abschnitt *Sechs introvertierte Stärken
zum Segen der Gemeinde* in Kapitel 4).

1. Tiefgründigkeit (Substanz)

Der Begriff *Tief-Gründigkeit* ist eine treffende Beschreibung für die
Gedankentiefe, den Gedankenreichtum, den Tiefgang, den Gehalt,
die Intensität und Tiefendimension der Gedanken, die in der verborgenen Innenwelt von Intros schlummern. Löhken bezeichnet
diese Stärke als *Substanz*. Was Introvertierte sagen, besticht ihrer
Meinung nach durch Bedeutung, Tiefe oder Qualität: »*Denn das
Gesagte hat meistens bereits eine gründliche Test- und Filterphase
im Kopf hinter sich, mitsamt Prüfung auf Wichtigkeit, Richtigkeit,
Hintergrund und Passgenauigkeit.*«[74] Grund dafür ist die pausenlose

»Hintergrundaktivität eines charakteristischen Intro-Hirns«. Introvertierte verarbeiten fast ständig Eindrücke. Sie sind permanent mit dem beschäftigt, was sie sehen, denken und erfahren. Und sie denken während ihrer wachen Phasen ständig nach: über sich und andere, über Sinn und Bedeutung und gefühlt tausend Fragen, die ihnen im Laufe eines Tages durch den Kopf gehen. Als ich von meinem Mann Rolf wissen wollte, was mich seiner Meinung nach am meisten von anderen Menschen unterscheidet, lautete seine Antwort: »*Die Art, wie tief und differenziert du denken und dich mitteilen kannst.*«

Verblüffenderweise macht sich Tiefgründigkeit bereits im frühen Kindesalter bemerkbar. Im Gegensatz zu unserer extrovertierten Tochter Dina, die mit ihrem heiteren Gemüt, ihrer gemütlichen Art, ihrem sonnigen Charme, dem stillen Genuss von Zärtlichkeiten und ihren blauen Kulleraugen die Herzen der Mitmenschen im Sturm eroberte, fiel ihr rund zwei Jahre älterer introvertierter Bruder auf andere Weise auf. Zum Beispiel durch seinen schier unstillbaren Wissensdurst und eine damit verbundene körperliche Rastlosigkeit: Er war fast immer auf Trab, konnte kaum still sitzen, abends kaum einschlafen und wollte nichts verpassen. So vieles gab es zu entdecken, zu verarbeiten, zu verstehen. Dabei war nicht zu übersehen – auch als er älter wurde –, wie sehr ihn seine intensive Innenwelt heraus- und oft auch überforderte. Ruben begann sehr früh zu sprechen und seine Lieblingsbeschäftigung war, Fragen zu stellen. Er hörte sich gerne Geschichten und Lieder an und konnte sie wenig später meist auswendig. Besonders leidenschaftlich gerne sang er die Lieder des Schweizer Mundartsängers Peter Reber. Dabei hatte es ihm *ein* Lied ganz besonders angetan. Mit ungefähr zweieinhalb Jahren konnte er den ganzen Liedtext von *Dass i di ma* (»Dass ich dich mag«) auswendig. Ein Lied voller Fragen, das

Peter Reber im Wechsel mit seiner kleinen Tochter Nina singt.[75] Die Tochter fragt: *Sag mal, warum ist die Erde rund, nicht einfach flach? Der Himmel blau, wieso glänzt Gold? Sag, warum wollen alle Frieden und doch gibt es stets Streit? Und alle sagen, der andere sei schuld?* Im Refrain antwortet der Vater: *Auf vieles gibt es eine Antwort, manchmal ist sie kompliziert. Und manchmal ist auch mehr als eine wahr. Manches wird wohl ein Geheimnis bleiben, vielleicht weiß man es nie. Doch eines, mein Kind, eine Antwort ist mir klar: Es gibt so vieles, das du nicht weißt. Und so vieles, das du nicht verstehen kannst. Doch es gibt etwas, das ich weiß: Dass es dich gibt und dass ich dich mag!* Die Tochter singt weiter: *Sag, wer kann mir helfen, wenn ich gerne eine Antwort hätte auf all die Fragen, die ich habe? Hilfst du mir, sind es kluge Bücher, vielleicht ein Gebet? Sag, zu wem soll ich gehen? [...] Schau mal, hast du gesehen, wie viele Farben es gibt? Wer sagt, es gebe nur weiß und schwarz? Das Leben ist viel bunter, es läuft nicht jeder stur im Schritt, in meinem Kopf haben alle Farben Platz. [...]*

Dieses Lied schien unserem Sohn aus dem Herzen zu sprechen. Die Erzieherin im Kindergarten attestierte ihm überdurchschnittliche sprachliche Fähigkeiten und außerordentliche erzählerische Begabungen. Doch ganz ehrlich: Es war anstrengend für uns Eltern! Von morgens bis abends Fragen über Fragen. Zuerst rettete ich mich bei vielen Fragen, deren Antwort ich nicht sicher kannte, mit der ehrlichen Antwort: »Das weiß ich auch nicht so genau.« Doch der kleine Schlaumeier gab sich nur so lange mit dieser Antwort zufrieden, bis er entdeckte, dass es bei unbeantworteten Fragen Abhilfe gibt. Und so sagte er dann jeweils keck: »Dann musst du halt im Internet nachschauen!« Im Mai 2006, als Ruben sechs Jahre alt war, schrieb ich in sein Erinnerungsbüchlein: »Du hast sooo viele Fragen ... Innerhalb von zehn Minuten hast du mich gefragt:

Wieso schwimmt ein Schiff?

Wieso heißt das Spiegelei Spiegelei?

Wo legt die Spinne ihre Eier ab?«

Dieser Blick in die Vergangenheit ist insofern hilfreich, weil er so wunderbar illustriert, wie anders Intro-Hirne ticken. Und zwar schon von klein auf. Damit wir uns richtig verstehen: Die tiefgründige Art der Gedankenverarbeitung macht Introvertierte nicht per se zu intelligenteren Menschen als Extrovertierte! Es darf auch nicht der Umkehrschluss gezogen werden, dass Extrovertierte nie gründlich über Dinge nachdenken! Auch Dina ist ein sehr intelligentes Mädchen. Doch die Gedankenverarbeitung, das Aufnehmen von neuem Wissen und so weiter, ging bei ihr ganz anders vonstatten als bei Ruben. Sie war als Kind sehr viel unbekümmerter, viel weniger belastet von Gefühlen, Gedanken und Fragen als ihr introvertierter Bruder.

Allgemein formuliert: Extrovertierte geben sich schneller mit Antworten zufrieden, weil sie in erster Linie der praktischen Umsetzung dienen müssen. Introvertierte hingegen wollen den Dingen auf den Grund gehen. Oberflächliche Antworten sind für sie keine Option. Die Suche kann entsprechend kräftezehrend und von einer bemerkenswerten Beharrlichkeit und Sturheit begleitet sein.

Auch wenn Introvertierte selbst ihre Tiefgründigkeit manchmal belastend erleben, handelt es sich dabei zweifellos um eine wertvolle Gabe. Wenn sich Introvertierte für ein Thema interessieren, saugen sie das verfügbare Wissen förmlich auf. Sie graben sich wortwörtlich in die Tiefe und geben sich nicht mit oberflächlichen Antworten zufrieden. Über neue Erlebnisse und neues Wissen denken sie lange nach, um es zu verarbeiten. Entsprechend durchdacht sind ihre Antworten auf Fragestellungen (wenn man ihnen genügend Zeit dafür gibt). Entsprechend tiefgründig sind auch ihre Texte, Songs, Predigten und Einsichten.

2. Aufmerksamkeit

Ein weiterer Schatz, den es im Leben von Introvertierten zu entdecken und zu würdigen gilt, ist *Aufmerksamkeit*. Wie bei der Tiefgründigkeit handelt es sich auch hier um eine stille Stärke, die vielen verborgen bleibt. Die Gabe der Aufmerksamkeit ist untrennbar verbunden mit der naturgemäß introvertierten Passion zum Beobachten. Laurie Helgoe hat in diesem Zusammenhang den französischen Begriff *flâneur* (»Flaneur«) ins Spiel gebracht.[76] Allerdings nicht im Verständnis einer Person, die ohne bestimmtes Ziel umherschlendert, sondern in der Bedeutung, die der Dichter Charles Baudelaire diesem Ausdruck im Jahr 1863 verliehen hat. In der deutschen Fassung von Sophia Demblings Buch wird Baudelaire wie folgt zitiert: *»Für den perfekten Flaneur, für den passionierten Zuschauer ist es eine Riesenfreude, sich im Herzen der Menschenmenge niederzulassen, inmitten der Ebbe und Flut der Bewegung, mitten im Flüchtigen und Unendlichen. [...] Dieser Zuschauer ist ein Prinz, der inkognito überall glücklich ist.«*[77]

So verstanden bin auch ich ein Flaneur. Ich liebe es, irgendwo zu sitzen und zu beobachten, was um mich geschieht. Und nicht selten zücke ich dann einen Notizblock, um das eine oder andere festzuhalten. Die Arbeit, die ich im Zug erledigen, und das Buch, das ich zu Ende lesen wollte, landen meist genauso wieder zu Hause, wie ich es mitgenommen hatte. Zu sehr hatte mich einmal mehr das aktive Beobachten meiner Umgebung in ihren Bann gezogen.

Introvertierten Beobachtern entgeht fast nichts. Sie nehmen Dinge wahr, die vielen Extrovertierten entgehen: Spannungen, Unwahrheiten, Stimmungen. Ihnen fällt auf, wenn die Verkäuferin müde ist, wenn ein Kind etwas verheimlicht, wenn Bekannte die Wohnung umgestellt haben oder wenn der Pastor traurig ist. Sie lieben es, die Schönheit der Natur in sich aufzunehmen. Bewundern die Äste eines Baumes, die sich vor dem Abendhimmel abzeichnen, staunen über die Farbenpracht eines Sonnenuntergangs, folgen fasziniert dem Lauf der Regentropfen auf der Fensterscheibe und betrachten verwundert den kraftvollen Widerstand der Bäume im Sturmwind. Ich erkenne mehr und mehr, dass dies eine wunderbare Gabe und Quelle der Inspiration ist.

Aufmerksames Beobachten bildete bereits in der Vergangenheit die Inspiration für künstlerische Meisterwerke aller Art. Auch heute birgt sie das Potenzial für tiefgründigen künstlerischen Ausdruck. Die Beobachtung wird im Inneren reflektiert, weiterverarbeitet und dann in unterschiedlichster Form zum Ausdruck gebracht. Sie äußert sich in der Beschreibung von Alltagsszenen, in schauspielerischen Leistungen, in ergreifenden Songtexten, in existenziellen Gedichten, in gehaltvoller Fotografie, in alltagsbezogenen Referaten und vielem mehr.

Ich lerne immer noch, dass diese aktive Form des Beobachtens manchmal so viel wichtiger ist als das Buch, das ich im Zug fertig lesen, oder die Arbeit, die ich eigentlich noch korrigieren wollte. Das Beobachten tut mir gut. Es ist eine Form der Erholung. Und ich trainiere damit Achtsamkeit. Ich nehme diesen Moment und das, was ich gerade tue (zum Beispiel im Zug sitzen und zum Fenster hinausblicken), mit allen Sinnen wahr. Ich verweile im Moment, der mir geschenkt wird. Spüre meinen Atem. Ich bringe das Hamsterrad des Lebens zum Stillstand und halte inne. Ich wende mich ganz bewusst meinem Schöpfer zu und bin dankbar für seine Nähe. Ich gebiete meinem inneren Sorgenkarussell Einhalt und erinnere mich bewusst an die Aufforderung von Jesus: *Macht euch keine Sorgen um den nächsten Tag! Der nächste Tag wird für sich selbst sorgen. Es genügt, dass jeder Tag seine eigene Last mit sich bringt* (Matthäus 6,34). Ich will die Gabe der Aufmerksamkeit auch in meiner Gottesbeziehung trainieren und immer aufmerksamer werden für das, was Gott mir durch seinen Geist offenbart.

Zum aufmerksamen Beobachten gehört ebenso aufmerksames Zuhören. In Gesprächen hören Introvertierte sehr genau hin. Verbunden mit ihrer Beobachtungsgabe, spüren sie oft auch Unausgesprochenes. Introvertierte hören bei Vorschlägen ihrer Mitmenschen gut zu und sind gerne bereit, neue Ideen und Lösungsvorschläge zu diskutieren.

Auch die Genauigkeit der Introvertierten steht im Zusammenhang mit der Gabe der Aufmerksamkeit. Intros machen keine halben Sachen, sondern möchten das bestmögliche Ergebnis abliefern. Aufmerksam versuchen sie, ihre Aufgaben korrekt zu erledigen und Fehler zu vermeiden. Sie sind sehr gewissenhaft und verantwortungsbewusst und neigen auch oft zum Perfektionismus. Speziell ist, dass Introvertierte zwar Meister der Beobachtung sind, aber dass viele von ihnen selber nervös werden unter Beobachtung. So können sie ihre Leistung manchmal nicht abrufen, wenn sie sich beobachtet fühlen.

Introvertierte können *dann* am besten etwas oder jemanden beobachten, wenn niemand eine Reaktion oder Interaktion von ihnen erwartet. Wenn sie einfach – wie Baudelaire sagte – »inkognito« sein können. Sobald eine Reaktion oder Interaktion von Introvertierten gefordert oder erwartet wird (zum Beispiel an einem Fest), kann die damit verbundene Anspannung dazu führen, dass die Aufmerksamkeit blockiert ist. Das kann sich zum Beispiel darin äußern, dass man sich in der Aufregung keine Namen merken oder einem Gespräch nur teilweise folgen kann.

Aufmerksame Introvertierte sind ein Geschenk für die Welt! Sie bleiben stehen und haken nach, wo andere längst weitergezogen sind.

3. Vorstellungskraft

Im Jahr 1988 erschien die deutsche Version des Bestsellers *Nicht ohne meine Tochter*. Darin schildert die Autorin Betty Mahmoody ihre Ehe und die Flucht mit ihrer Tochter von ihrem Mann aus dem Iran. Ich war zu jenem Zeitpunkt knapp vierzehn Jahre alt und zutiefst ergriffen von dem Buch. Drei Jahre später wurde die eindrückliche Geschichte als Drama in den deutschsprachigen Kinos gezeigt. In Erinnerung daran, wie sehr mich das Buch aufgewühlt hatte, entschied ich mich, mir den Film anzuschauen. Der Kinoabend endete mit einer riesengroßen Enttäuschung. Jene wurzelte darin, dass der Film nicht im Geringsten an meine innere Vorstellungskraft heranreichte, die ich mir bei der Lektüre des Buches gemacht hatte. Der Film beraubte mich zudem meiner eigenen Bilder, da Letztere von den Bildern im Film überlagert wurden. Ich entschied, dass ich nie wieder einen Film anschauen würde, zu dem ich vorher das entsprechende Buch gelesen hatte. Entweder nur der Film oder nur das Buch. So handhabe ich es bis heute.

Dieses persönliche Beispiel führt uns zu einer dritten typischen Intro-Stärke: der Vorstellungskraft. *Vorstellungskraft* wird laut

Duden definiert als »*Fähigkeit, sich etwas (auf sehr fantasievolle Weise) vorstellen zu können*«. Die Fähigkeit, fantasievoll zu denken – zurück in die Vergangenheit, tagträumend in der Gegenwart sowie kreativ und innovativ in die Zukunft –, ist eine Stärke, die viele Introvertierte auszeichnet und die sie ihrem aktiven und intensiven geistigen Innenleben verdanken. Diese Stärke macht Introvertierte zu wertvollen Mitarbeitern, sofern sie denn nach ihrer Meinung gefragt werden. Auch hier gilt: Kreatives Denken ist ein intensiver Prozess, bei dem Introvertierte nur ungern gestört oder gar unterbrochen werden. Dass Introvertierte zu Tagträumereien neigen, hängt unter anderem damit zusammen, dass die Realität im Gegensatz zur spannenden inneren Vorstellungswelt oft als recht enttäuschend oder sogar langweilig empfunden wird.

Ausgeprägte Vorstellungskraft ist eine wesentliche Voraussetzung für kreative Leistungen. Querdenker verarbeiten Informationen und denken diese in neuen Zusammenhängen weiter. Dass Vorstellungskraft von großer Bedeutung ist – auch im Blick auf eine innovative Zukunftsplanung –, wurde in den vergangenen Jahren zunehmend erkannt. So werden heute vielerorts und in vielerlei Kontexten beispielsweise Thinktanks einberufen. Das sind eine Art Denkfabriken, in denen Raum geschaffen wird für kollaboratives Denken. Man sucht nach Wegen, damit Teammitglieder oder Mitarbeiter die Möglichkeit erhalten, ihre Meinung kundzutun und aktiv einzubringen – sei es im Bereich der Politik, in christlichen Gemeinschaften oder wo auch immer. Allerdings werden bei solchen Treffen oft genau diejenigen übersehen, die im Bereich der Vorstellungskraft über ganz besondere Ressourcen verfügen. Wenn die Veranstaltungen freiwillig sind, dann erscheinen viele Introvertierte vermutlich erst gar nicht, weil sie sich in Gemeinschaftsveranstaltungen und in dieser Form von Gruppendenken nicht wohlfühlen. *Falls* sie erscheinen, ist die Gefahr groß, dass sie sich kaum einbringen und still sind, weil ihre Vorstellungskraft vor allem im Verborgenen oder in einem kleinen, geschützten Kreis, in dem sie sich wohlfühlen, aktiviert wird. Hier bräuchte es dringend ein Überdenken solcher Settings, damit auch der Beitrag von Introvertierten einfließen kann.

Introversion als Stärke

Und so könnte man viele weitere Intro-Stärken anfügen: Vorsicht, Einfühlungsvermögen, Behutsamkeit, Zielorientierung, Fokus, Beharrlichkeit, Ruhe und so weiter. Zusammenfassend möchte ich nochmals betonen: Introversion ist nicht gleichbedeutend mit Unzulänglichkeit. Es handelt sich dabei *nicht* um eine mangelhafte Charaktereigenschaft, der man mit Mühe und Not einige wenige Stärken abgewinnen kann, sondern sie ist im Falle eines gesunden Umgangs eine Stärke an sich. Genauso wie auch Extroversion bei einem gesunden Umgang eine Stärke an sich ist. Es sind also völlig gleichwertige Eigenschaften. Keine ist besser oder schlechter als die andere. Dies kann meiner Meinung nach nicht genügend betont werden in Kulturen, christlichen Gemeinschaften, Berufsfeldern etc., die die extrovertierte Natur oft wesentlich höher schätzen als die introvertierte. Zweifellos gibt es Berufsfelder, die prinzipiell besser zu der einen oder anderen Wesensart passen, aber das sollte nichts an der Wertschätzung und dem Respekt der jeweiligen Art gegenüber ändern.

»Ich liebe Menschen, ich liebe meine Familie, meine Kinder«, schrieb die amerikanische Schriftstellerin Pearl S. Buck im Jahr 1959, *»doch*

in meinem Inneren ist ein Ort, wo ich ganz alleine lebe, und das ist dort, wo du deine Quellen erneuerst, die nie versiegen.«[78] Das Innenleben wird hier mit einem Ort der geistigen Erneuerung verglichen. Ähnlich klingt es in einem Zitat von Susan Cain. Am 24. Januar 2012 wurde jene in der Zeitschrift *Scientific American* wie folgt zitiert:

> [...] ich glaube, dass Introversion meine größte Stärke ist. Ich habe ein so starkes Innenleben, dass mir nie langweilig ist und ich mich nur gelegentlich einsam fühle. Egal, welches Durcheinander mich umgibt, ich weiß, dass ich mich jederzeit nach innen wenden kann. In unserer Kultur werden Schnecken nicht gerade als mutige Tiere betrachtet – wir halten Menschen dauernd dazu an, »aus ihrem Schneckenhaus herauszukommen« –, aber es spricht auch vieles dafür, dein Haus mitzunehmen, wo auch immer du hingehst.[79]

Nach dem zu urteilen, was vorher entfaltet wurde, ist es durchaus keine Schwäche, wenn Introvertierte sich von Zeit zu Zeit oder auch für längere Zeit in ihr Schneckenhaus zurückziehen und ihrer Seele dadurch den Schutzraum gewähren, den sie so dringend nötig hat, um im Alltag zu überleben. Gönnen Sie sich diese Momente, in denen Sie bewusst in die Welt der inneren Schätze eintauchen! Kümmern Sie sich um Ihre Stärken und nutzen Sie sie – denn das ist Ihr großes Potenzial! Denken Sie in aller Ruhe nach! Erholen Sie sich! Schöpfen Sie neue Kraft und Zuversicht und entwickeln Sie innovative Ideen für die Zukunft! Ihre Mitmenschen – auch die Extrovertierten – werden es Ihnen danken!

Impulse zum Weiterdenken

- Nehmen Sie Ihre eigene Tiefgründigkeit in nächster Zeit genauer unter die Lupe. Wo und wie kommt sie in Ihrem Leben zum Ausdruck (fragen Sie auch Menschen, die Ihnen nahestehen, nach ihrer Meinung) und inwiefern könnten Ihre verborgenen Einsichten auch für andere von Bedeutung sein?
- Konzentrieren Sie sich in der kommenden Zeit gezielt auf Ihre Stärken! Schreiben Sie eine Woche lang täglich mindestens drei Dinge auf, die Sie heute gut gemacht haben und worauf Sie stolz sein können. Wechseln Sie den inneren Denkkanal (zum Beispiel durch Ablenkung: Musik, Spaziergang etc.), sobald Sie wieder in destruktives Denken zurückfallen.
- Anregung für Extrovertierte: Fragen Sie in nächster Zeit eine introvertierte Person, was sie zu einer Sache oder Angelegenheit, die Sie beschäftigt, denkt (achten Sie darauf, genügend Bedenkzeit einzuräumen). Ich bin überzeugt, dass Sie viel von den Einsichten eines tiefgründigen Introvertierten profitieren können.

Innere Stärke empfangen

> Er, […] der unerschöpflich reich ist an Macht und Herrlichkeit, gebe euch durch seinen Geist innere Kraft und Stärke.
>
> *Epheser 3,16*

Jeder Mensch verfügt über eine persönliche »Schatzkiste«, die ihm oder ihr bei der Geburt von Gott anvertraut wurde. Lebenserfüllung hängt maßgeblich damit zusammen, ob und wie es gelingt, diese Schätze segensreich zu entwickeln und mit anderen zu teilen. Introvertierte können dabei auf andersgeartete Stärken zurückgreifen als Extrovertierte. In vielen Ratgebern wird darauf hingewiesen, wie entscheidend wichtig ein ressourcenorientierter Fokus ist. Zweifellos wird sich eine Person anders entwickeln, je nachdem ob sie auf ihre Stärken oder auf ihre Schwächen baut. Daher rät die positive Psychologie, auf die eigenen Stärken zu setzen und den Stärkenschatz zu hüten.[80] Entwickeln und nutzen wir unsere persönlichen Stärken, können wir zum Beispiel unsere Kommunikation verbessern und ein authentisches Leben führen. Ein faszinierendes Konzept. Und ehrlich gesagt war ich schon mehrmals überrascht von seiner Wirksamkeit.

Persönlich herausgefordert von einer chronischen Schmerzsituation ist mir auch der Ansatz der psychologischen Schmerztherapie bekannt: Hier geht es darum, Eigenkompetenz im Umgang mit seinem Schmerzgeschehen zu erlangen und den Zugang zu den eigenen Ressourcen (den inneren Stärken) zu fördern. Ausgehend hiervon werden gemeinsam mit dem Patienten Konzepte entwickelt, die ihm ein Leben mit dem Schmerz ermöglichen und trotz der Schmerzsituation eine Verbesserung der Lebensqualität mit sich bringen. Sehr vereinfacht geht es im Kern darum, was und wie wir über uns und unsere Lebenssituation denken. Bereits die Bibel weist an verschiedenen Stellen auf die Bedeutung unserer Gedanken hin. So zum Beispiel in Sprüche 4,23 (Hfa): *Achte auf deine Gedanken, denn sie entscheiden über dein Leben!*

Doch die Bibel sagt noch viel mehr. Sie lässt uns wissen, dass der Mensch für weit Höheres bestimmt ist, als mit seinen inneren Stärken im Einklang zu leben. Sie lehrt uns, dass wir dazu bestimmt sind, in einer bereinigten Beziehung mit Gott zu leben und seinem einzigartigen Plan mit unserem Leben zu folgen (vgl. den Abschnitt *Introvertiert im Beruf und in der Berufung* in Kapitel 3). Bereinigt werden muss die Beziehung zu Gott deshalb, weil sie durch die ersten Menschen zerstört wurde. Dadurch luden die Menschen Schuld auf sich. Eine Schuld, die sie von jenem Zeitpunkt an von Gott trennte. Diese Schuld zieht sich seither wie ein roter Faden durch alle Generationen (vgl. Römer 5,12). Gottes Wort spricht in diesem Zusammenhang von *Sünde*. Ausgehend von den Ursprachen der Bibel steht das Wort *Sünde* für *Zielverfehlung*. Wenn also die Schuld zwischen den Menschen und Gott nicht ausgeräumt wird und der Mensch nicht in einer bereinigten Beziehung mit Gott lebt, verfehlt das menschliche Leben sein eigentliches Ziel. Eine bereinigte Beziehung ist möglich durch Jesus Christus, Gottes Sohn. Als junger Mann hat Jesus die Schuld aller Menschen stellvertretend aufgehoben, indem er sich freiwillig kreuzigen ließ und starb. Im Glauben an ihn können wir in einer bereinigten Beziehung mit Gott leben und Vergebung unserer Schuld, Freiheit, Sinn, Zukunft, ein neues, ewiges Leben erfahren.

Menschliche Stärke und ihre Grenzen

Was ich bisher erläutert habe, ist im Blick auf das Suchen und Entdecken unserer inneren Stärken wichtig. An menschlichen Maßstäben gemessen, mag Charakterarbeit ein beachtliches Niveau erreichen. Laut Gottes Wort ist es jedoch nicht die Bestimmung menschlichen Lebens, menschlichen Maßstäben zu entsprechen. Es geht vielmehr darum, sich an *göttlichen* Maßstäben zu orientieren. Und hier stößt das Konzept der menschlichen Stärke an seine Grenzen – aller positiven Psychologie zum Trotz. Aus eigener Kraft schafft es kein Mensch, so zu leben, wie es Gott gefällt. Menschliche Stärke, so vorbildlich sie auch sein mag, wird nie ausreichen, Gottes Willen zu tun, einen göttlichen Auftrag zu erfüllen oder einer göttlichen Berufung zu folgen. All dies bedingt eine Stärke, die die menschliche übersteigt (vgl. Johannes 15,5; Philipper 4,13). Und genau hier fangen Gottes Möglichkeiten an.

Innere Stärke zu *empfangen*, setzt voraus, dass mir eine solche von jemandem angeboten wird. Gott selbst bietet mir durch den Heiligen Geist seine göttliche Stärke an, die die menschlichen Möglichkeiten um ein Vielfaches übersteigt. Er verfügt über eine Kraft und Macht, die keinen menschlichen Maßstäben und Grenzen unterworfen ist. So wie es in Epheser 6,10 zu lesen ist: *Lasst euch vom Herrn Kraft geben, lasst euch stärken durch seine gewaltige Macht!* Es ist alles da. Gottes Macht, Stärke und Kraft im Überfluss. In der Fortsetzung dieser Stelle ist von einer »geistlichen Waffenrüstung« die Rede. Vielleicht wundern Sie sich, wofür Christen denn eine Waffenrüstung brauchen? In der Bibel ist wiederholt davon die Rede, dass Christen in einem geistlichen Kampf stehen (vgl. 1. Timotheus 6,12). Und zwar richtet sich dieser Kampf nicht gegen andere Menschen, sondern gegen Mächte und Gewalten der Finsternis (vgl. Epheser 6,12). Doch wir brauchen uns nicht vor diesen finsteren Mächten zu fürchten. Denn Jesus ist stärker! Er hat die Finsternis besiegt.

Als Herrscher über alle sichtbaren und unsichtbaren Mächte hält Jesus folgende Schutzausrüstung für uns bereit (Epheser 6,13-17): *Bindet den* **Gürtel der Wahrheit** *um eure Hüften.* Ich nehme Jesus Christus, der die Wahrheit in Person ist, als meine Kraft und meinen Schutz an. In seiner Stärke weise ich die Lügen des Teufels zurück. *Legt den* **Brustpanzer der Gerechtigkeit** *an.* Der Panzer schützt das wichtigste Organ meines Körpers und hilft mir, mein Herz rein zu halten. *Tragt an den Füßen das* **Schuhwerk der Bereitschaft**, *das Evangelium des Friedens zu verbreiten.* Ich nehme den tiefen und umfassenden Frieden Gottes dankbar an und setze mich meinem Wesen und Auftrag entsprechend dafür ein, dass auch andere Menschen von dieser wunderbaren Friedensbotschaft erfahren. *Zusätzlich zu alldem ergreift den* **Schild des Glaubens.** Ich halte den Schild des Glaubens hoch und lösche alle Pfeile des Bösen damit aus. *Setzt den* **Helm der Rettung** *auf.* Es ist mir bewusst, dass meine Gedanken und Gefühle Hauptziele für die Anschläge des Teufels sind. Daher ziehe ich den Helm an im Vertrauen darauf, dass Jesus mich errettet hat und dass er die Macht hat, mich vor unheilvollen Gedanken zu retten. *Und greift zu dem* **Schwert**, *das der Heilige Geist euch gibt; dieses Schwert ist das Wort Gottes.* Das Schwert des Geistes, Gottes Wort, wird mir zum Sieg verhelfen. Es ist vertrauenswürdig, unfehlbar und kraftvoll.

Und so sind von Gottes Seite her alle Voraussetzungen für ein Leben in göttlicher Kraft geschaffen. Der Schutzanzug liegt bereit. Unsere Aufgabe ist es, ihn anzuziehen und seine Wirkkraft im Alltag zu testen!

Göttliche Stärke als Geschenk

Im Februar 2010 ermutigte mich meine Mentorin mit den Worten aus Epheser 3,16, die auch am Anfang dieses Abschnitts zu lesen sind: *Er, [...] der unerschöpflich reich ist an Macht und Herrlichkeit, gebe euch durch seinen Geist innere Kraft und Stärke.* Das bittet Paulus für die junge christliche Gemeinde in Ephesus. Er weiß, wie dringend sie diesen inneren Halt brauchen in all den Herausforderungen, die auf sie einstürmen. Ich selber befand mich zum damaligen Zeitpunkt (wie auch unzählige Male danach) in einer Situation, in der mir mein Leben sehr chaotisch vorkam. Wie ein Puzzle, das nicht zu lösen ist. Zwar gab es viele einzelne Puzzlestücke, in denen ich Gottes Führung und seine Handschrift in meinem Leben erkennen konnte, aber ich hatte keine Ahnung, wie die einzelnen Teile zusammenpassten. Ich fühlte mich überfordert und haltlos. Hin und her geworfen in den Turbulenzen meines inneren Ozeans. Ich sehnte mich nach Antworten, nach Halt, einem Anker in den Stürmen des Lebens, nach Klarheit und einer Heimat für mein rastloses Herz.

In den vergangenen sieben Jahren hat mich dieser Bibelvers intensiv begleitet und mich vieles gelehrt. Das Geheimnis der göttlichen Stärke liegt nicht allein darin, dass Gott sie mir in seiner Großzügigkeit *anbietet*, sondern dass seine Kraft durch den Heiligen Geist in all denen *lebt*, die an ihn glauben. Göttliche Stärke wird mir also nicht bloß von außen angeboten, sondern sie steht mir jederzeit innerlich zur Verfügung. Es liegt an mir, Gott beim Wort zu nehmen und vertrauensvoll in Anspruch zu nehmen, was er mir in seinem Wort verspricht. Meine Mentorin tröstete mich damals mit den Worten: »*Hab Vertrauen. Es ist alles vorbereitet. Gott wird die Lebensfäden, die dir im Moment wie ein Chaos vorkommen, zusammenführen und sie zu einem festen Strang verbinden.*« Und sie machte mich darauf aufmerksam, was in Epheser 2,10b steht: *Gott hat alles, was wir tun sollen, vorbereitet; an uns ist es nun, das Vorbereitete auszuführen.* Meine Aufgabe ist es, in der Spur zu wandeln, die Gott für mich vorbereitet hat. Und so liegt es auch in seiner Macht, Dinge zusammenzufügen, die meinem Empfinden nach wie ein Widerspruch anmuten: so zum Beispiel meine Introversion und Sensibilität auf der einen Seite sowie Leitungsgaben und eine Berufung zum Dienst im Rampenlicht auf der anderen Seite. Beides gehört zu mir.

Göttliches »Dynamit«

Vielleicht fühlen auch Sie sich in einer ähnlich herausfordernden Lebenssituation und fragen sich, ob und wie Gott die Puzzleteile, Bruchstücke oder gar Scherben Ihres Lebens zusammenfügen wird. Er kann! Und er wird – wenn Sie loslassen und sie *ihm* überlassen! Auch Ihnen gilt die Zusage aus Epheser 3,16, dass Gott, der unerschöpflich reich ist an Macht und Herrlichkeit, Ihnen durch seinen Geist innere Kraft und Stärke schenken will! Wörtlich übersetzt heißt es an dieser Stelle: »Er gebe euch […], durch seinen Geist mit [göttlicher] Kraft gestärkt zu werden.« Für Kraft steht im Urtext das griechische Wort *dynamis*, von dem unser deutscher Ausdruck *Dynamit* abgeleitet ist. *Dynamis* steht im Neuen Testament an vielen Stellen mit Bezug auf die Wunder wirkende Macht Jesu. Sie stützt sich auf das Wissen, dass bei Gott alle Dinge möglich sind (zum Beispiel Markus 10,27). »Gestärkt zu werden« ist von *kratos*, einem anderen griechischen Wort für *Kraft, Stärke*, abgeleitet. Jenes betont den Aspekt der Kraft, die Gott innewohnt. Der Kraft, die sich in der Dreieinigkeit entfaltet. Ausgehend von dieser göttlichen Kraft der Dreieinigkeit will Gott in seinen Kindern durch den Heiligen Geist seine Wunder wirkende Kraft entfalten.

In Gottes Liebe verankert

Und mitten in diesem Geschehen werden wir gehalten, wie es in der Fortsetzung zu lesen ist: *Es ist mein Gebet, dass Christus aufgrund des Glaubens in euren Herzen wohnt und dass euer Leben in der Liebe verwurzelt und auf das Fundament der Liebe gegründet ist* (Epheser 3,17). Wir sind den Turbulenzen des Lebens nicht schutzlos ausgeliefert, sondern dürfen Halt und Zuflucht finden bei Jesus. So wie es in der 1. Strophe der modernen Hymne *In Christ alone* (»In Christus ist mein ganzer Halt«) zum Ausdruck kommt:

> In Christus ist mein ganzer Halt.
> Er ist mein Licht, mein Heil, mein Lied.
> Der Eckstein und der feste Grund, sicherer Halt in Sturm und Wind.
> Wer liebt wie er, stillt meine Angst,
> bringt Frieden mir mitten im Kampf?
> Mein Trost ist er in allem Leid. In seiner Liebe find ich Halt.[81]

In der Liebe dessen, der uns vorbehaltlos liebt und der aus Liebe zu uns sein Leben gab, kann unser Herz tiefe Wurzeln schlagen. Je stärker wir in Gottes Liebe verwurzelt sind, desto gesünder kann sich unser Leben entwickeln, wie es beispielsweise bei einem Baum zu beobachten ist. Das Eingewurzeltsein in Gottes Liebe liefert uns existenzielle Nährstoffe für unser geistliches Leben. Im Bild des Ozeans gesprochen: Gottes Liebe ist wie ein Anker, der unserem ruhelosen Inneren Halt und Stabilität gibt, damit wir selbst schwere Stürme überstehen können. Je mehr wir uns der göttlichen Liebe aussetzen (indem wir über Gottes Wort nachdenken, indem wir die Stille suchen und darauf hören, was Jesus uns sagen möchte, indem wir Jesus in der Gemeinde gemeinsam mit anderen Christen anbeten, indem wir über Gottes Wunder in der Natur staunen und so weiter), desto mehr verstehen und erkennen wir die unfassbaren Dimensionen jener Liebe:

> Das wird euch dazu befähigen, zusammen mit allen anderen, die zu Gottes heiligem Volk gehören, die Liebe Christi in allen ihren Dimensionen zu erfassen – in ihrer Breite, in ihrer Länge, in ihrer Höhe und in ihrer Tiefe. Ja, ich bete darum, dass ihr seine Liebe versteht, die doch weit über alles Verstehen hinausreicht, und dass ihr auf diese Weise mehr und mehr mit der ganzen Fülle des Lebens erfüllt werdet, das bei Gott zu finden ist.
>
> *Epheser 3,18-19*

Innere Heimat finden

Im Vorwort habe ich das Gefühl des Fremdseins beschrieben – selbst in der Heimat. Ein Gefühl, das viele Introvertierte kennen. Verbunden mit einer manchmal positiv und manchmal schmerzlich empfundenen Einsamkeit. Viele Introvertierte, die von der Uferlosigkeit ihrer Innenwelt überfordert sind, sehnen sich zutiefst nach einer inneren Heimat, einem Ort, an dem sie Halt, Trost und Zuflucht finden. Neulich habe ich im Gottesdienst das Lied *Tagesanfang, hell und still* vorgetragen. Dabei hat mich eine bestimmte Passage zutiefst berührt, weil sie diese Sehnsucht nach der inneren Heimat so wunderbar zum Ausdruck bringt:

> Ich such nach einem Ort für mich,
> dem Heimatort, auch innerlich,

zu Hause sein, geborgen jetzt und hier.
Und seit ich auf der Suche bin,
lenkst du die Blicke zu dir hin,
ich finde meine Heimat, Herr, in dir.[82]

In Gottes Liebe darf ich meine innere Heimat finden. Zur Ruhe kommen. Tief durchatmen. So sein, wie ich bin. In seine Liebe eintauchen. Vergebung und neue Kraft empfangen. Hilfe und Trost finden. Mich von ihm führen lassen. Mich gehalten wissen. All meine Fragen, meine Not, meine Unzulänglichkeit, all mein Sehnen vor ihm ausbreiten und mit ihm teilen. Hier darf ich Jesus mein Leben wie leere Schalen hinhalten und ihn bitten, dass *er* selbst die Schalen füllt. Dass *er* die Stränge meines Lebens so zusammenfügt, wie es seinem Willen entspricht. Hier darf ich unverkrampft und entspannt in seiner Liebe ruhen.

Innere Heimat ist ein Ort der Intimität und Verborgenheit. Hier wird offenbar, wer wir im Tiefsten sind. Dieser innere Mensch ist weder unser öffentliches noch unser privates Ich. Der innere Mensch ist das Allerheiligste unseres Wesens, in das niemand eindringen kann und darf als Jesus selbst. Wenn wir durch Gottes Geist innere Stärke empfangen, erhalten wir Hilfe und Kraft von oben für die größeren und kleineren Angelegenheiten des Alltags, aber auch für die Aufträge, die Gott uns gibt. Nichts ist davon ausgenommen.

Impulse zum Weiterdenken

• Nehmen Sie das Geschenk der Stärke, das Jesus Ihnen anbietet, täglich an!

- Lesen Sie die folgenden Bibelstellen und sprechen Sie sich diese zeitlosen Wahrheiten laut zu. Gottes Zusagen gelten auch Ihnen und Gott wünscht sich, dass Sie seine Stärke erfahren: Psalm 18,1-3; Psalm 28,7; Psalm 59,10; Psalm 62,8; Jesaja 40,29.31; Jesaja 41,10; 2. Korinther 12,9.

- Welche Illustration der inneren Stärke, die Gott Ihnen schenken will, spricht Sie am meisten an: die Wurzeln eines Baumes? Der Anker eines Schiffes (beziehungsweise eines U-Boots)? Das Bild eines geheimen Zuhauses, einer verborgenen Heimat, wo Sie auftanken können? Vielleicht auch ein ganz anderes Bild – eine Oase, ein Fluss, eine Sitzbank ... Suchen Sie nach einer möglichst perfekten Veranschaulichung Ihrer Vorstellung (Bild, Foto, Ausdruck) und bewahren Sie jene an einem Ort auf, wo Sie immer wieder daran erinnert werden, dass Jesus Ihnen unbegrenzte innere Stärke zur Verfügung stellen will und dass für ihn kein Problem zu groß ist.

Innere Stärke bewahren

Fangt uns doch die kleinen Füchse,
denn sie verwüsten den Weinberg,
wenn die Reben in schönster Blüte stehn.

Hohelied 2,15 (Hfa)

In meinem Buch *einzigartig – Entfalte, was in dir steckt* (2017) habe ich am Bild der Verwandlung einer Raupe zum Schmetterling geistliche Prozesse im Leben eines Menschen erklärt. Im Kapitel

Zeige deine Einzigartigkeit[83] verweise ich auf Hohelied 2 und darauf, wie verblüffend treffend diese Worte in mein Leben sprachen:

> Da kommt mein Geliebter! […] Schon steht er vor dem Haus! Er späht durch das Gitter, blickt zum Fenster herein. Er sagt zu mir: »Steh auf, meine Freundin, meine Schöne, und komm! Die Regenzeit liegt hinter uns, der Winter ist vorbei! Die Blumen beginnen zu blühen, die Vögel zwitschern, und überall im Land hört man die Turteltaube gurren. Die ersten Feigen werden reif, die Reben blühen und verströmen ihren Duft. Steh auf, meine Freundin, meine Schöne, und komm! Versteck dich nicht wie eine Taube im Felsspalt! Zeige mir deine Gestalt und lass mich deine wunderbare Stimme hören!
>
> *Auszüge aus Hohelied 2,8-14 (Hfa; letzter Vers LUT)*

Im Buch schrieb ich dazu (mit unverkennbar introvertierten Empfindungen):

> Dieser Text traf mich mitten ins Herz. Genauso fühlte ich mich: zurückgezogen und versteckt in meinem Lebenshaus, hinter vergitterten Fenstern, die niemanden an mich heranließen. Wie eine verängstigte Taube in einem Felsspalt. Voller Angst und Scham, mich zu zeigen und hören zu lassen. Voller Zweifel darüber, dass mein Beitrag irgendeine Bedeutung haben könnte. Und plötzlich stand Jesus vor mir und bat mich, aus meinem Gefängnis zu treten. Mich nicht länger zu verstecken, sondern mich so zu zeigen, wie ich bin. Er nannte mich seine »Freundin« und seine »Schöne«. Seine Bestätigung, Liebe und Wertschätzung tat mir bis tief in der Seele gut. In seinen Augen bin ich schön, geliebt, ist mein Beitrag wertvoll. Und ist seine Sicht der Dinge nicht viel wichtiger als die von allen anderen – meine eingeschlossen? Gott möchte, dass mein Leben

aufblüht, wie die Natur im Frühling zu neuem Leben erwacht. Er möchte, dass ich meinen Kokon verlasse und wage, mein wahres Ich zu zeigen.[84]

Für Introvertierte, die ihr wahres Wesen lieber bedeckt behalten, ist dies eine unglaublich große Herausforderung und oft auch ein jahre- oder sogar lebenslanger Prozess. Doch das Suchen und Entdecken seiner inneren Stärken ist nicht als Akt egoistischer Selbstverwirklichung gedacht. Es ist vielmehr ein Selbstfindungsprozess, der dazu führen soll, auch anderen Anteil an den erkannten und empfangenen inneren Stärken zu geben.

»Fangt uns doch die kleinen Füchse!«

Wenn introvertierte Christen damit beginnen, etwas von ihrem inneren Schatz zu zeigen, und ihr Leben dadurch auf sichtbare Weise aufblüht, sind auch Bedrohungen und Angriffe nicht weit. So steht direkt im Anschluss an die oben zitierte Bibelstelle die interessante Aufforderung: *Fangt uns doch die kleinen Füchse, denn sie verwüsten den Weinberg, wenn die Reben in schönster Blüte stehn* (Hohelied 2,15; Hfa). Zerstörte Blüten bedeuten zugleich auch eine schlechte oder im schlimmsten Fall gar keine Ernte. Daher muss die Phase des Aufblühens in ganz besonderer Weise geschützt werden.

Zusammen mit meiner Mentorin dachte ich darüber nach, welche »kleinen Füchse« wohl meine Blüte bedrohen oder sogar die Kraft haben, sie zu verwüsten. Eine wichtige Frage! Spannend ist die aktive Form: *Fangt uns doch! Dass* Füchse in die Weinberge eindringen, lässt sich nicht verhindern. Das geschieht einfach. Aber die Weinberge unseres Lebens sind den kleinen Füchsen nicht hilflos ausgeliefert. Wir sind vielmehr aufgefordert, unsere Weinberge zu verteidigen, indem wir die Eindringlinge fangen und sie daran hindern, unserer Blüte – der inneren Stärke, die nach außen hin sichtbar wird – zu schaden. Welche »Füchse« bedrohen Ihre Blüte? Wo sind Sie aufgefordert, ganz besonders wachsam zu sein?

Eine Frage der Lebensenergie

In Kapitel 1 habe ich erläutert, dass der zentrale Unterschied von Introvertierten und Extrovertierten in der Quelle liegt, aus der die beiden Persönlichkeitstypen ihre Energie beziehen. Während Extrovertierte Energie durch andere Menschen und Dinge gewinnen, die außerhalb ihrer selbst liegen, schöpfen Introvertierte Energie aus ihrem Inneren. Viele Introvertierte sind auf besondere und leidenschaftliche Weise kreativ. Einige von ihnen widmen sich voller Leidenschaft Fragestellungen, die bei Extrovertierten höchstens Kopfschütteln hervorrufen. Doch genau jene Unterschiedlichkeit und Ergänzung ist für die Welt und insbesondere auch für die christliche Gemeinschaft von größter Bedeutung. Allen Shawn hat es wie folgt in Worte gefasst:

> Eine Gattung, in der jeder ein General Patton wäre, wäre ebenso wenig erfolgreich wie ein Volk, das nur aus van Goghs bestünde. [...] Die Erde [...] braucht die Warmherzigen, die Kaltherzigen und die Kleinherzigen. Sie braucht Menschen, die ihr Leben der Fragestellung widmen, wie viele Wassertröpfchen die Speicheldrüsen von Hunden unter bestimmten Umständen absondern, und sie braucht Menschen, die die flüchtige Impression von Kirschblüten in einem 17-silbigen Gedicht einfangen oder eine 25-seitige Analyse über

die Gefühle eines kleinen Jungen verfassen können, der im Dunkeln im Bett liegt und darauf wartet, dass seine Mutter ihm einen Gutenachtkuss gibt … Wenn jemand außergewöhnliche Talente besitzt, setzt das voraus, dass die für andere Gebiete benötigte Energie von diesen abgezogen wurde.[85]

Die größte Bedrohung von Introvertierten ist also gewissermaßen ein »Energieproblem« oder anders gesagt eine Frage der Lebensenergie. Es braucht nämlich nur sehr wenig, bis das innere Gleichgewicht von Introvertierten aus der Balance gerät. Ein damit verbundener Energiemangel kann sich auf unterschiedliche Weise bemerkbar machen: in Entmutigung, Erschöpfung, Mutlosigkeit, Antriebslosigkeit, Unproduktivität, psychischen oder physischen Problemen und so weiter. Zu den zentralen Aufgaben introvertierter Menschen gehört es deshalb, die Energieräuber, die ihre innere Stärke bedrohen, zu entlarven und wegzujagen.

Vorsicht vor Energieräubern

Und genau diese Erkenntnis ist auch für den christlichen Kontext höchst aufschlussreich. Introvertierte brauchen (ebenso wie Extrovertierte) viel weniger Energie, um Dinge zu erledigen, die ihrer Wesensart entsprechen. Bei Introvertierten sind dies mehrheitlich Aufgaben, die sie allein oder in einer kleinen, vertrauten Gruppe erledigen können. Doch christliche Gemeinschaft lebt vielerorts größtenteils von Gemeinschaftsanlässen, Veranstaltungen, Treffen, Austausch, Beziehungspflege etc. Wenn introvertierte Christen nicht wagen, zu ihrer Andersartigkeit zu stehen, kann sich dies als bedrohlicher Energieräuber entpuppen. Vor allem dann, wenn man angestrengt versucht, jemand zu sein, der man gar nicht ist, aus Angst davor, nicht verstanden oder gar abgelehnt zu werden. Die **Verleugnung** der eigenen Persönlichkeit in Form einer frommen Maskerade kostet so viel Energie, dass die Rechnung eines Tages nicht mehr aufgeht.

»Kleine Füchse« können auch in Gestalt von anderen **Menschen** auftauchen. Menschen, die sich immer wieder über introvertierte Eigenarten ärgern und Introvertierte dazu drängen, sich zu verändern. Menschen, die Intros Aufgaben aufdrängen, die jene eigentlich gar nicht tun möchten (aber um der Harmonie willen dann doch tun). Es hat entscheidenden Einfluss auf unseren eigenen Energiehaushalt, mit welchen Menschen wir uns umgeben.[86] Sind wir mehrheitlich von pessimistisch und negativ gestimmten Menschen umgeben, werden auch wir immer pessimistischer. Daher sollten wir unser Umfeld so gestalten, dass es zu einem großen Teil aus Menschen besteht, die uns Energie geben statt rauben. Die Erkenntnis, dass uns gewisse Menschen viel Energie kosten, bedeutet allerdings nicht, dass wir den Kontakt zu diesen Menschen in jedem Fall abbrechen sollen (das ist oft auch gar nicht möglich). Es stellt uns vielmehr vor die Entscheidung, wie viel Raum wir solchen Menschen in unserem Leben geben und wie wir den Kontakt gestalten sollen, damit unser Energiehaushalt im Gleichgewicht bleibt.

Einer der häufigsten Energieräuber von Introvertierten ist (innerer) **Stress**. Heute geht man davon aus, dass Stress nicht aus einer Situation heraus, sondern in unserem Kopf entsteht. Dabei wird zwischen *Eustress* und *Disstress* unterschieden. Ersteres bezeichnet eine positive Form von Stress. In diesem Fall tritt eine Situation ein, die mich auf positive Weise stresst, weil ich mir zutraue, dass ich sie bewältigen kann. Dies kann sogar motivierend wirken. *Disstress* hingegen ist negativer Stress. Jener wird in Situationen empfunden, die mich überfordern, weil ich sie meiner Meinung nach nicht bewältigen kann. Aufgrund ihrer Veranlagung empfinden Introvertierte häufig (Dis-)Stress, da sie sich schnell überfordert fühlen und sich vieles nicht zutrauen. Dazu reicht schon ein Gespräch nach dem Gottesdienst. Aber auch, wenn sie mit Spannungen innerhalb einer christlichen Gemeinschaft konfrontiert werden (zum Beispiel Streit oder Unversöhnlichkeit). Wenn sie von jemandem verbal angegriffen werden, können viele Introvertierte fast nicht damit umgehen (insbesondere dann, wenn sie auch hochsensibel sind). Um ihre innere Stärke zu schützen, müssen Introvertierte dringend lernen, sich abzugrenzen und ihre eigenen Grenzen zu verteidigen. Das geschieht nur, wenn sie zu dem stehen, was sie denken und in einem bestimmten Moment möchten. Das kann beispielsweise bedeuten, eine Veranstaltung zu verlassen oder ein Gespräch abzubrechen.

Eng mit Stress verbunden ist auch der Energieräuber **Unruhe**. Der deutsche Schriftsteller Christian Morgenstern sagte einst: *»Über den Wassern deiner Seele schwebt unaufhörlich ein dunkler Vogel: Unruhe.«*[87] Ein Schlüsselwort für das Wohlergehen von introvertierten Menschen lautet daher: Ruhe. In Kapitel 1 wurde bereits darauf hingewiesen, dass im Gehirn von Introvertierten neurobiologisch eine höhere Aktivität des Botenstoffes Acetylcholin nachweisbar ist, was das Bedürfnis nach Rückzug erklärt. Alles in allem benötigen Introvertierte für ihre komplexen Gedankengänge viel Energie. Dementsprechend brauchen sie auch viel Ruhe, um sich zu regenerieren und Informationen zu verarbeiten.

Resilienz: innere Stärke und seelische Widerstandskraft

Innere Stärke und seelische Widerstandskraft heißen im Fachjargon *Resilienz*. Damit ist die Fähigkeit eines Menschen gemeint, erfolgreich mit belastenden Lebensumständen umzugehen. Innere Stärke fällt nicht vom Himmel. Sie wird jedem Menschen zu einem kleinen Teil im Erbgut mitgegeben, aber ist lebenslang beeinflussbar. Resiliente Menschen lassen sich nicht vom Stress überrollen, sondern ringen um Lösungen. Mit innerer Widerstandskraft können sie auch schwierige Lebenssituationen meistern.

Zu den Schutzfaktoren für innere Stärke gehört Selbsterkenntnis und damit eine realistische Selbsteinschätzung. Es bedeutet, dass Sie Ihr Selbstbild mit dem Bild, das andere von Ihnen haben, abgleichen und aus diesem Abgleich zwischen Selbst- und Fremdbild heilsame Schlüsse ziehen. Ein gesunder Selbstwert ist ein Schlüsselfaktor für Resilienz. Und hier eröffnet sich Introvertierten ein weites Übungsfeld. Wenn Sie Ihre Resilienz stärken möchten, dann halten Sie regelmäßig inne und richten Sie Ihr Augenmerk wertschätzend und dankbar auf Ihren inneren Reichtum sowie auf das, was der Schöpfer in seinem Wort zu Ihnen sagt. Das stärkt Ihren Selbstwert!

Auch das soziale Netz ist von entscheidender Bedeutung. Sie brauchen Menschen, die Sie auf Ihrem Weg begleiten, die Ihnen zur Seite stehen und für Sie da sind. Stabile emotionale Beziehungen sind ein Grundpfeiler der Resilienz. Auch dies ist keine leichte Aufgabe für introvertierte Menschen, denen Beziehungspflege von Natur aus schwerfällt. Introvertierte wollen sich manchmal einreden, dass sie allein besser dran sind. Aber damit belügen sie sich selbst. Introvertierte brauchen dringend Begleiter, denen sie sich anvertrauen dürfen und die sie so lieben, wie sie sind.

Eine verantwortliche Grundhaltung einzunehmen, ist von höchster Wichtigkeit für jeden, der seine Resilienz stärken möchte. Mit anderen Worten: Verlassen Sie die Opferrolle und nehmen Sie Ihr Schicksal eigenverantwortlich in die Hand. Sie können weder das Wetter, Ihre Mitmenschen noch das Schicksal ändern. Sie können nur sich selbst und Ihre innere Haltung zu Menschen und Dingen beeinflussen. Erklären Sie niemand anderen als sich selbst dafür verantwortlich, Ihre seelische Widerstandskraft zu stärken. Letztere ist verbunden mit einem tiefen Gottvertrauen. Dem Vertrauen, dass Sie auf diesem Weg des Erstarkens nicht allein sind, sondern dass Gott selbst Ihnen in seiner Kraft zur Seite steht.

Impulse zum Weiterdenken

- Für die innere Stärke und Widerstandskraft ist es unverzichtbar, dass Sie Ihre Energieakkus immer wieder aufladen. Beobachten Sie im Alltag genau, was Ihnen guttut und wodurch Sie sich erholt und aufgetankt fühlen. Bauen Sie sich verbindliche Ruhepausen in Ihren Wochenplan ein. Machen Sie eine Medienpause. Genießen Sie ein heißes Bad. Gehen Sie nach draußen – an einen Ort, der Ihnen guttut. Gönnen Sie sich eine Kaffeepause. Lesen Sie. Schreiben Sie Tagebuch. Entfalten Sie Ihre Kreativität (vgl. das Unterkapitel *Verändern durch Kreativität* in Kapitel 5). Lassen Sie Ihren inneren Gedanken freien Raum.
- Spiegeln Sie Ihr Selbstbild an dem, was Gott in seinem Wort über Sie sagt. Lassen Sie die folgenden Bibelstellen auf sich wirken: Psalm 23; Psalm 139; Jesaja 61,10; Lukas 12,22-31. In Gottes Augen sind Sie unendlich kostbar und geliebt (vgl. Jesaja 43,4a). Ringen Sie darum, dass Jesus Ihnen dabei hilft,

sich selbst mehr und mehr aus seiner liebenden Perspektive zu sehen. Lehnen Sie nicht ab, was der Schöpfer mit Liebe und Weisheit geschaffen hat!

- Welche Menschen kosten Sie auf belastende Weise viel Energie? Wie könnten Sie sich in Zukunft besser von ihnen abgrenzen? Welche Menschen sind Energiespender in Ihrem Leben? Zu wem haben Sie Vertrauen? Bei wem fühlen Sie sich wohl? Wagen Sie es, sich in nächster Zeit mit einem solchen Menschen zu treffen, und gewähren Sie ihm/ihr einen kleinen Einblick in Ihr Inneres. Und überlegen Sie auch, wem Sie selbst in Zukunft noch konkreter Energiespender sein könnten!

3. INTROVERTIERT DEN ALLTAG MEISTERN

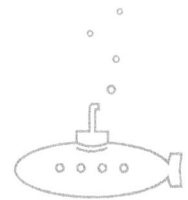

Das *Alltagsleben* ist der nächste konzentrische Kreis, dem unsere Aufmerksamkeit gilt. Im Alltag sind Introvertierte herausgefordert, das anzuwenden und einzuüben, was im vorangegangenen Kapitel erörtert wurde.

Während ich diese Zeilen schreibe, genieße ich eine Auszeit von meinem gewohnten Alltag. Familie und Freunde haben mir ermöglicht, mich ein paar Tage in die Stille zurückzuziehen, um intensiv an diesem Buch zu arbeiten. Hier kann ich meine Gedanken auf introvertiertengerechte Weise sortieren und in der Tiefe reflektieren. Dafür bin ich zutiefst dankbar. Außen an der Türklinke hängt ein Schild: Bitte nicht stören! Und ich stelle mir vor, wie praktisch es wäre, wenn man sich auch im Alltag gelegentlich ein solches Schild umhängen könnte (im Wissen darum, dass diese Idee völlig unsinnig ist für Introvertierte, die jegliche Aufmerksamkeit vermeiden wollen). Umso mehr habe ich mich gefreut, als ich vor einigen Wochen von meiner Schwester, die in Italien lebt, einen Pyjama geschenkt erhielt mit dem Aufdruck: *Do not disturb!* (»Bitte nicht stören!«) So kann ich mich zumindest zu Hause in meinem Pyjama an dieser Aufschrift freuen, selbst wenn sich niemand in meiner Familie von dieser Aufforderung beeindrucken lässt …

In eben diesem Pyjama sitze ich im Moment in einem gemütlichen, stilvollen Zimmer in einem bequemen Sessel und schaue zum Fenster hinaus. Ich kann mich kaum sattsehen an dem idyllischen Bild, das sich mir bietet: Direkt vor mir erstreckt sich ein Schweizer See, der durch eine faszinierende Mischung aus tiefgrüner und petrolblauer Farbe besticht. Wenn es windstill ist, spiegeln sich die saftgrünen Sommerwiesen und die dunkelgrünen Tannen der Berge, die den See umschließen, auf der glatten Wasseroberfläche. Allerdings nicht jetzt. Gewitterwolken ziehen auf und versetzen den See in Unruhe. Am gegenüberliegenden Ufer fordern Sturmwarnleuchten die Schiffsführer auf, ans sichere Ufer zurückzukehren. Beim Betrachten dieser Szenerie geht mir durch den Kopf, dass solche Sturmwarnleuchten manchmal auch im alltäglichen Leben hilfreich wären. Zum Beispiel dann, wenn es für Introvertierte Zeit wird, den inneren Rückzug anzutreten – zu ihrer eigenen Sicherheit und zum Wohl der Menschen, die ihnen nahestehen! Doch wie äußert es sich im menschlichen Leben, wenn die innere See unruhig wird? Und wie kann man dem Sturm entkommen?

Introvertiert im Alltag

Die Sache mit den Introvertierten ist die;
wir tragen unser Chaos im Inneren,
wo es niemand sehen kann.

Michaela Chung[88]

Bevor wir uns konkreten Alltagssituationen zuwenden, möchte ich nochmals auf das im letzten Kapitel eingeführte Bild des Ozeans zurückgreifen. Das Aufeinandertreffen von »U-Booten« (Introvertierten) und »Schiffen« (Extrovertierten) offenbart eine grundlegende Problematik, die sämtliche Alltagsbereiche betrifft. Nämlich die Tatsache, dass Introvertierte tief in ihre Innenwelt abtauchen können. Sehr tief. Und selbst wenn das Periskop des U-Boots über der Wasseroberfläche ist, bleibt das U-Boot selbst meistens unter der Wasseroberfläche. Das ist eine Stärke und eine Gefahr zugleich. Eine Stärke ist es unter anderem, weil der Rückzug in die Innenwelt tiefgründige Gedanken ermöglicht, die zu gut durchdachten Lösungsansätzen und innovativen Ideen führen können. Eine Gefahr wird es zum Beispiel dann, wenn Introvertierte so tief abtauchen, dass sie den Bezug zur Außenwelt verlieren. Für Extrovertierte kann es sehr hilfreich sein zu verstehen, wie Introvertierte ticken. Denn eben jene Fähigkeit des »Tiefseetauchens« bringt je nach Ausprägung der Introversion unter anderem folgende (für Extrovertierte mitunter irritierende) alltägliche Verhaltensweisen mit sich: den Eindruck von Abwesenheit, zögerliche Reaktionen oder Unentschlossenheit bei Entscheidungen. Dies oder Ähnliches kann im Zusammenhang mit dem tiefgründigen Innenleben von Introvertierten stehen.

So wundern sich Schiffe beispielsweise manchmal darüber, dass U-Boote, wenn man ihnen lediglich eine kleine Frage stellt, eine gefühlte Ewigkeit brauchen, um zu antworten. Als ob sie aus einer anderen Welt kämen. In gewisser Weise stimmt das auch. Zumindest wenn man sich ein U-Boot vorstellt, das in den Tiefen des Ozeans verschwunden ist und erst wieder den Weg zur Wasseroberfläche finden muss. Dieser Prozess ist für Schiffe, die sich flink auf der Wasseroberfläche bewegen und relativ schnell zwischen verschiedenen Aufgaben hin und her wechseln können, nur schwer bis gar nicht nachvollziehbar.

Eine introvertierte Bloggerin erzählt

Die Bloggerin und Autorin Kayla Mueller schrieb im Dezember 2016 einen Artikel mit dem Titel *Nur weil ich Zeit zum Antworten brauche, bedeutet dies nicht, dass ich unintelligent bin*[89]. Darin schildert sie ihre Arbeitssituation im Büro wie folgt:

> Ich sitze mit gebeugten Schultern bei der Arbeit über Papieren, die auf meinem Schreibtisch ausgebreitet sind. Meine Augen sind auf das Blatt gerichtet, ich arbeite konzentriert und bin ganz versunken. Wenn ich mich auf etwas fokussiere, dann ist es, als ob mein ganzer Verstand tief in den Ozean eintauchen würde, den ich gerade untersuche. Ich kann nicht mehrere Dinge gleichzeitig tun, denn dies würde bedeuten, dass ich meinen Verstand nur oberflächlich einbringen würde, damit ich von einem Becken zum nächsten wechseln kann. Aber mein Verstand tut das nicht. Es geht um alles oder nichts.[90]

Während sie so dasitzt, platzt ihre extrem extrovertierte Mitarbeiterin ins Büro, schleudert ihr eine Frage entgegen und wartet ungeduldig auf eine Antwort. »*Mein Verstand schwimmt immer noch zurück vom Ozean, daher bin ich nicht einmal sicher, was sie überhaupt gefragt hat*«, gesteht Kayla. Erst, »*als mein Verstand endlich die Oberfläche erreicht und tief Luft holt, trifft mich ihre Frage. Sie ist einfach und ich kenne die Antwort, aber ich bin noch nicht so weit. Mein Verstand ist immer noch im Wasser und sucht eifrig nach Festland bei einem anderen Thema.*« Die Mitarbeiterin steht seufzend da, sichtlich ungeduldig über Kaylas Unfähigkeit zu antworten. Angestrengt versucht jene, ihr etwas zu geben: »*Ja, oder, nein – warte, ja.*« Erst nach einer ganzen Weile gelingt es Kayla, eine vollständige Antwort herunterzurasseln, worauf die Mitarbeiterin kichernd den Raum verlässt. Kayla ist überzeugt, dass bald alle Mitarbeiter erfahren werden, was eben geschehen ist: »*Wie sie mir eine so einfache Frage gestellt und ich sie entgeistert angestarrt habe.*«

Von der Schwierigkeit des Auftauchens

Kaylas Schilderung illustriert sehr gut die wohl größte Herausforderung im Alltag von Introvertierten: das gedankliche Auf- und Abtauchen von der Innenwelt zur Außenwelt und umgekehrt. Sei es in der Schule, im Beruf, in Beziehungen oder in der Familie. Intensivste (wenn auch unsichtbare) Gedankenarbeit von Introvertierten wird leicht fehlinterpretiert als Gleichgültigkeit, Passivität, Unaufmerksamkeit, Schwäche, Langsamkeit und vieles mehr. (Was natürlich keineswegs heißt, dass Introvertierte vor letztgenannten Verhaltensweisen gefeit wären.) Kayla formuliert es so: »*[…] der Verstand von Introvertierten ist ihre eigene persönliche Welt. Wir Introvertierten verbringen fast unsere gesamte Zeit dort und ständig denken, grübeln, entscheiden, planen wir oder finden etwas heraus. Es ist absolut stürmisch […], und die meisten von uns genießen die seltenen Momente des Friedens, wenn unser Verstand eine Pause macht.*« Doch diese Selbstwahrnehmung steht in krassem Widerspruch zu dem, was von außen wahrnehmbar ist: »*Aber meine Mitarbeiter und andere um mich herum sehen etwas ganz anderes. Sie sehen weder die Gedanken, die durch meinen Verstand schwirren,*

noch die geöffneten Vorhängeschlösser, um alte Erinnerungen aus-
zugraben, oder die kleinen Blitze, die neue Informationen zu meinen
Sensoren schicken, während ich abwarte, was das alles zu bedeuten
hat. Sie sehen einzig und allein, wie ich mit ausdrucksloser Miene
dasitze. Und so ziehen sie fast immer völlig falsche Schlüsse.« Daher
Kaylas abschließender Appell an ihre extrovertierten Mitarbeiter:
»Gehe nicht davon aus, dass du mich vollständig kennst oder ver-
stehst, nur weil du von außen einen flüchtigen Blick auf mich erha-
schen kannst. Wenn ich bei der Arbeit an meinem Schreibtisch sitze,
siehst du bloß ein Prozent von mir. Aber da gibt es noch die anderen
neunundneunzig Prozent, die nicht sichtbar sind für dich.«

Fehlinterpretierte geistige Aktivität

Mag sein, dass Introvertierte manchmal den Anschein erwecken,
als täten sie nichts. Vielleicht liegen sie auf einer Couch oder sie
sitzen fast regungslos auf einem Stuhl (was praktisch veranlagte Extrovertierte schier durchdrehen lässt). Liebe Extrovertierte, genau
dann könnte es sein, dass Introvertierte höchst aktiv sind! Dass sie
gerade Probleme lösen, kreative Ideen formen, ein Gespräch vordenken, einen Song texten, ein Referat planen, eine Enttäuschung
verarbeiten, die Welt retten – und all dies und noch vieles mehr
mit gefühlten hundert Tabs im Kopf, die alle gleichzeitig geöffnet
sind. Trotz dieser enormen geistigen Aktivität in ihrem Inneren
erscheinen Introvertierte in solchen Situationen nach außen hin
manchmal desinteressiert, phlegmatisch oder weltfremd. Dies zum
Ärger von Lehrpersonen, Vätern, Müttern, Geschwistern, Kindern,
Großeltern, Arbeitgebern, Mitarbeitern, Freunden, Ehefrauen,
Ehemännern etc.

Genau dies bringt uns zu den Herausforderungen des Alltags. Selbstverständlich ist es nicht zielführend, wenn Introvertierte in ihrer Innenwelt stecken bleiben und die großartigen Gedanken, die sie denken, nicht in die Tat umsetzen. *»Alles hat seine Zeit«*, schrieb bereits Salomo im biblischen Buch Prediger in Kapitel 3. Aber andererseits dürfen Extrovertierte Introvertierte auch nicht in extrovertierte Verhaltensmuster drängen. Intros sollen sie selbst sein dürfen und als solche geliebt und geschätzt werden.

Problemfeld Entscheidungen treffen

In den genannten Problemkreis fällt ferner das für Introvertierte (und ihre Angehörigen) leidvolle Thema *Entscheidungen treffen*. Wegen der komplexen Innenwelt von Introvertierten ist es für sie um ein Vielfaches herausfordernder, Entscheidungen zu treffen, als es für Extrovertierte ist. Wenn Fragestellungen aus der Außenwelt wie unter einer Lupe vergrößert und aus jeder möglichen Perspektive beleuchtet werden müssen, braucht das seine Zeit. Viele Introvertierte streben danach, den großen Zusammenhang zu verstehen. *»Nichts kann einfach so hingenommen werden, ohne es zu hinterfragen und tief zu durchdenken«*, schreibt Trappmann-Korr: *»›Vielleicht gibt es ja noch eine andere Lösung? Einen besseren Weg?‹ ›Warum muss man immer alles gleich machen, nur weil die anderen es sagen?‹ ›Warum wird immer auf Entscheidungen gedrängt, obwohl die Umstände noch nicht zu Ende gedacht sind?‹«*[91] Dies alles kann Unsicherheit und Unmut auslösen. Aufseiten derer, die um eine Entscheidung ringen, sowie aufseiten derer, die ungeduldig auf eine Antwort warten. Und *eine* Entscheidung bleibt selten allein …

Bis sich Intros endlich entschieden haben, stehen bestimmt schon zwei oder drei weitere Entscheidungen in der Warteschlange. Introvertierte kommen sich dann oftmals vor, als könnten sie nicht mehr mithalten. »*Schnelle Entscheidungen in einer immer beschleunigteren Welt, wo Zeit- und Termindruck sowie Flexibilität an der Tagesordnung liegen*«, versetzen Introvertierte, so Trappmann-Korr, »*permanent in Stresssituationen und am Ende des Tages fühlen sie sich regelrecht ausgelaugt. Depressionen, Erschöpfungszustände, Verlust von Selbstbewusstsein oder sogar Burn-out sind typische Folgen davon.*«[92]

Unterschiedlichkeit als Chance

Erschwert wird die Begegnung zwischen Schiffen und U-Booten durch die Tatsache, dass das Verhalten der U-Boote für Schiffe in vielen Situationen schlicht nicht nachvollziehbar ist. Denn im Widerspruch zu dem, was ich oben über Introvertierte geschrieben habe, können sie paradoxerweise plötzlich wie auf Knopfdruck ungeahnte Energie freisetzen. Schiffe fragen sich in solchen Fällen verwundert, woher die sonst so zurückhaltenden und vorsichtigen U-Boote auf einmal diese Energie und Bestimmtheit hernehmen. Das kann zum Beispiel dann geschehen, wenn U-Boote mit ihrem Periskop über der Wasseroberfläche etwas entdeckt haben, das ihnen wichtig und interessant scheint. Dabei kann es sich um eine spannende Lektüre, einen interessanten Menschen, ein neues Hobby, eine tolle Idee, die nach Umsetzung schreit, oder vieles mehr handeln. Birgit Trappmann-Korr konkretisiert:

> Immer dann tauchen U-Boote [...] wie aus dem Nichts auf und steuern volle Fahrt darauf zu, sie »hyperfokussieren« und können

leidenschaftlich in diesen Dingen aufgehen. Die Motivation für eine solche Überwasserfahrt ist wesentlich emotional geprägt und sie muss vor allem eines: Sinn ergeben. Haben U-Boote also keine Lust, erscheint die Welt der »Überwasserschiffe« langweilig, anstrengend und zu stimulierend, dann wird der Sinn eines Auftauchmanövers gar nicht gesehen, und sie bleiben auf gewohnter Tauchstation.[93]

Diese Unterschiedlichkeit im Wesen und Verhalten von Extrovertierten und Introvertierten prägt auch den Alltag und damit verbundene Herausforderungen im Miteinander. Das Alltagsleben steckt voller Herausforderungen für Introvertierte. Ausgehend von persönlichen Beispielen möchte ich Ihnen Einblick geben in mein Ergehen als introvertiertes Kind, introvertierte Schülerin und Studentin, introvertierte Berufstätige, introvertierte Freundin und Ehefrau sowie introvertierte Mutter. Damit möchte ich Sie ermutigen, darüber nachzudenken, wie es *Ihnen* in diesen Bereichen (oder zumindest in den Bereichen, mit denen Sie sich identifizieren können) ergangen ist oder heute noch geht. Vielleicht finden Sie sich in der einen oder anderen Schilderung von mir wieder. Vielleicht sind Ihre Erinnerungen auch ganz anders. Das Nachdenken über Ihr Alltagsleben soll Ihnen dabei helfen, Schlussfolgerungen für Ihr eigenes Berufs- und Privatleben zu ziehen, um entsprechend Ihrem eigenen Wesen ein erfülltes Alltagsleben zu führen. Und auch hier spielt das Christsein eine entscheidende Rolle. Der Alltag ist der Ort, wo glaubwürdiges Christsein seinen Anfang nimmt und seine Bewährungsprobe bestehen muss.

Impulse zum Weiterdenken

- Wo finden Sie sich in der Geschichte der Bloggerin Kayla am ehesten wieder? In der Rolle von Kayla oder in der Rolle ihrer extrovertierten Mitarbeiterin?
- Welche Themen, Leidenschaften oder Hobbys lassen Sie als Introvertierte/-r »hyperfokussieren«? Wie äußert sich dies in Ihrem Alltag und wie reagiert Ihr Umfeld darauf?

Introvertierte Kindheit, Jugend- und Studienzeit

> Ich denke sehr viel, aber ich sage wenig.
>
> *Anne Frank*

Erinnerungen an Kindheit und Jugend

Obwohl unser Familienleben stark von der Pastorentätigkeit meines Vaters geprägt war, erlebte ich unser Zusammenleben mehrheitlich ruhig und friedlich – ideal für introvertierte und hochsensible Kinder wie meine zwei Jahre ältere Schwester und mich. Wir wohnten in einem ruhigen, kleinen Dorf in einem geräumigen Haus mit viel Platz drumherum und einem schönen Garten. Das genossen auch die vielen Besucher, die bei uns ein- und ausgingen. Als Pastorenehepaar waren unsere Eltern eine begehrte Anlaufstelle für viele Menschen und sie hatten für alle ein offenes Ohr. Doch wenn die Gäste verschwunden waren und die Telefonklingel abends endlich verstummte, genossen wir die Ruhe. Wir hörten viel klassische Musik, lasen gemeinsam in der Wohnstube (jeder in seinem eigenen Buch), es gab keinen Fernseher und auch sonst wenig Ablenkungen. Stressfaktoren waren die Teilnahme an Konferenzen, der Besuch von anderen Gemeinden sowie die Tatsache, dass wir als Pastorentöchter von vielen genau beobachtet wurden.

In der Teenagerzeit zog ich mich am liebsten in die Stille meines Zimmers zurück. Dort konnte ich ungestört lesen, denken, dichten, lernen, Tagebuch oder Briefe schreiben, basteln, anderen eine Freude machen usw. Da auch die übrigen Familienmitglieder ähnlich tickten, hatte keiner große Erwartungen an den anderen. Jeder war auf seine Weise aktiv und ging seinen vielfältigen Tätigkeiten und Aufgaben nach. Wir arbeiteten auch alle sehr engagiert in der christlichen Gemeinde mit, der meine Eltern vorstanden. Meine Schwester war im Leitungsteam der Jungschararbeit und ich im Leitungsteam der Jugendarbeit. Wir waren mit vollem Einsatz und Herzblut dabei. Unsere Mutter engagierte sich überdies ehrenamtlich beim Aufbau einer christlichen Buchhandlung in unserer Region, die sie mit viel Engagement und Weisheit viele Jahre lang leitete. Ich liebte es, ihr in der Buchhandlung zu helfen!

Ich kann mich nicht erinnern, je ein Gefühl von Langeweile verspürt zu haben. Bücher gehörten zu meinen bevorzugten Freunden. Sie eröffneten mir neue Horizonte und entführten mich in andere Zeiten und Welten. Zweifellos war es manchmal auch eine Flucht vor der Intensität des Lebens und meiner komplexen Innenwelt. In eine Geschichte einzutauchen, hatte etwas Magisches an sich. Ganz perfekt war mein Setting dann, wenn ich mir zuvor meine Lieblingskekse oder etwas Schokolade gekauft hatte. Dann kuschelte ich mich in meinen Sitzsack, die Süßigkeiten griffbereit, und verschwand in einer anderen Welt. Wehe der Person, die mich aus dieser Welt herausriss! Selbst der einladende Ruf meiner Mutter zum Abendbrot war in solchen Situationen höchst unwillkommen. Körperlich war ich zwar beim Abendbrot anwesend, aber mein Geist blieb in der Geschichte hängen. Mich innerlich von einer Geschichte zu distanzieren, gelang meist nur, wenn das Buch zu Ende war. So bat ich meine Mutter zuweilen sogar, Bücher zu verstecken, damit ich sie nicht finden konnte, wenn ich aufgrund einer intensiven schulischen Phase eigentlich keine Zeit zum Lesen hatte. Denn hatte ich ein Buch erst mal angefangen, konnte ich es kaum mehr aus der Hand legen und las es nicht selten am Stück durch. Egal, ob am Tag oder in der Nacht. Dass ich dann vielleicht manchmal etwas müder zur Schule ging, nahm ich gerne in Kauf. Das nächtliche Abenteuer in einer unbekannten Welt hatte sich allemal gelohnt.

In der Ferienzeit besuchten meine Schwester und ich oft christliche Lager. Später arbeiteten wir bei Freunden auf dem Bauernhof. Die Arbeit in der Natur und mit den Tieren war anstrengend, aber tat gut. In allem war ich immer unendlich dankbar, dass ich mich meiner großen Schwester anschließen durfte. Sie ging voran und fühlte sich verantwortlich für mich. Ohne sie wären all die Ferienlager nicht auszuhalten gewesen. Für sie war es zweifellos nicht einfach, dass die kleine Schwester oft wie eine Klette an ihr hing, wenn andere Menschen in der Nähe waren. Ich spürte ziemlich gut, was andere von mir erwarteten, und gab mir große Mühe, diese Erwartungen zu erfüllen.

Wer mich in einer Gruppe beobachtet hätte, wo ich mich unauffällig und still im Hintergrund aufhielt, hätte mich im Kreis meiner Familie wohl kaum wiedererkannt. Dort – und auch andernorts im kleinen Rahmen, wo ich mich wohlfühlte – stand ich gerne im Mittelpunkt, konnte alle blendend unterhalten und zum Lachen bringen. Unter Einsatz meines ganzen Charmes eroberte ich Herzen und erhielt ich Zuwendung. Lange Zeit träumte ich davon, Schauspielerin zu werden. Oft erschien mir mein eigenes Leben wie ein Schauspiel. Überall musste man Masken tragen. Je nach Situation unterschiedliche Rollen spielen. Stark sein. Gesellig sein. Freundlich sein. Sich anpassen. Andere zufriedenstellen. Allein in meinem Zimmer tauchte ich ab in mein komplexes Innenleben, das mich völlig überforderte. Hier konnte ich meinen Tränen freien Lauf lassen und meinem Tagebuch und Jesus, mit dem ich seit meiner Kindergartenzeit unterwegs bin, mein Herz ausschütten. Ich spürte, dass ich anders bin. Die Sorge darüber, dass etwas nicht in Ordnung mit mir ist, belastete mich.

Heute weiß ich, dass introvertierte Personen oft eigene Strategien entwickeln, um in ihrer Familie, in der Schule oder ihrem Arbeitsumfeld gut zu funktionieren, sodass nach außen hin alles »normal« scheint. Der Außenwelt (und oft auch den Introvertierten selbst) entgeht allerdings, dass diese vorgetäuschte »Normalität« für die Betroffenen eine große Anstrengung bedeutet.

Erinnerungen an die Schulzeit

Meine Erinnerungen an die Schulzeit sind seltsam einseitig. Ganz offensichtlich haben sich mir negative Erlebnisse unverhältnismäßig stärker ins Gedächtnis eingeprägt als positive. Insbesondere Erlebnisse, in denen ich auf eine für mich höchst unangenehme oder peinliche Weise Aufmerksamkeit auf mich zog, weil ich etwas falsch oder nicht gut genug gemacht hatte. Aus heutiger Sicht glaube ich, dass jedes dieser Erlebnisse ein kleiner bis großer Schock für mein sensibles introvertiertes Gemüt war. An gewisse Dinge erinnere ich mich, als wäre es gestern gewesen. Demgegenüber ist so viel anderes Alltägliches, Positives, Zwischenmenschliches wie ausradiert. Deshalb frage ich mich manchmal, wo ich wohl genau gewesen bin, wenn andere von damals und gemeinsamen Erlebnissen erzählen. Es kommt mir jeweils vor, als hätte ich in einer anderen – meiner ganz eigenen – Welt gelebt. Doch am sonderbarsten ist vermutlich der enorme Kontrast meiner Selbstwahrnehmung im Vergleich zu dem, wie mich andere wahrgenommen hatten. Während ich beeindruckt die Stärken von anderen bewunderte, fielen mir in meinem Fall vor allem meine Schwächen auf. Dies führte zu einem sehr niedrigen Selbstwertgefühl.

Vom dritten bis fünften Schuljahr war ich bei einer sehr strengen Lehrerin. Ich hatte große Angst vor ihr, weil sie sehr wütend werden konnte, wenn Schüler Fehler machten oder ungenügende Leistungen brachten. So gab ich mir große Mühe, eine gute Schülerin zu sein und möglichst nicht negativ aufzufallen oder meine Lehrerin zu verärgern, was mir bis auf wenige Ausnahmen auch gelang. Dabei blieben mir vor allem die wenigen Ausnahmen im Gedächtnis haften. Umso erstaunter war ich, als eine Frau aus unserer Gemeinde meinem Ehemann vor rund einem Jahr die folgende Episode aus meiner Schulzeit erzählte (hierzu muss noch erwähnt werden, dass ich mit ihrer Tochter zur Schule ging): Sie erzählte, wie sie anlässlich eines Besuchstages am Unterricht unserer Schulklasse teilnahm. Während jener Schulstunde gab es eine Situation, in der die Lehrerin etwas nicht wusste. Daraufhin fragte sie bei mir nach, worauf ich ihr die richtige Antwort gab. Die Mutter ging nach Hause und sagte zu ihrem Mann: »Debora weiß ja mehr als die Lehrerin!«

Diese Szene aus der Vergangenheit hat mich noch lange beschäftigt. Vor allem, weil es für mich genauso gut die Geschichte einer wildfremden Person sein könnte. Ich habe keinerlei Erinnerungen in diese Richtung. Aus heutiger Sicht ist es für mich eine Bestätigung dafür, dass meine Selbstwahrnehmung bereits als Kind meilenweit von der Fremdwahrnehmung anderer Menschen entfernt war.

Aus vierzehn Jahren Schulzeit (obligatorische Schulzeit und anschließende Gymnasialzeit) gäbe es viel zu berichten. Schule an sich ist für Intros eine große Herausforderung. Sich jeden Tag so vielen Menschen zu stellen, die Angst davor, sich zu blamieren oder etwas nicht gut genug zu machen, ist unglaublich anstrengend. Dazu noch unsägliche Regelungen wie diejenige, dass sich die Endnote vieler Schulfächer im Zeugnis nicht nur aus den Prüfungsergebnissen, sondern auch aus der mündlichen Beteiligung am Unterricht zusammensetzt. Das fand ich einfach nur schrecklich. Ich hatte bereits Hemmungen, mich zu melden, wenn ich ziemlich sicher war, dass ich die richtige Antwort kannte (es blieb eben immer noch ein gewisser Unsicherheitsfaktor, ob es *tatsächlich* stimmte). Wie sollte ich dann laut über Dinge sprechen, die ich innerlich erst noch sortieren musste? Aber eine gute Schulnote forderte von mir, immer wieder über meine Grenzen hinauszugehen und mich zu überwinden. Doch dies kostete unglaublich viel Kraft und Nerven. Meine Rettung war, dass ich in jedem neuen Schulabschnitt eine gute Freundin fand, an die ich mich anlehnen konnte und die mir (vermutlich ohne es zu realisieren) zu einer ganz wichtigen Stütze wurde. So konnten wir Herausforderungen zu zweit angehen, was alles viel leichter machte.

Eine Episode muss ich im Rückblick auf meine Schulzeit einfach noch erwähnen. Bis zum jetzigen Zeitpunkt war diese Begebenheit sorgsam in meiner Innenwelt in einer Box mit der Aufschrift

»wohlbehütete Geheimnisse« verwahrt. Aber nun möchte ich dieses Geheimnis lüften, indem ich es mit Ihnen teile. Das Erlebnis illustriert in vielerlei Hinsicht introvertiertes Verhalten. Und vielleicht kann dem Ganzen dadurch viele Jahre später noch ein gewisser Sinn verliehen werden.

Es war im ersten oder zweiten Jahr der Gymnasialzeit. Im Deutschunterricht behandelten wir das Thema *Novelle*. Präziser gesagt ging es darum, wie man eine Novelle, also eine Kurzgeschichte, richtig interpretiert. Zu diesem Zweck wurde uns eine ausführliche Tabelle ausgehändigt, deren Fragen uns dabei helfen sollten, den Text und die Absicht des Autors zu erschließen. Am Ende der Unterrichtseinheit wurde uns allen eine Novelle zugeteilt und dazu die Aufgabe gestellt, die Ergebnisse unserer Auswertung in der nächsten Stunde zu präsentieren. Mir wurde die Novelle *Die Rose im alten Salon* von Wolfgang Koeppen aufgetragen. An jenem Abend saß ich gedankenversunken an meinem Schreibtisch. Die Novelle war kurz und leicht zu lesen. Aber diese Tabelle?! *Die* bereitete mir Kopfzerbrechen! Erinnern Sie sich daran, wie ich weiter vorne erwähnt habe, dass introvertierte Menschen Dinge nicht einfach so hinnehmen können, ohne sie zu hinterfragen und tief zu durchdenken? Genau so erging es mir in jenem Moment. Klar hätte ich einfach irgendwelche Antworten zu den Fragen schreiben können. Aber es erschien mir einfach nicht fair. Denn unsere Aufgabe war es ja zu entschlüsseln, was die Absicht des Autors war und was er sich bei der Abfassung überlegt hatte. *Ich* konnte ja lediglich meine eigenen Vermutungen in Worte fassen. Die richtigen Antworten kannte doch eigentlich nur der Autor …

Plötzlich durchfuhr es mich wie ein Blitz: Was, wenn der Autor noch lebte? Und man ihn selber fragen könnte? Es blieb noch ein bisschen Zeit bis zum nächsten Deutschunterricht und der Gedanke ließ mich nicht mehr los. Also versuchte ich (zu einer Zeit vor Google & Co.) herauszufinden, ob Wolfgang Koeppen noch lebte. Die Antwort lautete: Ja! In München! Das würde allerdings bedeuten, dass ich ihn anrufen müsste! Extrovertierte werden wohl nie nachvollziehen können, wie viel Stress der Gedanke an einen einfachen Telefonanruf bei einem introvertierten Menschen hervorrufen kann. Im Ringen zwischen meiner Abneigung gegen das Telefonieren und meinem Streben nach Wahrheitsfindung siegte Letzteres. Via Telefonzentrale konnte ich Wolfgang Koeppens Telefonnummer ausfindig machen. Es war zweifellos eines der mutigsten Telefongespräche meines Lebens. Ich schloss mich im Büro meines Vaters im Dachgeschoss unseres Hauses ein, stellte sicher, dass alle Familienmitglieder außer Reich- und vor allem Hörweite waren, setzte mich an den Schreibtisch, schickte ein Stoßgebet zum Himmel und wählte mit zittrigen Fingern die Nummer auf der Wählscheibe. Prompt ertönte auf der anderen Seite der Leitung eine tiefe Männerstimme: »Koeppen?« Mir blieb fast das Herz stehen. Aber dann nahm ich allen Mut zusammen. Ich erklärte ihm kurz, wer ich war, weshalb ich anrief und dass ich gerne von ihm erfahren hätte, was er sich bei der Abfassung der Novelle *Die Rose im alten Salon* überlegt hatte. Daraufhin war es still am anderen Ende der Leitung. Nach einer gefühlten Ewigkeit kam die Antwort: »Nichts. Ich habe mir nichts dabei überlegt. Ich habe die Geschichte ganz einfach geschrieben.«

Nun war es auf meiner Seite der Leitung still. Ich saß ganz perplex da und starrte verdutzt auf die Tabelle vor mir mit all den vielen Fragen, die ich doch eigentlich beantworten sollte. Das war nicht die Antwort, die ich erwartet hatte. Aber dann bedankte ich mich freundlich für die ehrliche Antwort, betonte noch, wie gut mir die Novelle gefalle (was auch stimmte), und dann verabschiedete ich mich.

Sie fragen sich, wie die Geschichte ausging? Ganz introvertiert. Und völlig unspektakulär. Wie alle anderen präsentierte ich in der darauffolgenden Deutschstunde die vom Lehrer erwarteten Antworten zu den Absichten des Autors, die angeblich zur Abfassung der Novelle geführt hätten und so weiter. Bis heute bedaure ich, dass ich nicht den Mut hatte, von meinem Telefonanruf zu erzählen und zu sagen, was die *wirklichen* Hintergründe jener Novelle waren. Meinem Empfinden nach konnte mich der Deutschlehrer nicht sonderlich gut leiden und ich wollte es nicht riskieren, seine Autorität zu untergraben, indem ich seine Anweisungen missachtete. Ich fürchtete die Konsequenzen. So blieb mir lediglich der stille Triumph, dass ich als Einzige die Wahrheit kannte.

Erinnerungen ans Theologiestudium

Im Theologiestudium setzte sich fort, was mich bis heute begleitet: der Widerspruch zwischen meinem negativen Selbstbild und dem oft erstaunlich positiven Fremdbild, das andere (wie ich oft erst sehr viel später herausfand) von mir hatten. Leistungsmäßig konnte ich gut mithalten, aber da ich immer alles bis in die Tiefe durchdenken und verstehen wollte, blieb trotzdem immer ein Gefühl der Unzufriedenheit und Unzulänglichkeit, weil es einfach zu vieles gab, das ich nicht wusste und nicht verstand. So empfand ich mich selber höchstens mittelmäßig. Auch hier war ich überaus erstaunt, als mir mein ehemaliger Griechischlehrer, der leider viel zu früh verstarb, vor ungefähr vier Jahren zu meiner Doktorarbeit gratulierte und mir schrieb, dass ich seine beste Griechischschülerin gewesen sei und ihn meine Intelligenz schon immer beeindruckt habe. Ich ertappte mich dabei, wie ich nochmals nach dem Briefumschlag griff, um mich zu vergewissern, dass dieser Brief auch tatsächlich an mich adressiert war.

In unserem kleinen Klassengefüge empfand ich mich eher als Außenseiterin, obwohl ich mich recht wohlfühlte in dieser kleinen Gruppe von fünf Studierenden. Doch meistens waren wir in Vorlesungen mit vielen weiteren Studierenden zusammen. Und je mehr Menschen, desto anstrengender wurde es für mich. Ich erlebte meine Zurückhaltung als schwierig und die sozialen Begegnungen als kompliziert. In der ruhigen Studentenwohnung, die ich mit einer Mitstudentin teilte, schöpfte ich neue Kraft. Die fünf Jahre Studium waren eine Zeit, in der ich viele innere Kämpfe ausfocht. Ich fühlte mich oft einsam, überfordert und schwach. Auf andere wirkte ich offensichtlich ganz anders. So kommt es zumindest in der Beschreibung meines Studienfreundes Gerhard zum Ausdruck, den ich nach all den Jahren fragte, wie er mich im Studium erlebt hat. Gerhard, der seit vielen Jahren als Pastor tätig ist, antwortete wie folgt:

> Getroffen habe ich Debora zum ersten Mal zu Beginn unserer gemeinsamen Studienzeit im Herbst 1994 an der STH[94]. Ich erinnere mich an eine der ersten Griechischstunden: Von der Stoffffülle, die mich in den ersten Tagen fast erschlagen hat, war ich entmutigt und zweifelte, ob das mit mir und dem Studium überhaupt etwas wird. Das hat Debora irgendwie gespürt. In stoischer Ruhe und großer Freundlichkeit hat sie mir ein paar Tipps gegeben und es verstanden, mir zu vermitteln, dass ich das schon schaffen werde. Ich merkte damals sofort, dass Debora jemand ist, der ganz schön viel auf dem Kasten hat, in vielerlei Hinsicht sehr talentiert ist und sich mit Souveränität und Leichtigkeit in dieser neuen Lernumgebung bewegt. Es hat mich beruhigt und ermutigt, sie als »Flaggschiff«, an dem

ich mich orientieren konnte, in meiner Nähe zu wissen. Das ist die ganzen fünf Studienjahre so geblieben. In ihrem akribischen und disziplinierten Lernen war sie mir stets ein Vorbild. Von ihrer Freundlichkeit und Freigebigkeit habe ich oft profitiert – ihre wunderbaren Zusammenfassungen zum Beispiel, die sie gerne zur Verfügung stellte, haben mir viel Arbeit und Schweiß erspart!

In unserem Studienjahrgang war Debora der Kitt. Sie hat sich mit allen gut verstanden, auch mit all den etwas exzentrischen Typen, die mit dabei waren, inklusive mir ... Sie war zu allen freundlich – ich habe nie erlebt, dass sie ungeduldig oder missmutig war! – und äußerst hilfsbereit. Deshalb war sie in der Klasse beliebt und Ansprechpartnerin für viele in vielem.

Mich hat erstaunt, dass wir den Draht zueinander so gut gefunden haben. In dieser Lebensphase war ich wohl ein ziemlich stacheliger Zeitgenosse und nicht sehr zugänglich für andere Menschen. Irgendwie ist Debora aber drangeblieben und zwischen uns hat sich mit der Zeit ein sehr gutes Verhältnis entwickelt, das von gegenseitigem Respekt, von Achtung und Anerkennung geprägt war. Ich denke, sie hat gespürt, dass hinter meiner Fassade mehr steckt, als andere vermuten, und hat sich von meiner Art nicht zu fest einschüchtern lassen. Sie hatte eben das Geschick, mich so zu nehmen, wie ich bin. Es tut gut, dass es solche Menschen gibt!

Damit, dass sie so große intellektuelle Fähigkeiten hat und auch mit all ihren anderen Talenten in vielen Lebensgebieten, hat Debora nie angegeben. Im Gegenteil, sie hat sich immer sehr zurückgenommen und sich darum bemüht, dass sie nicht zu stark auffällt. Wer aber auch nur ein bisschen Gespür für Menschen hat, wusste trotzdem ziemlich rasch, dass sich in diesem Menschen noch viel, viel mehr verbirgt und dass sie noch für so manche Überraschung sorgen könnte. Aber eben um das wahrzunehmen, musste man genauer hinschauen, denn rein von der Erscheinung her hätte man Debora eher für eine graue Maus halten können. Das äußere Erscheinungsbild war diskret und angepasst an fromme Normen, die im Blick auf das Auftreten von Frauen für einen bestimmten engen Frömmigkeitsstil typisch sind. Gepflegt und durchaus hübsch, aber sehr bemüht, das nicht herauszustreichen. […] Debora hat sich stets sehr angepasst verhalten. Man hatte den Eindruck, dass sie versuchte, alle in sie gesetzten Erwartungen zu erfüllen. Wie es ihr dabei ergangen ist, war nicht zu ergründen.

Gerhards Beschreibung erinnert mich an das Bild des Ozeans. Es spiegelt mein Bemühen wider, mich im Leben über der Wasseroberfläche zurechtzufinden, freundlich zu sein, mich angepasst zu verhalten und möglichst nicht aufzufallen. Stark und souverän zu wirken, auch wenn ich mich innerlich oft klein, unfähig und ängstlich fühlte. Doch Gerhard – ebenfalls introvertiert – spürte auch etwas von meiner Welt unter der Wasseroberfläche und hat mir während und nach dem Studium sehr dabei geholfen, etwas von dem tief verborgenen Schatz sichtbar zu machen. Durch verschiedenste Anfragen hat er mich immer wieder herausgefordert, mich aber auch seine Wertschätzung spüren lassen. Erst rückblickend wird mir die Bedeutung vieler Freunde bewusst, die mir während der Schul- und Studienzeit Halt gaben und mir mehr geholfen haben, als ihnen bewusst war.

Introvertierte im Schulsystem

Zusammenfassend bleibt zu sagen, dass Intros in der Regel keinen leichten Stand in der Schule haben (der Begriff »Schule« kann je nach Situation auch auf »Sonntagsschule«, »Konfirmandenunterricht«, »Schulungen« o. Ä. übertragen werden). Für stark introvertierte Kinder sind bereits die hohen Präsenzzeiten im Kindergarten eine Überforderung.

In ihrem bekannten TedTalk *The power of introverts*[95] wies Susan Cain im Jahr 2012 darauf hin, dass Kinder, die in der Schule lieber allein als in der Gruppe arbeiten wollen, oft als Außenseiter oder sogar als Problemfälle angesehen würden. Und Martin Wehrle beklagt, dass Lehrpersonen ihren Schülern noch immer ins Zeugnis schreiben: »Die mündliche Mitarbeit lässt zu wünschen übrig«, statt erfreut festzuhalten: »*Das Kind besitzt die große Fähigkeit, Dinge im eigenen Kopf zu entwickeln, hört gut zu und lässt seinen Mitschülern viel Raum.*«[96] Während in der Schule früher noch viel stärker individuell gearbeitet wurde, lautet das Motto heute kooperatives Lernen oder Lernen in Kleingruppen. Solange Extroversion und Gruppendynamik als Ideal betrachtet werden, übt dies den unterschwelligen Druck auf Introvertierte aus, dass sie sich verändern sollten. Dies wirkt sich nicht selten negativ auf deren Selbstbild aus.

Schüler und Studierende sollten in ihrer Veranlagung erkannt, respektiert und gefördert werden, sodass sowohl Extros als auch Intros ihr wahres Potenzial entdecken und entfalten können. Wenn jemand lieber und besser allein arbeitet, sollte er oder sie nicht zu einer Gruppenaktivität gezwungen werden. Ideal ist es, den Schülern die Wahl zu lassen, ob sie lieber allein oder in der Gruppe arbeiten möchten.

Was die aktive Beteiligung am Unterricht betrifft, gibt es heute auch viele technische Möglichkeiten, die Introvertierten, welche lieber schreiben als sprechen, entgegenkommen. So könnten sich introvertierte Kinder auch via Klassen-App, Beitrag in einem

Chat, einem Forum usw. an einer Klassendiskussion beteiligen. Idealerweise sollten sowohl Extros als auch Intros auf ihre Rechnung kommen.

Impulse zum Weiterdenken

* Nehmen Sie sich einen Moment Zeit dafür, über Ihre Kindheit und Schulzeit nachzudenken. Falls Sie introvertiert sind: Auf welche Weise hat sich Ihre Introversion ausgedrückt? Wo haben Sie sich missverstanden gefühlt? Was hat Sie glücklich, was unglücklich gemacht?
* Gleichen Sie Ihr Selbstbild mit dem Fremdbild ab. Machen Sie sich zunächst ein möglichst umfassendes Bild von sich selbst: Wer bin ich? Was kann ich? Was will ich? Etc. In einem nächsten Schritt geht es darum, das Fremdbild abzufragen. Wichtig ist, dass Sie mit den Menschen, die Sie um ein Fremdbild bitten, ein möglichst gutes Verhältnis haben. Wie wirken Sie auf andere? Welche Eigenschaften nehmen Ihre Mitmenschen an Ihnen wahr? Gibt es Dinge, die Ihnen selber gar nicht bewusst sind?
* Falls Sie in irgendeiner Weise Kinder, Jugendliche oder sogar Erwachsene unterrichten: Versuchen Sie in der nächsten Zeit mal, einen Blick für die Introvertierten zu entwickeln, und überlegen Sie, wo Sie ihnen entgegenkommen könnten. Folgen Sie dem Aufruf von Susan Cain: »*Wenn Sie Lehrer sind, genießen Sie die Schüler, die gesellig sind und sich am Unterricht beteiligen. Aber vergessen Sie nicht, auch die scheuen, sanften und autonomen zu fördern, diejenigen, die sich für Chemiekästen, Papageienarten oder die Kunst des 19. Jahrhunderts begeistern. Das sind die Künstler, Ingenieure und Denker von morgen.*«[97]

Introvertiert im Beruf und in der Berufung

Introvertierte sind [...] imstande,
sich im Dienste einer für sie wichtigen Sache,
für Menschen, die sie lieben, oder für irgendetwas,
was sie hoch schätzen,
wie Extravertierte zu verhalten.

Susan Cain[98]

Wer beim Stichwort »introvertierte Berufstätige« an unauffällige Archivare, Buchhalter oder Informatiker denkt, könnte sich noch wundern! Bitte verstehen Sie mich nicht falsch: Das sind zweifellos wunderbare Berufe. Ich will an dieser Stelle lediglich darauf hinweisen, dass es neben den Berufen, die oft klischeehaft mit Introvertiertheit in Verbindung gebracht werden, noch viele andere Berufsfelder gibt, in denen Introvertierte anzutreffen sind. Allerdings sind sie dort häufig keineswegs als solche zu erkennen! Natürlich gibt es Berufe, die besser zur introvertierten Natur passen als andere. Es kommt nicht von ungefähr, dass stillere, kreative und künstlerische Berufe bevorzugt von Introvertierten ausgeübt werden. Aber auch beratende Berufe sind ideal. Dort können Introvertierte in einem ruhigen Rahmen unter vier Augen ihre analytischen Fähigkeiten einsetzen und anderen Menschen mit ihrer kompetenten, tiefgründigen und einfühlenden Art dienen.

Intros finden sich fast überall – in Handwerksberufen, als Angestellte, Selbstständige, Experten und Manager. Sie arbeiten als Lehrer, Juristen, Ärzte, Moderatoren, Lektoren, Optiker, Psychologen und Therapeuten. Sie bewegen sich gerne in einem Umfeld, wo sie ihresgleichen finden oder wo sie typische Intro-Kompetenzen entfalten können. Zum Beispiel im Bereich der Beratung, im Ingenieurswesen oder der Wissenschaft. Auch in kaufmännischen Berufen ebenso wie in der Forschung und Entwicklung sind Introvertierte recht häufig anzutreffen. Introvertierte finden sich unter den Computerprogrammierern, Designern, Musikern, technischen Redakteuren, Zahntechnikern und so weiter. Selbst unter den Staatsoberhäuptern finden wir sie! Viele Pioniere der Vergangenheit waren introvertiert: Albert Einstein, Isaac Newton, Carl Gustav Jung, um nur drei von ihnen zu nennen. Auch viele hervorragende Musiker, Schauspieler, Maler und Autoren waren/sind introvertierte Menschen. Diese Auflistung könnte beliebig erweitert werden!

Lassen Sie mich noch *eine* letzte Berufsgruppe ergänzen: den Pfarrberuf! Wir werden im nächsten Kapitel ausführlicher auf das Thema Kirche beziehungsweise die christliche Gemeinde eingehen. Vielleicht drängt sich Ihnen die Frage auf: Ist dies nicht ein Widerspruch in sich selbst – ein introvertierter Pastor, eine introvertierte Pfarrerin? Es ist genauso viel oder genauso wenig ein Widerspruch wie bei etlichen anderen Berufen.

Herzensanliegen und Energiebalance

Wie es Introvertierten (und Extrovertierten) in ihrem Beruf ergeht, steht primär im Zusammenhang mit dem Herzensanliegen, mit dem sie den entsprechenden Beruf ausüben.

Ein weiterer entscheidender Faktor ist die Frage der Energie. Oder anders gesagt die Frage, ob und wie es gelingt, die Ausübung des jeweiligen Berufes in einer gesunden Balance mit dem introvertierten (oder extrovertierten) Naturell zu halten. Auch die Berufswahl macht nicht vor einer Intro-Extro-Typisierung halt.

Introvertierte können sich selbst in Berufen behaupten, die von Extrovertierten dominiert werden. Dass sie dabei aber auf die Dauer glücklich sind, hängt von den beiden Schlüsselfaktoren *Herzensanliegen* und *Energiebalance* ab. Bei Letzterem geht es darum, dass Introvertierte ihre Grenzen respektieren und verantwortlich mit ihren Kräften umgehen (ich werde später noch auf die Bedeutung von Regenerationsnischen eingehen). Im Blick auf die Herzensanliegen gibt Susan Cain zu bedenken, dass es für Introvertierte nicht immer so leicht ist, die Anliegen zu identifizieren, die ihnen ganz besonders am Herzen liegen.[99] Da sie einen so großen Teil ihres Lebens damit verbracht haben, sich an extrovertierte Normen anzupassen, erscheint es ihnen später, wenn es darum geht, einen Beruf zu ergreifen oder sich zu etwas berufen zu fühlen, ganz normal, über ihre eigenen Wünsche hinwegzugehen.

Introvertierte Autoren betonen in ihren Büchern wiederholt, welche Erleichterung es für sie war, ihr Leben so zu gestalten, dass es perfekt auf ihr Wesen und ihr Herzensanliegen abgestimmt ist. Die Autorentätigkeit bietet ihnen den ersehnten Rückzugsraum, wo sie in Ruhe ihre Gedanken sortieren und formulieren können.

Herzensanliegen und Berufung

Doch wie kommt man seinen Herzensanliegen auf die Spur? Susan Cain nennt folgende drei Schritte:[100]

1. Versuchen Sie sich daran zu erinnern, was Sie als Kind bevorzugt gemacht oder gespielt haben. Was haben Sie auf die Frage geantwortet: Was möchtest du einmal werden, wenn du groß bist? Möglicherweise war Ihnen als Kind mehr über sich bewusst, als dies heute der Fall ist.

2. Beobachten Sie, zu welcher Arbeit es Sie hinzieht. Wofür enga-
   gieren Sie sich sogar ehrenamtlich, ohne dass es Ihnen wie Arbeit vorkommt? Und demgegenüber: Welche Tätigkeiten sind
   Ihnen immer wieder neu eine Last?
3. Schauen Sie, wen und was Sie beneiden. Cain schreibt treffend:
   *»Neid ist eine hässliche Emotion, aber sie sagt die Wahrheit. Sie
   beneiden bloß jene, die das haben, was Sie sich wünschen.«*[101]
   Insofern hilft ein näherer Blick auf den Neid, tatsächlich herauszufinden, von welcher Lebensgestaltung oder welchem
   Beruf man eigentlich träumt.

Aus christlicher Sicht kommt an dieser Stelle eine weitere Dimension ins Spiel. Nämlich die entscheidende Frage: Was ist Gottes
Absicht, sein Plan für mein Leben? Einige sprechen in diesem
Zusammenhang von *Berufung*. Dieser Ausdruck muss unbedingt
differenziert werden, da es sonst zu Missverständnissen kommt.
Gottes Wort unterscheidet zwischen einer *grundsätzlichen* Beru-
fung, die allen Menschen gleichermaßen gilt, und einer *indivi-
duellen* Berufung, die Gott manchmal in Form eines besonderen
Lebensauftrags erteilt. Während sich die allgemeine Berufung auf
Aussagen der Bibel gründet und damit unveränderlich bleibt, kann
sich eine individuelle Berufung oder ein individueller Auftrag im
Laufe des Lebens ändern.

Zur grundsätzlichen Berufung eines Menschen gehört erstens,
Gott zu lieben, und zweitens, die Mitmenschen zu lieben wie sich
selbst (vgl. Matthäus 22,37-40). Am Anfang steht die Berufung,
Jesus nachzufolgen (vgl. Markus 1,17). Eine lebendige Beziehung
mit Jesus bildet somit den Anfang, Dreh- und Angelpunkt im
Leben und Dienst eines Christen. Hier geht es darum, mit Jesus
unterwegs zu sein, in seiner Nähe zu bleiben und sich von ihm

prägen zu lassen. Auf dieser Grundlage sind Christen dazu berufen, ein Segen für andere zu sein (vgl. 1. Mose 12,2b), indem sie anderen Menschen davon erzählen, was Gott in ihrem Leben getan hat und heute noch tut (vgl. Apostelgeschichte 1,8). Wenn ich diesen Dingen entsprechend lebe, dann bin ich – aus biblischer Sicht – meiner grundsätzlichen Berufung treu.

Die individuelle Berufung dagegen beinhaltet den einzigartigen Auftrag, den Gott für Sie persönlich vorgesehen hat. Es ist Ihr Beitrag zu Gottes Geschichte mit der Welt. Die individuelle Berufung umfasst das, was Sie sind, das, was Sie tun, und das, wozu Gott Sie letztlich geschaffen hat. Manchmal erteilt Gott Lebensaufträge sehr klar und unmissverständlich. Manchmal sind sie prozesshaft und es ist ein Ringen darum, Gottes Willen zu erkennen.

Als mein Mann und ich aus vielerlei Gründen unseren Dienst als Pastorenehepaar quittierten, warf man uns vor, dass wir Gottes Berufung untreu geworden sind. Das war sehr verletzend und schlicht nicht wahr. Es gab lediglich eine Verschiebung unseres Lebensauftrags. Die Leidenschaft, unserer grundsätzlichen Berufung treu zu sein, blieb unverändert. Der Schritt aus dem Pastorendienst war in unserem Fall ein Schritt in die Richtung, unserer individuellen Berufung ein Stück näherzukommen und unseren Herzensanliegen mehr Raum zu schaffen.

Einer individuellen Berufung nachzukommen, erfordert Mut und Vertrauen. Manchmal kann es auch bedeuten, finanzielle Sicherheiten loszulassen. Als Ehepaar haben wir in solchen Zeiten des Umbruchs und der Ungewissheit den Frieden Gottes schon mehrfach auf besonders eindrückliche Weise erlebt.

Besonders bewegend finde ich, dass eine individuelle Berufung, unsere Herzensanliegen und Fähigkeiten oft fließend ineinander übergehen. Herzensanliegen sind vom Schöpfer selbst in unsere

Herzen gepflanzt und sind uns deshalb geschenkt, damit wir zu Gottes Ehre etwas in dieser Welt bewegen!

Introvertiert meiner individuellen Berufung folgen

Als ich sechzehn Jahre alt war, stellte ein Sprachlager der Vereinigten Bibelgruppen (VBG) im Süden Englands meine Zukunftspläne auf den Kopf. Überraschende Gespräche mit einer Leiterin und nachfolgende Gebetserhörungen führten zur Gewissheit: Gott will, dass ich Theologie studiere! Es ist eine der klarsten Führungen, die ich bisher erlebt habe. *Meinem* Plan nach hätte ich eine Ausbildung zur Lehrerin gemacht.

In den Folgejahren war ich nicht immer glücklich über Gottes Führung. Der eingeschlagene Weg schien eine Sackgasse zu sein. Ich hatte keine Ahnung, was ich mit einem Theologiestudium anfangen sollte. Allein die Tatsache, dass ich eine Frau bin, erwies sich als Hindernis. Ich rang intensiv darum, meinen Platz im Reich Gottes zu finden. Einige fanden meine Suche befremdend. Mehrfach wurde ich darauf hingewiesen, dass ich durch die Heirat und mein Muttersein meine Berufung schon gefunden hätte: nämlich, die Berufung meines Mannes zu unterstützen und für meine Kinder da zu sein. Das stand für mich außer Frage! Unsere Kinder waren eine Gebetserhörung und eine zentrale Lebensaufgabe. In meiner Rolle als Ehefrau gehörte es zweifellos zu meinen Aufgaben, meinen Mann zu unterstützen. Doch das beruhte auf Gegenseitigkeit. Meinem Ehemann war es stets ein Anliegen, auch *mich* zu unterstützen. Und er spürte, wie neben meinen Rollen als Mutter und Ehefrau ein leidenschaftliches Feuer in mir brannte, Gottes individueller Berufung für mein Leben zu folgen. Seit meiner Kindheit stand für mich fest: Der Hauptinhalt meines Lebens soll sein, Jesus zu dienen, mit allem, was er mir anvertraut hat, dort, wohin er mich führt.

Es ist mir bewusst, wie leicht gewisse Äußerungen missverstanden werden. Lassen Sie mich daher nochmals mit allem Nachdruck betonen: Damit will ich in keiner Weise sagen, dass man Jesus nicht auch als Mutter und Ehefrau voll und ganz dienen kann! Mutterschaft (und Vaterschaft!) kann durchaus eine individuelle und absolut vollwertige Berufung sein! Eine Berufung, die den Rahmen eigener leiblicher Kinder aber auch sprengen kann. Die entscheidende Erkenntnis ist: Das Geheimnis einer individuellen Berufung besteht darin, dass sie auf einzigartige Weise vom Schöpfer selbst auf unser Leben und unsere Persönlichkeit maßgeschneidert wurde. Daher ist es auch gar nicht sinnvoll, wenn wir uns gegenseitig vergleichen! Wir sollten uns vielmehr gegenseitig darin unterstützen, Jesus nachzufolgen und dem nachzustreben, was er mit und durch unser Leben bewirken möchte.

Mein individueller Berufungsweg führte mich später in ein Doktoratsstudium. Gott legte mir mit der baltischen Missionarin Juliane von Krüdener eine zu Unrecht vergessene Frau aufs Herz, um ihr Leben und ihre Botschaft neu in Erinnerung zu rufen.[102] Während vieler Jahre erlebte ich selber, wie es sich anfühlt, wenn Türen verschlossen bleiben und ein Führungsweg scheinbar ins Nichts führt. Es blieb einzig das Vertrauen in einen Gott, dessen Horizont weiter ist als der meine. Und dessen Möglichkeiten nicht an den Grenzen meiner Persönlichkeiten haltmachen.

Rückblickend auf die vergangenen zwanzig Jahre stelle ich erstaunt und dankbar fest, dass sich die Führung zum Theologiestudium als Ausgangslage für einen vielseitigen Dienst erwies: in der theologischen Forschung, als Studienleiterin Fernstudium am Theologischen Seminar St. Chrischona (tsc), als Vorstands-mitglied der Gesellschaft für Bildung und Forschung in Europa (GBFE) sowie in meiner Selbstständigkeit als Autorin und Referen-tin. Vieles davon entspricht meiner introvertierten Natur, anderes überhaupt nicht. Dass Gott mir als Referentin so viele Türen öff-net, bewegt mich und fordert mich zugleich sehr heraus, da mich jeder Einsatz sehr viel Energie kostet. Und nur wenige, die mich als Referentin erleben, ahnen, wie introvertiert ich eigentlich bin. Meine Abmachung mit Gott ist folgende: Wenn er mir Aufträge erteilt, von denen ich spüre, dass ich sie annehmen soll (auch wenn sie mich eigentlich überfordern), dann ist *er* dafür verantwortlich, dass ich über meinen Schatten springen kann. Und ich spüre, wie ich daran wachse.

So tun, als ob – im Dienste einer höheren Sache

Auch der Persönlichkeitspsychologe Brian Little, Leiter einer For-schungsgruppe an der britischen Universität Cambridge, ist über-zeugt, dass man sich manchmal »uncharakteristisch« (Englisch *out of character*) verhalten sollte. Diese Art von strategischem Handeln auf der Grundlage von sogenannten freien Eigenschaften ist der Inhalt von Brian Littles *Free-Trait-Theory* (übersetzt in etwa »Theo-rie der freien Eigenschaften«). Diese Theorie erklärt, wieso sich ein extrovertierter Wissenschaftler in seinem Labor reserviert verhält oder wieso eine introvertierte Lehrerin ihren Schülern zuliebe auf eine Art und Weise aus sich herauskommt, dass niemand ahnen würde, wie introvertiert sie eigentlich ist.

Die Free-Trait-Theorie ist auf viele verschiedene Umstände an-wendbar, aber sie ist in besonderer Weise relevant für Introvertierte, die sich in einer Welt behaupten müssen, in der vor allem Extrovertierte Gehör finden. Laut Little öffnet der Einsatz sogenannter freier Persönlichkeitsmerkmale Wege zum persönlichen Wachstum, die sonst verschlossen blieben. Little ist überzeugt, dass unsere Lebensqualität gewaltig ansteigt, *»wenn wir ein uns wichtiges persönliches Anliegen verfolgen, das wir für sinnvoll, umsetzbar und nicht übermäßig belastend halten«*[103]. Dies, obwohl die Free-Trait-Theorie Shakespeares oft zitiertem Rat *»Dies vor allem: Sei dir selber treu«* scheinbar zuwiderlaufe und sich viele Menschen unwohl fühlen bei der Vorstellung, sich eine »falsche« Person zuzulegen – sei es auch nur für kurze Zeit. Das Geniale an Littles Theorie ist laut Cain, *»wie elegant sie dieses Unbehagen löst: Ja, wir tun nur so, als seien wir Extravertierte, und ja, ein solch unechtes Verhalten kann moralisch zweischneidig (wenn nicht gar aufreibend) sein. Aber wenn es im Dienste der Liebe oder einer Berufung steht, dann tun wir genau das, was Shakespeare uns riet.«*[104]

So tun, als ob, oder anders gesagt sich als Introvertierte/-r in gewissen Situationen pseudoextrovertiert zu verhalten, kann durchaus sinnvoll sein, sofern es im Dienste einer höheren Sache ist und wir anschließend wieder zu unserem wahren Selbst zurückkehren können. Schwierig wird es dann, wenn wir allein aufgrund des pseudoextrovertierten Verhaltens erfolgreich sind in einem Beruf oder einer Aufgabe, ohne dass wir ein Herzensanliegen damit verbinden. Dann wird die Rechnung früher oder später nicht mehr aufgehen.

Die Bedeutung von Regenerationsnischen

Der Haken dabei ist: So tun, als ob, ist anstrengend! Wenn wir über eine längere Zeitspanne untypisches Verhalten aufrechterhalten, werden wir sehr angespannt, was auf Kosten des Wohlbefindens und der Gesundheit gehen kann. Das verschweigt auch Little nicht. Und er weiß aus eigener Erfahrung, wovon er spricht. Der in Kanada aufgewachsene Wissenschaftler gilt als begnadeter Lehrer. Seine Vorlesungen an der Harvarduniversität waren legendär. Die Studenten liebten seine vor Energie sprühenden Auftritte und die Stunden endeten oft mit stehenden Ovationen. Professor Littles Studenten waren gewöhnlich völlig verblüfft, wenn er behauptete, er sei introvertiert. Und zwar nicht nur ein bisschen introvertiert, sondern extrem introvertiert. Mit einem Lebensstil, der an einen Einsiedler erinnert. Um seine Vorlesungen zu überstehen, musste er sich in den Pausen auf die Toilette zurückziehen. Als Konsequenz davon, dass er zu lange gegen seine Natur und ohne genügend Regenerationsnischen gelebt hatte, wurde Brian Little allerdings später ernsthaft krank.

Selbst wenn Sie Ihr persönliches Herzensanliegen gefunden haben und sich mit aller Kraft dafür einsetzen, sollten Sie daher nicht zu sehr oder zu lange gegen Ihre Natur agieren. Um negativen Folgen vorzubeugen, ist es von größter Bedeutung, dass Sie sich bewusst Regenerationsnischen schaffen. Unter »Regenerationsnischen« versteht Little Räume, in die Sie sich begeben, wenn Sie zu Ihrem wahren Selbst zurückkehren wollen.[105] Es geht dabei um Orte und Situationen, in denen Sie sich nicht verstellen müssen, sondern so sein können, wie Sie wirklich sind. Das kann ein physischer Ort – irgendwo draußen in der Natur – oder ein Zeitfenster sein, in dem Sie sich Ruhepausen zwischen Gesprächen mit Kunden, Klienten oder Schülern einplanen. Es kann bedeuten, die Tür zu Ihrem privaten Büro für eine Weile zu schließen. Oder auf dem Weg ins Büro die Treppe zu nehmen, um dem Small Talk im Fahrstuhl auszuweichen. Während einer Konferenz oder einer Sitzung können Sie für eine Regenerationsnische sorgen, indem Sie sorgfältig darauf achten, wo Sie sich hinsetzen und wann und wie Sie sich beteiligen. Auch die Fahrt im Auto zur Arbeitsstelle oder die Rückfahrt nach Hause können auf vielerlei Weise als Regenerationsnischen genutzt werden.

Bei Introvertierten geht es also im Kern um die Frage: Habe ich in diesem Job die Möglichkeit, Zeit mit Tätigkeiten zu verbringen, die meinem Naturell entsprechen (zum Beispiel Lesen, Strategien entwerfen, Schreiben, Recherchieren)? Werde ich einen privaten Arbeitsplatz haben oder bin ich den konstanten Herausforderungen eines Großraumbüros ausgesetzt?

Auch für Extrovertierte sind Regenerationsnischen übrigens elementar. Entsprechende Fragen könnten lauten: Beinhaltet die Arbeit genügend Raum für Begegnungen, Interaktionen, Austausch und Erlebnisse mit anderen Menschen? Ist der Arbeitsplatz stimulierend genug?

Introvertiertenfreundliche Arbeitsbedingungen schaffen

Unsere Berufswelt erscheint auf den ersten Blick wie ein Biotop für Extrovertierte: Konferenzen, gemeinsame Kaffee- und Mittagspausen, Thinktanks, Netzwerktreffen und After-Work-Partys. In Brainstormingrunden werden Ideen entwickelt, in Großraumbüros werden Mitarbeiter ermutigt, sich so aktiv wie möglich in die Arbeitsgemeinschaft einzubringen. Je besser die Socializing- und Selbstvermarktungsfähigkeiten, desto größer die Chancen, wahrgenommen und gefördert zu werden. Ein Albtraum für Introvertierte! Das Problem dabei ist nicht nur deren Wohlbefinden, sondern dass sie in einem kräftezehrenden Arbeitsumfeld nicht in der Lage sind, ihre beste Leistung abzurufen.

Vielfach werden Gemeinschaftsveranstaltungen auf lautstarken Wunsch der Extrovertierten ins Leben gerufen. Introvertierte schütteln irritiert den Kopf über eine weitere verbindliche Gemeinschaftsaktion. Introvertiertenfreundliche Arbeitsbedingungen zu schaffen bedeutet nicht, dass man die oben erwähnten Dinge alle unterlassen sollte, sondern lediglich, dass man das Wesen der Introvertierten in gleicher Weise respektiert und ihm entgegenkommen sollte wie demjenigen der Extrovertierten. Das könnte zum Beispiel bedeuten, dass Mitarbeiter die Wahl haben zwischen der Arbeit im offenen Großraumbüro oder einem etwas ruhigeren Arbeitsplatz, wo sie nicht dauernd unterbrochen werden. Eine große Entlastung für viele Introvertierte wäre auch, wenn einige Gemeinschaftsveranstaltungen optional statt verbindlich wären. Dann sollte man ihnen aber auch ohne Wenn und Aber zugestehen, auf gewisse Anlässe zu verzichten. Introvertierte haben keinen Grund, sich für ihre Andersartigkeit zu entschuldigen oder gar zu schämen!

Ein besonderer Segen für Introvertierte sind Homeoffices sowie der Zugang zum Weltwissen und zu sozialen Netzwerken via Mausklick. Ich schätze es ungemein (gerade auch im Familiensetting), dass ich die Freiheit habe, im Homeoffice zu arbeiten. Doch auch im Homeoffice kann es bei einer lebhaften Familie mitunter laut werden! Daher war es ein ganz besonderes Geschenk meines Ehemannes, dass er vor rund zwei Jahren darauf bestand, unser Dachgeschoss so ausbauen zu lassen, dass ich im Büro eine Lärmschutztür zuschließen kann. Das bedeutet sehr viel neue Lebensqualität für mich. Vor allem, wenn unsere Teenager beide in Höchstform sind und ich noch etwas in Ruhe erledigen sollte. Dann kann ich mich nun in mein stilles Refugium zurückziehen. In der Stille unseres Dachgeschosses kann ich mich mit meinen Fernstudierenden im virtuellen Klassenraum treffen und sie in ihrem Studium begleiten.

E-Mail und soziale Netzwerke bieten Introvertierten großartige Möglichkeiten der Vernetzung, die sie auf mündlicher Basis nie auf diese Weise bewältigen könnten. Und als Leiterin eines Fernstudiums kann ich einmal mehr bestätigen: Ja, Gemeinschaft und Beziehungspflege ist auch in der virtuellen Welt möglich! Auf eine sehr tiefgründige Art und Weise. Dies ersetzt nicht die persönliche Begegnung. Aber gerade Introvertierte wagen schriftlich oft mehr von sich preiszugeben, als dies mündlich je der Fall wäre.

Von der Ich- zur Wir-Arbeit

In den vergangenen Jahren war in der Berufswelt (wie im Schulsystem) laut Cain zu beobachten, dass ein neues Gruppendenken entsteht: »*Das neue Gruppendenken stellt die Teamarbeit über alles. Es beharrt darauf, dass Kreativität und intellektuelle Leistung eine Gemeinschaftsangelegenheit sind.*«[106] In Form einer »*Überdosis an kreativer Zusammenarbeit*«[107] hat sich die Ich- zur Wir-Arbeit verändert. Diese Entwicklung ist schwierig für Introvertierte. Gute Teamarbeit und Kommunikation sind zweifellos wichtig und notwendig. Aber es muss nicht alles in der Gruppe oder in einem Team erledigt werden. Introvertierte brauchen genügend Freiraum, etwas allein und selbstständig zu machen. Eine hilfreiche Lösung wäre, wenn es Teilnehmern eines Meetings freistünde, ob sie gewisse Fragen lieber im Gespräch mit anderen oder aber für sich allein bewegen möchten.

Eine weitere Herausforderung ist, dass das gesprochene Wort so zentral ist und Introvertierte oft so still sind. Dabei wären die Gedanken der tiefgründigen Denker äußerst wertvoll. Abgesehen davon, dass Introvertierte in größeren Gruppen von Natur aus zurückhaltender sind, brauchen sie einfach auch mehr Zeit, um über wichtige Fragen nachzudenken. Doch wie soll man auf Menschen hören, die sich kaum zu Wort melden? Brainstorming gilt als Allzweckmittel für kreative Einfälle. Doch für Introvertierte ist das Denken in der Gruppe eher hinderlich. Brainstorming in der Gruppe berücksichtigt auch nicht, dass es unterschiedliche Charaktere gibt. Zudem liegt Schreiben vielen Introvertierten eindeutig besser als Reden. Wieso also das Brainstorming nicht einmal durch ein *Brainwriting* (»Schreibdenken«) ersetzen? Dieses wird heute vermehrt in unterschiedlichen Varianten eingesetzt. Es kann in Papierform oder auch durch den Einsatz von Laptops geschehen, die miteinander vernetzt sind. So kann jeder sein eigenes Tempo fahren und kriegt trotzdem mit, was andere zu einem bestimmten Thema meinen.

Willkommen im »Zeitalter der Zurückhaltenden«

Deutschlands bekannter Karrierecoach Martin Wehrle stellt in seinem jüngsten Bestseller (*Der Klügere denkt nach*, 2017) die gewagte These auf, dass das Zeitalter der Zurückhaltenden begonnen hat. Seiner Wahrnehmung nach findet ein Umdenken statt: »*Die Blütezeit der Schneller-höher-weiter-Mentalität, die Ära der polternden Gipfelstürmer, klingt langsam aus. Gefragt ist eine neue Nachhaltigkeit [...].*«[108] Viele Menschen fragen nun beispielsweise: Tue ich im Leben etwas Sinnvolles für mich und andere? Oder: Gehe ich vernünftig mit meiner Gesundheit und meinen Ressourcen um? Vor zehn Jahren lautete die häufigste Frage in Wehrles Karriereberatung: »Wie komme ich schnell nach oben?« Heute wollen immer mehr Menschen aus Berufs- und Privatleben ein stimmiges

Gesamtpaket schnüren. »*Nicht das höchste Gehalt zählt, nicht die höchste Position, sondern die höchste Erfüllung*«[109], beschreibt Wehrle die Beobachtungen der vergangenen fünfzehn Jahre als Coach. Mit folgenden Worten appelliert er an seine introvertierten Leser: »*Helfen Sie mit, den Weg zu ebnen von der Schwatzhaftigkeit zur Ernsthaftigkeit [...]. Tragen Sie Ihren Teil dazu bei, die Allmacht der Schwätzer zu brechen. Spielen Sie Ihre Qualitäten aus, Ihre Nachdenklichkeit, Ihre Beharrlichkeit, Ihren Tiefgang, Ihre Fachkompetenz und Ihre Sensibilität.*«[110] In der heutigen Zeit sind zunehmend Menschen gefragt, die vordenken, statt nachzuplappern, und zuhören, statt andere schwindlig zu reden. Menschen, die Ideale verfolgen, Zusammenhänge erkennen und sich von ihren Überzeugungen leiten lassen. Menschen, die sich an ein Wort, das Sie heute geben, morgen noch gebunden fühlen.

Impulse zum Weiterdenken

- Überlegen Sie, bei welcher Ihrer Aktivitäten Ihnen das Herz auf besondere Weise aufgeht. Sehen Sie eine Möglichkeit, auch beruflich einen Schwerpunkt für diese Aktivität zu setzen? Wie könnte ein Weg in diese Richtung aussehen? Vergessen Sie nicht: Ohne mutige Schritte werden Sie Ihrem Ziel nicht näherkommen!

- Wie steht es um Ihre Energiebalance? Ist sie ausgeglichen oder in Schieflage? Welche beruflichen Regenerationsnischen sind wichtig für Sie? Wo sehen Sie Möglichkeiten, Regenerationsnischen gezielter in Ihren Berufsalltag einzubauen?

- Wagen Sie es, das Gespräch mit Ihrem Arbeitgeber und/oder Ihren Mitarbeitern zu suchen und nach Wegen Ausschau zu halten, wie Ihre Introvertiertheit zu einer Bereicherung (und nicht zu einem Problem) für den Betrieb, die Firma, das Arbeitsteam etc. wird.

Introvertiert in Freundschaften und in der Liebe

Wo wir unseren Platz auf dem
Spektrum der Extra- und Introversion finden [...],
beeinflusst, welche Freunde und Partner wir wählen,
wie wir miteinander reden,
wie wir Konflikte lösen und Liebe ausdrücken.

Susan Cain[111]

Introvertiert in Freundschaften

Im November 2015 war ich zu einem Frauentreffen eingeladen, um über die Wichtigkeit von Frauenfreundschaften zu sprechen. Ein Referat, das mich sehr herausforderte, da ich mich nicht sonderlich kompetent dafür fühlte. Trotzdem beschloss ich im Anschluss daran, das Thema auf meiner Liste für Referate, die ich anbiete, zu ergänzen. Bei jeder Überarbeitung der Liste stellte ich mir allerdings die Frage, ob ich das Thema vielleicht nicht doch besser streichen sollte. Auch mein Ehemann war der Ansicht, dass es nicht wirklich zu mir passt.

Die Überlegungen wurden hinfällig, als ich einige Monate später eine weitere Anfrage zu ebendiesem Thema erhielt. Da es ja auf meiner Liste war, konnte ich nicht Nein dazu sagen. Und erneut forderte mich das Thema sehr heraus. Ich entschied mich, den Frauen gegenüber ganz ehrlich zu sein. Dass ich über Frauenfreundschaften spräche, gestand ich ihnen, sei eigentlich eine Ironie. Ich selber sei im Grunde genommen gar kein Gemeinschaftsmensch, sondern lieber allein. Und ich hatte den dringenden Verdacht, dass etliche Frauen erst gar nicht zu der Veranstaltung erschienen, weil sie ähnlich empfinden wie ich im Blick auf eine Freundschaft. Etliche Anwesende empfanden meine Gedanken zu Frauenfreundschaften entlastend.

»Wie tief ist der Ozean, wie weit das Firmament?«
Diese Frage stellte Marti Olsen Laney, Psychologin und Expertin für Introversion, in ihrem Buch,[112] zehn Jahre bevor Cains Bestseller erschien. Neben der Energiequelle und dem unterschiedlichen Umgang mit Stimulation nennt Laney als dritten wesentlichen Unterschied zwischen Extros und Intros das *»Konzept von Weite und Tiefe«*[113]. Ihr Vergleich passt wunderbar zum Bild des Ozeans. Sie erklärt: *»Im Großen und Ganzen schätzen extrovertierte Menschen die Weite: zahlreiche Freunde haben, vielfältige Erfahrungen machen, ein bisschen über alles Bescheid wissen, Generalist sein. Was sie aus der äußeren Umgebung aufnehmen, entfaltet sich normalerweise nicht in ihrem Inneren, da sie schon auf das nächste Erlebnis aus sind.«*[114] Ganz anders die Introvertierten: Laut Laney schätzen jene die Tiefe:

> Sie begrenzen ihre Erfahrungen, erleben aber jede einzelne intensiv. Häufig haben sie weniger Freunde, mit denen sie jedoch sehr vertraut sind. Sie tauchen gerne tief in ein Thema ein nach dem Motto: Weniger ist mehr. […] Ihr Verstand nimmt Informationen aus der äußeren Umgebung wahr, reflektiert sie und bringt sie zur Entfal-

tung. Und noch lange, nachdem sie eine Information aufgenommen haben, kauen sie darauf herum und zerlegen sie.[115]

Während meine extrovertierte Tochter so viele Freunde hat, dass ich es kaum schaffe, mir all ihre Namen zu merken, kann ich meine Freunde bis heute problemlos an zwei Händen abzählen. Vielleicht ist Freundschaft aber auch eine Frage der Definition. Bei Extrovertierten fällt mir auf, dass sie viel eher lose Bekannte als ihre Freunde bezeichnen, als Introvertierte dies je tun würden. Intros tendieren dazu, nur tiefe und bedeutende Beziehungen als Freundschaften anzusehen. Alles andere sind Bekanntschaften. Das Wort »Freund/-in« hat für sie demnach eine viel tiefere Bedeutung als für viele Extrovertierte. Bei Intros geht die Qualität vor Quantität. Es kommt ihnen weniger auf die Menge der Freundschaften an als auf die Tiefe. Es reicht ihnen völlig, ein paar wenige Freunde zu haben, in deren Gegenwart sie sich wohlfühlen.

Wie ich bereits rückblickend auf meine Kindheit und Jugendzeit erwähnt habe, waren Freundinnen für mich zentral. Und ich hatte das Vorrecht, dass Gott mir stets eine treue »Schulabschnittsfreundin« zur Seite stellte, die mir die Schulzeit wesentlich leichter machte. Mit einer Freundin an meiner Seite fühlte ich mich sehr viel stärker und mutiger als allein. Es reduzierte meinen inneren Stress bei sozialen Interaktionen und machte mich entspannter. Im Gegensatz zu meiner introvertierten Schwester, der es nichts ausmachte, eine Außenseiterin zu sein, war diese Vorstellung schrecklich für mich. Als Außenseiterin fiel man doch erst recht auf! Eine Freundin zu haben, der ich mich anschließen konnte – das galt in besonderer Weise auch für meine Schwester –, gab mir das Gefühl dazuzugehören und ich fühlte mich nicht ganz so verloren in dieser Welt. Gerade weil ich mich oft so anders fühlte, war es mir ein unglaubliches Bedürfnis, von anderen akzeptiert zu sein, und es war mir sehr wichtig, was andere über mich dachten und sagten.

Freunde sind wichtig!

Was Extrovertierten längst klar ist, müssen Introvertierte erst verinnerlichen. Nämlich, dass es wichtig ist, Freunde zu haben! Allerdings geht das, was ich (als Introvertierte) unter Freundschaft verstehe, weit über gemeinsames Kaffeetrinken oder Shoppen hinaus. Man könnte Freundschaft, wie ich sie verstehe, auch als *Zweierschaft* bezeichnen. Zweierschaft gibt der Freundschaft eine klare Ausrichtung und fragt danach, wie der andere noch besser unterstützt, ermutigt oder gefördert werden kann. Zweierschaft trägt Verbindlichkeitscharakter. Der jüdische Gelehrte Martin Buber prägte den Satz »*Ich werde am Du!*«. Damit betonte er, wie wichtig Beziehungen in unserem Leben sind. Auch verschiedene Bibelverse verdeutlichen die Bedeutung, die Freundschaften auf unser Leben und unsere persönliche Entwicklung haben.

Das Prinzip der Zweierschaft begegnet uns beispielsweise, als Jesus seine Jünger immer zu zweit aussandte (vgl. Lukas 10,1). Oder es heißt auch: *Zwei haben es besser als einer allein, denn zusammen können sie mehr erreichen. Stürzt einer von ihnen, dann hilft der andere ihm wieder auf die Beine. [...] Wenn zwei in der Kälte zusammenliegen, wärmt einer den anderen, doch wie soll einer allein warm werden? Einer kann leicht überwältigt werden, doch zwei sind dem Angriff gewachsen* (Prediger 4,9-12a; Hfa). Zwei sind sogar um ein Vielfaches stärker! In 5. Mose 32,30 ist davon die Rede, dass einer Eintausend in die Flucht treibt, zwei hingegen Zehntausend!

Zwei meiner Lieblingsverse stehen in den Sprüchen: *Wie sich im Wasser das Angesicht spiegelt, so ein Mensch im Herzen des andern*

(Sprüche 27,19; LUT). Mit anderen Worten: Manchmal brauchen wir einen anderen Menschen, um uns selber zu erkennen. Andere Menschen können zu Spiegeln für uns selber werden. Wir brauchen ein Gegenüber, um an uns zu arbeiten und in unserer Persönlichkeit zu wachsen. Genau darum geht es schon zwei Verse vorher im selben Kapitel: *Wie man Eisen durch Eisen schleift, so schleift ein Mensch den Charakter eines anderen* (Sprüche 27,17; Hfa). Andere Menschen – insbesondere auch Freunde, denen wir uns anvertrauen – sind eine Chance, dass wir uns in unserer Persönlichkeit und in unserem Charakter verändern. Aber auch wir selber können mit Gottes Hilfe dazu beitragen, dass sich andere Menschen zum Guten verändern.

Zweierschaft ist ein göttliches Prinzip, das zum Ziel hat, dass wir uns weiterentwickeln und zum Positiven verändern. Und genau deshalb ist es auch für Introvertierte von größter Bedeutung, dass sie sich von Zeit zu Zeit an die Wasseroberfläche wagen, um mit Freunden zusammen zu sein.

Freundschaftstipps für Intros

- **Wagen Sie einen Anfang.** Nachdem ich in einer Freundschaft tief verletzt worden war, schwor ich mir, niemanden mehr an mich heranzulassen. Doch im Laufe der Jahre wurde die Einsamkeit in mir so groß, dass ich fast den Boden unter den Füßen verlor. Genau in jener Zeit sollten wir uns während einer Predigerfrauenfreizeit nach einem Referat zu zweit über eine Frage zum Referat austauschen. Meine Sitznachbarin, die ich sehr mochte, versuchte angestrengt, ein Gespräch in Gang zu bringen. Ich rang innerlich mit mir. Statt in das Gespräch einzusteigen, begann ich zu weinen und sagte zu ihr: »Weißt du, ich fühle mich so einsam und wünsche mir so sehr eine

Freundin. Könntest du dir vorstellen, meine Freundin zu werden?« Nie werde ich ihre Reaktion vergessen: Sie starrte mich mit großen Augen ungläubig an und sagte: »Debby, das hätte ich nie und nimmer von dir gedacht... Ich war mir sicher, dass du jede Menge Freundinnen hast!« Es war der Beginn einer Freundschaft, die ich seit vielen Jahren nicht mehr missen möchte. Freundschaften entstehen nicht einfach so. Manchmal braucht es einen mutigen Anfang. Es muss ja nicht gleich die Entscheidung sein, ab heute beste Freundinnen zu sein. Freundschaft braucht Zeit. Aber vielleicht kann man sich zu einem gemeinsamen Kaffee verabreden, mit dem Ziel, sich besser kennenzulernen.

- **Investieren Sie in Freundschaften.** Freundschaften erhalten sich nicht von selbst. Erst recht nicht, wenn man introvertiert ist. In diesem Fall erfordert es gezielten Aufwand. Das Auftauchen über der Wasseroberfläche muss geplant werden! Nehmen Sie sich Zeit für Ihre Freunde. Das muss ich mir bis heute auch immer wieder neu hinter die Ohren schreiben. Denn wenn ich intensiv in meiner Innenwelt beschäftigt bin (zum Beispiel mit einem Buchprojekt), kostet mich das »Auftauchen« doppelt so viel Kraft, und ich überlege mir zweimal, ob ich es schaffe oder nicht. Aber wenn mir Freundschaften wichtig sind, muss ich auch bereit sein, etwas dafür zu investieren.

- **Schenken Sie ein Stück von sich selbst!** Selbst wenn »echte« U-Boote auftauchen, sind sie nach außen noch hermetisch abgeschlossen. Eine Eigenschaft, die auch vielen Introvertierten eigen ist. Introvertierte können auftauchen, sich mit jemandem unterhalten und eigentlich doch nichts sagen, weil sie innerlich sehr sorgfältig abwägen, wie viel sie (und ob sie überhaupt etwas) von sich preisgeben wollen. Aber eine Freundschaft gedeiht eben gerade auf dem Boden der Offenheit und Ehrlichkeit. Riskieren Sie es, sich zu öffnen und sich dadurch verletzlich zu machen! Sprechen Sie über Ihre Gefühle und teilen Sie Ihre Gedanken. Eine Freundin oder ein Freund hat sonst keine Chance, richtig zu reagieren oder richtig zu handeln, wenn Sie ihr/ihm keinen Blick in Ihr Herz ermöglichen.

- **Seien Sie bereit zu vergeben.** Überall, wo Menschen miteinander unterwegs sind, gibt es Verletzungen. Bei Introvertierten (und erst recht bei hochsensiblen Introvertierten) braucht es manchmal sehr wenig, bis sie sich verletzt fühlen. Sind Sie bereit, Ihrem Freund/Ihrer Freundin zu vergeben, wenn Sie durch sein/ihr Verhalten verletzt wurden? Unversöhnlichkeit und nachtragendes Verhalten gehören vermutlich zu den größten Beziehungskillern überhaupt. Sind Sie bereit, Ihren Stolz loszulassen und nachzugeben, auch wenn Sie sich im Recht fühlen?

- **Entdecken Sie die Kraft gegenseitiger Förderung.** Freundschaft bedeutet aber auch, sich selber und Freunde in ihrem Potenzial zu fördern. Lernen Sie sich schätzen, mit Fehlern und Schwächen des anderen barmherzig umzugehen und gemeinsam zu entdecken, was Gott mit Ihrem Leben vorhat. Es bedeutet, sich gegenseitig herauszufordern, etwas zu wagen, mutige Schritte zu gehen und sich nicht mit dem Status quo zufriedenzugeben. Indem wir das tun, entdecken wir die Kraft der gegenseitigen Förderung. Gleichzeitig können wir uns gegenseitig auf die Beine helfen, wenn eine/-r von beiden in einer Krise steckt, und müssen uns nicht beide gemeinsam im Selbstmitleid suhlen. In diesem Zusammenhang berührt mich folgende Definition von Freundschaft ganz besonders: »*Ein Freund/eine Freundin ist ein Mensch, der die Melodie deines Herzens kennt und sie dir vorspielt, wenn du sie vergessen hast.*«

- **Arbeiten Sie an Ihrem Charakter.** Wenn Sie Ihrer Freundschaft etwas Gutes tun wollen, dann arbeiten Sie intensiv an sich selbst. Nicht, indem Sie krampfhaft versuchen, aus eigener Kraft anders zu werden, sondern indem Sie eine enge Beziehung mit Jesus pflegen und Schritt um Schritt umsetzen, was er Ihnen zeigt (durch sein Wort, in der Stille, durch andere Menschen etc.). Unreife Persönlichkeiten haben es schwer, erfüllende Freundschaften zu leben, weil sie persönliche Defizite gemeinhin auf das Gegenüber projizieren. Persönliche Reife macht es möglich, die Andersartigkeit des Gegenübers anzunehmen, Unstimmigkeiten zu klären und Dinge offen beim Namen zu nennen.

Tipps für extrovertierte Freunde von Intros

Aller Wahrscheinlichkeit nach ist Ihnen bereits bewusst geworden, dass eine Freundschaft mit einer introvertierten Person (auch wenn Ihnen bis jetzt vielleicht gar nicht bewusst war, woran es genau liegt) nicht ganz einfach ist. Ich kann Ihnen versichern: Umgekehrt ist das Empfinden genauso! Introvertierte mögen auf ihre extrovertierten Freunde zuweilen kompliziert, umständlich und vielleicht auch schwer fassbar wirken. Aber wenn es Ihnen gelingt, sie so zu schätzen und anzunehmen, wie sie sind, und sie hin und wieder aus der Reserve zu locken, dann werden Sie plötzlich verwundert feststellen, wie Introvertierte aus sich herausgehen können. Dieselben Menschen, die an einem Fest zurückhaltend und still in der Ecke eines Raums sitzen und unbehaglich das Treiben ringsum beobachten, erscheinen unter vier Augen wie verwandelt. Wenn sie sich wohlfühlen, können sie zu einem lustigen, unterhaltsamen und durchaus gesprächigen Gegenüber werden. Wenn Sie das erleben, dann wissen Sie, dass Sie einen Introvertierten fürs Leben gewonnen haben. Hierzu einige Insidertipps:

- **Haben Sie Verständnis und Geduld.** Auch wenn Intros Ihre Freundschaft schätzen und sie Ihnen sehr viel bedeuten, kann es sein, dass sie für längere Zeit – im wahrsten Sinne des Wortes – von der Bildfläche verschwinden. Sie tauchen Tage, Wochen, vielleicht sogar Monate in ihre Innenwelt ab, um Gedanken und Gefühle zu ordnen. Sie kämpfen Krisen durch und wälzen Sinnfragen. Im Gegensatz zu Extrovertierten tun sie das allein. Wenn sich also Treffen verzögern (meine Freundinnen könnten ein Lied davon singen), dann liegt es nicht etwa daran, dass die Arbeit oder anderes Ihrer introvertierten Freundin wichtiger wäre als Sie, sondern dass sie schlicht und einfach vom Leben überfordert ist und es im Moment nicht auf die Reihe kriegt aufzutauchen. Lassen Sie die Freundin/den Freund wissen, dass das für Sie in Ordnung ist und Sie an sie/ihn denken. Auch kleine Zeichen der Freundschaft (zum Beispiel eine Textnachricht, eine Karte, ein Blumengruß) freuen Intros sehr. Ironischerweise ziehen sich Intros gerne in die Einsamkeit zurück, aber trotzdem brauchen sie das Gefühl, nicht allein in dieser Welt und für andere von Bedeutung zu sein.
- **Bleiben Sie hartnäckig.** Bei allem Verständnis für ein distanziertes Verhalten ihrer introvertierten Freunde mache ich Ihnen Mut, hartnäckig zu bleiben! Introvertierte brauchen das. Je länger Introvertierte in ihrer Innenwelt verweilen, desto schwieriger wird es manchmal für sie, wieder aufzutauchen. Lassen Sie sie wissen, dass Sie an sie denken und dass Sie sie gerne wiedersehen würden. Erwarten Sie jedoch nicht von introvertierten Freunden, dass jene wegen Treffen oder Terminen auf Sie zukommen. Für viele ist das eher schwierig. Es mag sein, dass dies auf wundersame Weise vorkommen kann, dann werten Sie dies als ganz außerordentliche Freundschaftserklärung!

- **Machen Sie konkrete Vorschläge.** Eine ganz besondere Hilfe für Intros ist, wenn man ihnen konkrete Vorschläge macht. Ich bin bereits darauf eingegangen, dass sich Introvertierte sehr schwertun mit Entscheidungen. Fragen wie »Wann könnten wir uns wieder mal treffen?« oder »Was wollen wir zusammen unternehmen?« sind eine zusätzliche Hürde für introvertierte Freunde. Viel einfacher ist es, wenn Sie ihnen einen konkreten Vorschlag machen – für einen Termin, einen Ort, eine Veranstaltung, die Sie gerne gemeinsam besuchen möchten, und so weiter. Aber bitte mit zeitlichem Abstand, damit dem/der introvertierten Freund/-in genügend Zeit für die Entscheidung bleibt und er/sie sich nicht unter Druck gesetzt fühlt. Und respektieren Sie in Ihren Vorschlägen die introvertierte Art. Ein Gespräch in einer ruhigen, schönen Umgebung ist wesentlich einfacher für Intros als der Besuch einer Veranstaltung mit vielen Menschen.

- **Vermeiden Sie oberflächliche Themen.** Denken Sie daran, dass Intros in Gesprächen gerne in die Tiefe gehen. Das neuste Kochrezept, die Bestuhlung in der Kirche, der Umbau in der Nachbarschaft, das neue Haustier, der mühsame Mitarbeiter, die neusten Gerüchte in der Gemeinde – das alles darf erwähnt werden, sollte aber nicht den Kern des Gesprächs ausmachen. Sonst ist die Enttäuschung aufseiten der Intros vorprogrammiert. Intros sehnen sich nach Tiefe. Sie möchten mit Ihnen über Themen sprechen, die sie zutiefst bewegen. Über Ängste, die sie nachts wachhalten. Über Träume, die ihr Herz höher schlagen lassen. Über Sorgen und Verletzungen. Ihre Einsamkeit und Sehnsucht. Von solchen Gesprächen fühlen sich Intros beschenkt und die Zeit scheint sinnvoll genutzt. Daneben darf durchaus auch Raum für Humorvolles, Alltägliches und Sonstiges sein.

- **Rufen Sie nur in Notfällen an.** Oder: Kündigen Sie den Anruf vorher schriftlich an und erwähnen Sie dabei schon kurz, worüber Sie gerne sprechen möchten. Viele Introvertierte – ich zähle mich dazu – leiden an einer Telefonphobie. Offen gestanden verstehe ich die Zusammenhänge hier noch nicht ganz. Ich weiß einfach, dass es so ist und dass ich nicht allein damit bin. Von einer Introvertierten fand ich folgende amüsant-ernste Aussage im Internet: »*Wenn ich die Wahl hätte, von einem Feuer speienden Drachen gefressen zu werden oder zu telefonieren, würde ich mich mit großer Wahrscheinlichkeit für Erstgenanntes entscheiden.*«[116] Falls es also irgendwie möglich ist: Weichen Sie (zumindest bei stark introvertierten Freunden) bitte auf E-Mails, Textnachrichten oder ein geplantes Treffen aus.

- **Erzählen Sie.** Introvertierte Freunde sind wunderbare Zuhörer. Nutzen Sie die Chance, sich Dinge von der Seele zu reden, die Sie sonst niemandem erzählen würden. Bei Intros sind sie gut aufgehoben. Und sie werden es Ihnen danken, dass Sie ihnen auf diese Weise Ihr Vertrauen schenken. Sie sind gerne bereit, Sie zu ermutigen und mit ihnen darüber nachzudenken, worin gewisse Probleme wurzeln und wie man sie angehen könnte.

- **Schweigen Sie gemeinsam.** Introvertierte schweigen gerne. Ein Zeichen von tiefer Freundschaft ist, wenn man gemeinsam schweigen kann, ohne dass es unangenehm ist. Zusammen einen Moment genießen. Schweigend den inneren Stimmen lauschen. »*Es ist schön, mit jemandem schweigen zu können*«, schrieb Kurt Tucholsky, und ich bin ganz seiner Meinung.

Introvertiert in einer Liebesbeziehung

Liebesbeziehungen zwischen Intros und Extros sind eine Geschichte für sich. Dasselbe gilt für Liebesbeziehungen zwischen zwei Intros oder zwei Extros. Und es spielt auch eine Rolle, wer von beiden introvertiert oder extrovertiert ist – der Mann oder die Frau. Der amerikanische Bestsellerautor Michael Hyatt schrieb in einem Blog, er denke manchmal, dass Introvertierte und Extrovertierte von verschiedenen Planeten kämen, und er sei nicht allein mit dieser Ansicht.[117] In seinem Fall ist er introvertiert, während seine Frau Gail extrovertiert ist. Vor allem in den frühen Jahren ihrer Ehe sei diese Andersartigkeit Anlass für andauernde Spannungen gewesen. Seiner Meinung nach ist es ein Wunder, dass ihre Ehe dies überstanden hat und noch intakt ist. Sophia Dembling schließt ihr Kapitel über die Liebe zwischen Introvertierten und Extrovertierten mit den Worten: »*Die gute Nachricht ist, dass Ehen zwischen Introvertierten und Extrovertierten nicht unmöglich sind. Alles, was sie verlangen, sind Toleranz, Offenheit und einige Grundregeln.*«[118]

Aus dem Vorangehenden erübrigt sich von selbst, dass eine Ehe zwischen Intros und Extros etliche Herausforderungen mit sich bringt. Das haben auch mein extrovertierter Mann und ich erfahren, obwohl wir die Schwierigkeiten zu Beginn nicht mit diesen Begrifflichkeiten in Verbindung brachten. Vieles ist uns erst im Laufe der vergangenen zwanzig Ehejahre bewusst geworden.

Schwierige Anfänge

Vor allem die Anfänge waren schwierig. Insbesondere, weil ich so verwirrt über mich selber war. Als wir uns kennenlernten und verliebten, war ich knapp siebzehn und Rolf fünfundzwanzig Jahre alt. Rolf war mein erster fester Freund und das an sich war schon eine große Sache. Vor Treffen war ich immer unglaublich aufgeregt. Ich nahm mir viele Dinge vor, die ich mit ihm besprechen wollte. Doch dann erging es mir etwa so, wie es die amerikanische Schauspielerin Julia Quinn beschreibt: *»Tief im Inneren wusste sie, wer sie war, und dieser Mensch war klug und freundlich und oft sogar lustig. Aber irgendwie ging ihre Persönlichkeit immer verloren zwischen ihrem Herzen und ihrem Mund, und so sagte sie oft etwas Falsches oder noch öfter gar nichts.«*

Kaum waren wir zusammen, war ich wie erstarrt. Und die Dinge, die ich ansprechen wollte, gingen kaum über meine Lippen. Rolf bekam von diesem Ringen oft gar nicht viel mit, er war vielleicht höchstens erstaunt, wenn ich so ruhig war. Sobald unser Wiedersehen vorbei war, startete meine innere Verarbeitung. Ich begann zu schreiben. Bis tief in die Nacht. In zahllosen langen Briefen (in einer Zeit vor E-Mail, Handy & Co.) versuchte ich, Rolf nach unseren Treffen zu erklären, was ich eigentlich sagen wollte, wieso ich mich so seltsam verhalten hatte und so weiter. Im Grunde genommen war ich völlig überfordert mit mir selber. Ich verstand mich nicht und konnte nicht einordnen, was mit mir und meinen Gefühlen geschah.

Mit meinem heutigen Wissensstand kann ich vieles einordnen, was mir damals ein Rätsel war. Als stark introvertierte Person war ich einfach völlig überfordert mit diesem Moment des »Auftauchens« über der Wasseroberfläche. Die Welt in mir war so voll, so reich, aber irgendwie fand ich den Weg von »unten« nach »oben« nicht. Obwohl ich mir so unglaublich unbeholfen vorkam, spürte Rolf, dass da noch mehr ist. Auf meine Frage, was er spontan über mich gedacht hatte, als er mich kennenlernte, antwortete er: *»Eine spannende junge Frau. Eine tolle Ausstrahlung und da ist noch viel Potenzial verborgen. Eine spannende Persönlichkeit.«* Ich kann nicht genau nachvollziehen, was er da gesehen hat, weil ich mich so anders erlebte. Aber ich weiß heute aus seiner Arbeit als Coach, dass es zu seinen größten Stärken gehört, Potenzial zu erkennen, wo andere nichts sehen.

Wert-volle Ehen

Am Anfang unserer Freundschaftszeit stand eine verblüffend deutliche Bestätigung von Gott, dass wir zusammengehören. Auf diesem Fundament bauten wir unsere Beziehung auf. Auf dieses Fundament beriefen wir uns, wenn unsere Beziehung in den Stürmen des Lebens zu zerbrechen drohte. Gemeinsam starteten wir in das Abenteuer Ehe. Bis heute sind wir unterwegs und lernen ständig dazu. Vertrauensvoll haben wir gemeinsam mutige Glaubensschritte gewagt und in Zeiten der Entfremdung auf unsere Weise gelitten. Immer neu haben wir die Kraft der Vergebung erlebt und gelernt, aus der Gnade Gottes zu leben. Es ist für mich alles andere als selbstverständlich, dass wir heute in unserer Ehe an dem Punkt stehen, wo wir sind. Rückblickend auf zwanzig Jahre Ehe, halte ich folgende Werte für zentral:

Annahme. Unterschiedlichkeit bringt viele Spannungspunkte mit sich. Schnell neigt man dazu, den anderen verändern zu wollen. Den anderen in Liebe anzunehmen, bedeutet jedoch, ihn genauso zu lieben, wie er ist. Ohne Bedingungen und Änderungsanträge. Annahme bedeutet demzufolge auch, den anderen loszulassen, um ihn nicht zu verbiegen. Sich nicht aneinander aufzureiben, sondern sich gegenseitig leben zu lassen und schätzen zu lernen.

In unseren ersten Ehejahren hatte ich große Mühe mit der direkten Art meines Ehemannes. Nicht primär wegen mir. Sondern vielmehr dann wenn er andere – meiner Meinung nach – zu unsensibel mit Dingen konfrontierte. Ich spürte jeweils sofort, wenn Rolfs gute Absicht ihr Ziel verfehlt hatte, und fühlte mich dafür verantwortlich, die damit verbundenen Unstimmigkeiten wieder auszubügeln. Doch schließlich wurde mir glücklicherweise bewusst, dass dies ja gar nicht mein Problem ist! Und ich lernte auch, dankbar zu sein für Menschen wie Rolf. Gerade in christlichen Gemeinden braucht es Menschen, die den Mut haben, Dinge ehrlich anzusprechen.

Freiheit. Freiheit schenkt dem anderen Raum, seiner Art entsprechend zu leben. Sie schenkt Vertrauen und Verständnis. Auf der anderen Seite ist sie mit Eigenverantwortung verbunden. Wie fülle ich die Freiheit so, dass sie mir und meinem Partner zum Segen wird?

Kompromisse. Ohne Kompromisse ist jede Ehe – und ganz besonders eine Intro-Extro-Ehe – zum Scheitern verurteilt. Es ist ein gegenseitiges Geben und Nehmen. Etwas weiter vorne habe ich die Free-Trait-Theorie von Brian Little vorgestellt. Den Schlussstein dieser Theorie bildet das *Free-Trait-Abkommen*[119]. Hier geht es darum, zeitweise gegen unser Naturell zu handeln im Austausch dafür, dass wir die übrige Zeit wir selbst sein dürfen. Im offenen Gespräch entwickeln sich vielleicht ungewohnte Lösungen. Zum Beispiel, dass der extrovertierte Partner zunächst allein zu einem Fest erscheint und der introvertierte Partner später nachkommt und früher wieder geht. Oder dass man an einem Wochenende zunächst eine gemeinsame Aktivität macht, die vom extrovertierten Partner gewünscht ist, um dann die restliche Zeit den jeweiligen Bedürfnissen entsprechend zu gestalten.

Unterstützung. Ehe bedeutet, einander Stütze zu sein. Sich gegenseitig zu ermutigen, zu tragen, sich an Stärken des anderen zu freuen und seine Schwächen auszugleichen. Es bedeutet, gemeinsam zu träumen und sich zusammen auf einen Weg der Umsetzung zu wagen.

Wir wären heute beide nicht an dem Punkt in unserem Leben, wenn wir diese gegenseitige Unterstützung nicht gehabt hätten. Ich bin von Herzen dankbar, dass mich Rolf seit Jahren auf meinem Berufungsweg unterstützt. Ein Projekt wie die Doktorarbeit wäre nie machbar gewesen ohne seine Unterstützung. Im Endspurt durfte ich mich fast jedes zweite Wochenende zurückziehen, um intensiv zu schreiben, während er zu Hause alles regelte. Ich bin dankbar für viele große und kleine Dinge, durch die Rolf mir seine Unterstützung zeigt. Indem er viele Hausarbeiten oder Telefonanrufe für mich übernimmt. Aber auch, wenn ich mich ihm einfach schweigend anschließen darf, wenn wir Menschen begegnen. Mit ihm an meiner Seite kann ich entspannt sein, weil er stets für Unterhaltung sorgt. Wenn er in meiner Nähe ist, fühle ich mich sehr viel stärker und sicherer, als wenn ich allein unter vielen Menschen bin. Aber auch, dass er mir Schreibzeiten ermöglicht und mich immer wieder neu ermutigt, wenn ich aufgeben will.

Heute sehen wir unsere Unterschiedlichkeit mehrheitlich als Stärke. Es bereichert unsere Ehe, dass wir die Dinge aus zwei völlig verschiedenen Perspektiven sehen. Meine Introversion gibt unserer Ehe Tiefe. Rolfs Extroversion sorgt dafür, dass wir in Bewegung bleiben und uns nicht nur um uns selber drehen.

Impulse zum Weiterdenken

- Wie sieht Ihre aktuelle »Freundschaftsbilanz« aus? Leben Sie tiefe Freundschaften (oder zumindest *eine* tiefe Freundschaft)? Falls nicht, was hindert Sie daran? Gibt es eine Person, mit der Sie sich eine verbindliche Freundschaft (Zweierschaft) vorstellen könnten? Welcher Schritt von Ihrer Seite her könnte entscheidend dafür sein, damit diese Freundschaft konkret(er) wird?

- Wählen Sie aus den obigen Tipps (entweder aus den Freundschaftstipps für Intros oder den Tipps für extrovertierte Freunde von Intros) einen Punkt aus, den Sie noch in dieser Woche in die Tat umsetzen.

- Für Verheiratete: Denken Sie gemeinsam darüber nach, wie Ihre Ehe beschaffen ist (welche Kombination findet sich in Ihrer Ehe: Extro/Extro, Intro/Intro oder Extro/Intro?) und wie sich diese Beschaffenheit auf Ihr Miteinander auswirkt. Jede Kombination hat besondere Stärken und besondere Herausforderungen. Lernen Sie sich gegenseitig besser kennen, damit Ihre Ehe an Qualität gewinnt.

Introvertiert in der Familie (als introvertierte/-r Mutter/Vater)

> Wenn wir uns beide entgegenkommen,
> uns Mühe geben und Rücksicht aufeinander nehmen,
> spielt es am Ende des Tages keine große Rolle,
> ob wir introvertiert oder extrovertiert sind.
>
> *Dina Sommer*

Was ist das Ergebnis, wenn sich ein stark Extrovertierter und eine stark Introvertierte durch eine Heirat verbinden und gemeinsam zwei Kinder zeugen? In unserem Fall lautet die Antwort: ein introvertierter Sohn (mit zentrovertierten Anteilen) und eine extrovertierte Tochter. Zu viert decken wir als Familie auf dem Intro-Extro-Spektrum eine beachtliche Bandbreite ab. Wir Eltern markieren Extreme, während die Ausprägung bei unseren Kindern gemäßigter ist. Ein fantastisches und schwieriges Übungs- und Forschungsfeld in den eigenen vier Wänden! Mittlerweile – im Juli 2017 – sind unsere Kinder bereits fünfzehn und siebzehn Jahre alt. Daher wollte ich sie selbst zu Wort kommen lassen, indem ich sie bat, kurz zu beschreiben, wie es ihnen als Kinder einer introvertierten Mutter so geht.

Ruben (siebzehn, introvertiert): »Wir haben Gemeinschaft in der Einsamkeit!«

Würde man mich fragen, wer meine wichtigste Ansprechperson ist, dann würde ich sagen, definitiv meine Mutter. Ich merkte schon früh, dass ich anders bin als andere Menschen. Ich bin sehr oft emotional, ängstlich und fühle mich einsam. Oft fühle ich mich von meinen Mitmenschen missverstanden oder als Randgestalt in der Gesellschaft. Nur ein Mensch hat mich immer verstanden; ein Mensch wusste immer, wie es mir geht; ein Mensch half mir zu verstehen, wie ich bin, und zeigte mir einen Weg, wie ich mit meinem speziellen Charakter umgehen kann: meine Mutter. Wir sind uns so ähnlich, dass ich manchmal denke, ich wäre eine Minikopie meiner Mutter. Wie also erlebe ich eine Mutter, die mir in vielen Lebenssituationen einen Spiegel vorhält? Nun, für mich ist es weniger ein Erleben als ein Leben-Teilen. Durch unsere Ähnlichkeit haben wir eine ganz besondere Beziehung zueinander.

Seit ich denken kann, arbeitet meine Mutter. Ihre Veranlagung und Begabungen haben nie wirklich zur Rolle der Hausfrau gepasst, in die sie durch uns Kinder gedrängt wurde. Während andere Fami-

lienmitglieder oft nur das Negative gesehen haben (zum Beispiel, was nicht erledigt war oder was nicht geklappt hat), habe ich gesehen, wie viel Mühe sich meine Mutter gegeben hat. Sie hat immer versucht, ihr Bestes für die Familie zu geben. Manchmal war das viel, manchmal wenig. Wenn ich heute speziell auf die Jahre der Doktorarbeit zurückblicke, frage ich mich, wie meine Mutter die Kraft aufbringen konnte, diese Arbeit zu schreiben und nebenbei noch so gut wie möglich den Hausfrauenjob und unzählige andere Aufgaben zu erfüllen. Heute kann ich nachvollziehen, wie sehr sie diese Zeit in Anspruch genommen hat. Sie war und ist mir seit jeher ein Vorbild.

Als Introvertierter zu leben, ist nicht einfach, man hat mit vielem zu kämpfen. Ohne sie würde ich, der mit den gleichen Problemen konfrontiert ist wie sie, in einer Welt voller unüberwindbarer Herausforderungen untergehen. Sie gibt mir Halt in einer Welt, die für mich manchmal schwer zu ertragen ist. Mit ihr kann ich über Dinge reden, die ich sonst niemandem anvertrauen will, die sonst niemand versteht, weil niemand nachvollziehen kann, warum mich das bedrückt oder wo das Problem liegt. Nur meine Mutter kann das. Wir können uns unsere Sorgen erzählen und leiden stumm mit dem anderen. Wir machen uns gegenseitig Mut und haben Gemeinschaft in der Einsamkeit.

Eine meiner schönsten Erinnerungen mit meiner Mutter ist unsere Reise nach London im Frühling 2017. In Ruhe tauschten wir uns über die Lasten introvertierter Menschen aus, fanden Verständnis und Geborgenheit im gemeinsamen Gespräch. Reisen mit unserer Familie sind oft anstrengend. Mein Vater und meine Schwester sorgen mit ihrer extrovertierten Art für viele strapazierte Nerven. Nicht aber, wenn ich allein mit meiner Mutter unterwegs bin. Reisen ist entspannt, ohne künstlichen Stress, einfach schön. So auch in London. Obwohl wir tagtäglich von Tausenden Menschen umgeben waren,

*konnte ich mit meiner Mutter in eine gemeinsame Welt eintauchen,
in der wir allein waren. Dazu brauchte es oft nicht einmal Worte.*

Ruben Sommer, im Juli 2017

Dina (fünfzehn, extrovertiert): »Ich liebe dich über alles, meine introvertierte Mama!«

*Ich wurde von meiner Mutter gefragt, ob ich ein paar Worte dazu
schreiben könnte, wie das Leben für mich als Tochter einer introvertierten Person ist. Zu Beginn ist mir das nie wirklich aufgefallen, denn
es war für mich normal, eine Mutter zu haben, die ungern das Haus
verließ. In der Kindergarten- und Grundschulzeit hatte ich meine
ersten Freundinnen. Erst dann fiel mir auf, dass nicht alle Mütter so
waren wie meine. Ab der Mittelstufenzeit wurde dies ein Problem für
mich, denn mir wurde bewusst, dass ich ganz anders bin als meine
Mutter. Ich wollte so viel wie möglich unternehmen, dauernd unterwegs sein und mit anderen Menschen Zeit verbringen. Ich hatte zu
dieser Zeit eine beste Freundin. Ihre Mutter war genau das Gegenteil
von meiner Mutter. Sie unternahmen viel und erlebten tolle Sachen
zusammen. Ich hatte das Glück, dass ich oft dabei sein und dadurch
viel erleben durfte. Ich bin der ganzen Familie bis heute sehr dankbar.
Ich hatte zu diesem Zeitpunkt eine zweite Familie/Mutter, die mir
gab, was bei meiner gefehlt hat. Ich bin dann oft nach Hause gekommen und habe mir gewünscht, dass ich denselben Ausflug nochmals
mit meiner Mutter erleben könnte. Doch je mehr ich in die Pubertät
kam, desto besser konnte ich mit unserer Unterschiedlichkeit umgehen – aus zwei Gründen:*

*Introvertiert zu sein, ist nicht gleich negativ. Ich habe angefangen,
auch positive Seiten kennenzulernen.*

In der Pubertät erlebte ich Phasen, in denen ich nicht mehr so vielen Menschen begegnen mochte, und ich fing an, meine Mutter ein wenig zu verstehen.

Heute habe ich nicht mehr so ein großes Problem damit. Trotzdem denke ich mir oftmals: »Mama, jetzt geh doch endlich mal aus dem Haus und unternimm etwas.« Den Satz »Ich will aber mit niemandem sprechen« kann ich manchmal nicht mehr hören. Mittlerweile erzählt sie mir viel öfter, wie es ihr geht, was mich sehr glücklich macht. Ich weiß, dass sich meine Mutter unendlich viel Mühe gibt und schon so viel an sich gearbeitet hat, und ich bin sehr stolz auf sie. Wenn wir uns beide entgegenkommen, uns Mühe geben und Rücksicht aufeinander nehmen, spielt es am Ende des Tages keine große Rolle, ob wir introvertiert oder extrovertiert sind.

Zum Schluss wollte ich dir sagen: Ich liebe dich über alles, meine introvertierte Mama!

Dina Sommer, im Juli 2017

Leiden an meiner Unzulänglichkeit

Es löst unterschiedliche Gefühle in mir aus, die Zeilen meiner Kinder zu lesen. Zunächst empfinde ich eine tiefe Dankbarkeit für Ruben und Dina. Ich bin überrascht, wie differenziert sie ihre Gedanken formulieren. Weiter erstaunt mich, dass sie so viel Nettes über mich schreiben! Es liegt ein langer und oft auch spannungsvoller Weg hinter uns als Familie.

Doch dann regt sich noch ein anderes Gefühl in mir: das altbekannte Empfinden der Unzulänglichkeit. Meine Tagebücher zeugen vom Ringen darum, dass ich unseren Kindern so gerne eine tolle Mutter wäre. Wobei ich »toll« mit einem Idealbild von

Mutterschaft fülle, dem ich gerne entsprechen würde, das ich aber selbst unter größter Anstrengung nie erreichen kann.

Bei Ruben möchte ich zaghaft zurückfragen: Arbeite ich denn tatsächlich immer? Fühlt ihr euch deswegen von mir vernachlässigt? Und: War es denn so offensichtlich, dass ich nicht die geborene Hausfrau bin? Bei Dina möchte ich mich verteidigen: Das klingt ja so, als ob wir als Familie nie etwas zusammen unternommen hätten. Dabei zeugen doch so viele Fotos von tollen Erlebnissen, Ausflügen, Familienurlauben und so weiter. So oft (zumindest für *mein* Empfinden) bin ich über meinen Schatten gesprungen, um dir ein Erlebnis zu ermöglichen. Zoobesuche, Reisen zu meiner Schwester nach Süditalien, ein Überraschungs-Shopping-Trip nach London und so weiter. Alles nur, um dir zu zeigen, wie wichtig du mir bist. So viel Mühe ich mir auch gegeben habe, ich habe immer wieder gespürt: Es reicht nicht!

Das Gefühl, den Kindern nicht geben zu können, was sie sich wünschen und zweifellos verdient hätten, ist belastend. Und führt in ein verzwicktes Spannungsfeld. Dass beide betonen, wie viel Mühe ich mir gebe, ist rührend. Aber es erinnert mich ein bisschen an eine Zeugnisnote in der Kochschule, als ich für meinen Fleiß eine bessere Note erhielt als für die effektive Leistung. Es ist eine sanfte Art, mit der zum Ausdruck gebracht wird: Alle Bemühungen können nicht darüber hinwegtäuschen, dass es bei der konkreten Umsetzung Mangel gibt. Und so etwas vertragen Perfektionisten nur schlecht! In keiner anderen Lebensaufgabe wurde ich bisher so schmerzlich mit meiner Unzulänglichkeit konfrontiert wie im Muttersein. Ich habe deswegen viele Tränen im Verborgenen vergossen.

Im Februar 2016 erinnerte ich mich anlässlich des sechzehnten Geburtstags von Ruben in einem Facebook-Post mit dem Titel ... *und plötzlich sind sie groß* an seine Geburt:

[…] Ein kleines Wunder, das unser Leben auf den Kopf stellte und uns ohne entsprechenden Leistungsnachweis auf die Abenteuerreise der Elternschaft schickte. Gut, dass wir damals nicht wussten, wie viel diese Reise von uns fordern würde. Wie oft sie uns schonungslos mit unseren eigenen Schwächen und Grenzen konfrontieren würde. Wie oft wir von uns selbst enttäuscht sein würden.

Doch in alldem wachte einer über uns, der uns dieses Wunder anvertraut und zugetraut hat. Daran habe ich mich geklammert in Momenten der Überforderung und Verzweiflung; in Momenten, in denen ich an meiner Unzulänglichkeit als Mutter schier zerbrach: dass einer da ist, der mir zugetraut hat, die Mutter meines Sohnes (und später auch meiner Tochter) zu sein. Und dass er die Macht hat, meine Schwächen und Grenzen auszugleichen.

Mutter – der beste Job der Welt?

Genau so ist es in verschiedenen Büchern und Artikeln zu lesen: Muttersein ist der beste Beruf der Welt! Doch was, wenn man den Eindruck hat, den Anforderungen für diesen Beruf nicht zu genügen? Es ist mir bewusst, dass viele – insbesondere in christlichen Kreisen – im Muttersein die eigentliche Erfüllung der Weiblichkeit und des weiblichen Auftrags sehen. Auch wenn ich selber Mutter bin, hatte ich schon immer Vorbehalte solchen Äußerungen gegenüber. Einige bringen unmissverständlich zum Ausdruck: Wenn du Mutter bist, solltest du dich nur auf diese eine Aufgabe konzentrieren und dies dafür richtig machen! Aber was ist denn mit Frauen, die Singles bleiben? Mit Frauen, die sich von Herzen Kinder wünschen, aber keine bekommen können? Sind sie deswegen zu einem unerfüllten Leben verurteilt? Diese Sicht entspricht nicht dem Gottesbild, das ich in der Bibel erkenne. In Psalm 127,3 lesen wir, dass Kinder eine Gabe Gottes sind und Fruchtbarkeit ein Geschenk ist. Also ganz offensichtlich ein Geschenk, das einige empfangen und andere nicht. Aber bei Gott gibt es auch andere Geschenke! Unfruchtbarkeit ist keine Strafe, sondern eine alternative Lebensführung, auf der Gottes Segen genauso liegt. Muttersein ist in meinen Augen kein Job, sondern eine Lebensaufgabe, die mir vom Schöpfer anvertraut ist und die ich nach bestem Wissen und Gewissen zu erfüllen habe.

Nach jahrelanger Erfahrung möchte ich an dieser Stelle ganz ehrlich zu Papier bringen: Muttersein ist für Introvertierte (und erst recht hochsensible Introvertierte) nicht nur eine Herausforderung, sondern oft auch eine Überforderung! Dasselbe gilt für introvertierte Väter! Letztere haben vielleicht je nach Beruf noch die Möglichkeit, im Beruf eine Art Rückzugsort zu finden vor dem familiären Chaos. Ein Vater schrieb mir, dass eine der größten Herausforderungen in seinem Alltag die Frage ist: »Wo finde ich zwanzig Minuten für mich allein?« Natürlich sind auch extrovertierte Eltern geschafft von dem Trubel, den ein Alltag mit Kindern mit sich bringt. Aber der entscheidende Unterschied liegt auch hier in der Energiequelle: Introvertierte schöpfen Energie aus dem Rückzug in die Stille, Extrovertierte aus dem Zusammensein mit anderen Menschen.

Eltern-U-Boote über der Wasseroberfläche

Auch hier ist das Bild des Ozeans hilfreich. Stellen Sie sich eine introvertierte Mutter oder einen introvertierten Vater vor, deren Wohlfühlbereich unter der Wasseroberfläche liegt. Doch nun tritt ein kleines, hilfloses Wesen in ihr Leben, das mit zunehmendem Alter eine wachsende Fülle von Verpflichtungen über der Wasseroberfläche mit sich bringt: Spaziergänge, Arzttermine, Spielplatzbegegnungen, Besuchstage, Elternabende, Elterngespräche, Einkäufe, Geburtstagspartys, Zeichnungsausstellungen, Musikkonzerte, Sportveranstaltungen, Kinderfeste, Weihnachtsaufführungen und so weiter. Vielleicht kommt noch ein zweites oder drittes kleines Wesen hinzu und die Aktivitäten über der Wasseroberfläche multiplizieren sich.

Selbst ein Spaziergang oder ein simpler Einkauf kann eine Herausforderung für eine introvertierte Person bedeuten. Beides bedeutet, dass die- oder derjenige über der Wasseroberfläche auftauchen muss, und das kostet entsprechende Energie. Während es bei einem Einkauf im Alleingang relativ gut gelingt, sich unbemerkt durchzuschlängeln und schnellstmöglich wieder den Rückzug anzutreten, fällt man mit einem kleinen Kind auf – spätestens dann, wenn es an der Kasse schreit.

Kinder sind ein Geschenk. Das ist auch Introvertierten bewusst und sie würden alles für ihre Kinder tun. Aber oft tun sie weit mehr, als es ihrer Natur entspricht. Die Folgen davon sind Erschöpfung und eine undefinierbare Unzufriedenheit. So habe ich es als junge Mutter erlebt, als ich meinen Empfindungen noch keine Begriffe (wie »introvertiert« oder »hochsensibel«) zuordnen konnte. Ich war mir selbst ein Rätsel. Heute weiß ich: Es ist nichts verkehrt an mir – ich bin lediglich introvertiert. Es gab keinen Grund, mich schuldig zu fühlen, wenn ich mir ab und zu eine Pause von meinen Kindern wünschte. Im Grunde genommen profitierten auch die Kinder von jeder Pause, die ich mir selber gönnte.

Zu den Überlebensstrategien einer Familie mit unterschiedlichen Charakteren gehört demnach – in den Worten von Sylvia

Löhken – eine »*gleichwertige Koexistenz*«[120]. Leben Sie in Ihrer Familie bewusst so, dass alle zu ihrem Recht kommen, und sorgen Sie dafür, dass die Bedürfnisse der Intros und Extros gleichermaßen berücksichtigt werden. Der Wunsch nach einem Mittagsschlaf ist genauso berechtigt wie die Lust darauf, mit Freunden einen Jahrmarkt zu besuchen.

Regenerationsnischen gesucht!

Im Jahr 1929 erschien ein Essay der britischen Schriftstellerin Virginia Woolf mit dem Titel *A Room of One's Own* (»Ein Zimmer für sich allein«). Darin beschrieb sie die Notwendigkeit, dass Frauen ein eigenes Zimmer hätten. Ein Zimmer, das ihnen erlaubt, das zu tun, was sie gern tun möchten. Das eigene Zimmer steht also als Metapher für Privatsphäre. Symbolisch für ein Refugium als lebensnotwendigen Rückzugsort, um Kräfte zu sammeln. Es bedeutet, eine Tür hinter sich schließen zu können und sich einfach auf sich konzentrieren zu dürfen. Auch Laurie Helgoe greift dieses Thema auf und schildert das Problem, dass viele von uns früher ihr eigenes Kinderzimmer hatten. Doch plötzlich ist man erwachsen, verheiratet, sind Kinder da und ehe man sich's versieht, teilt man sämtliche Räume mit der Familie und/oder dem Ehepartner.[121] Wo bleibt hier der erforderliche Rückzugsraum?

Introvertierte – ob Eltern oder nicht – brauchen zwingend (und nicht nur optional) den Rückzug in ihre Innenwelt, sie benötigen eine innere und räumliche Distanz, um ausgeglichen und gesund zu bleiben. Das Schlüsselwort lautet also auch hier: Regenerationsnischen. Und entscheidend ist dabei, dass man die Nischen, die man sich erkämpft, dann auch wirklich zur Regeneration nutzt!

(Dazu muss man sich selber gut kennen und wissen, bei welchem Verhalten oder welchen Tätigkeiten man sich wirklich erholt.)

Die Suche nach Erholungsräumen gestaltet sich für introvertierte Eltern allerdings ziemlich schwierig! Oft fordern Kinder so viel Aufmerksamkeit, dass es kaum möglich ist, in die Innenwelt abzutauchen. Wenn ich an die Jahre zurückdenke, in denen unsere beiden Kinder klein waren und wir uns parallel dazu als Ehepaar mit vollem Einsatz in eine christliche Gemeindeaufbauarbeit investierten, scheint es mir mehr als verständlich, dass ich oft an meine Grenzen kam. Ich bin Gott sehr dankbar, dass er mir dabei geholfen hat, Regenerationsnischen zu entdecken, die mir halfen, in meinem turbulenten Alltag als introvertierte Mutter, Ehefrau und Pastorenfrau zu bestehen. Sechs davon möchte ich etwas näher ausführen.

1. Nische: Großeltern. Meine Kinder durften mit dem unbezahlbaren Privileg liebevoller Großeltern aufwachsen. Diese waren zugleich eine der wichtigsten Regenerationsnischen für mich in der Kleinkindphase meiner Kinder. Mir ist durchaus bewusst: Nachdem man während der Schwangerschaftsmonate so eng mit seinem Kind verbunden war, ist es für eine Mutter nicht leicht, sich von seinem Kind zu trennen – und sei es nur für ein paar Stunden bei den Großeltern. Aber aus eigener Erfahrung möchte ich introvertierten Eltern Mut machen, so früh wie möglich damit zu beginnen, damit sich das Kleinkind schon früh an weitere Bezugspersonen gewöhnt. Wenn es sich von der räumlichen Distanz her irgendwie einrichten lässt, wäre eine gewisse Regelmäßigkeit ideal. In meinem Fall durften die Kinder in der Regel einen Tag in der Woche bei meinen Eltern verbringen. Das war mein »Arbeitstag«, der für mich aber zugleich auch ein Erholungstag war, weil ich mich ungestört meiner Arbeit widmen konnte.

Denjenigen Familien, die keine Großeltern mehr haben oder bei denen die Großeltern zu weit weg wohnen, möchte ich das Konzept der »Ersatz-Großeltern« ans Herz legen. Gibt es in Ihrem Bekanntenkreis eine Person, der Sie Ihre Kinder anvertrauen würden? Fragen kostet bekanntlich nichts und ich habe schon mehr als einmal gehört, dass die Freude auf beiden Seiten sehr groß war!

2. Nische: Schlaf. Ich musste auf die harte Tour lernen, wie wichtig diese Regenerationsnische ist (und ich lerne es immer noch). Die schlechte Nachricht für introvertierte Eltern ist: Kleine Kinder können sehr anstrengend sein. Die gute Nachricht für introvertierte Eltern ist: Kleine Kinder brauchen viel Schlaf. Selbst wenn Ihr Kind nicht zu den Durchschläfern, Nachmittagsschläfern oder sonstigen Schläfern gehört, irgendwann *muss* es schlafen.

Nach den ersten Wochen als junge Mutter begann ich zu ahnen, dass ich die Schlafpausen meines Kleinkindes idealerweise dazu nutzen sollte, selber etwas Schlaf und Erholung zu finden. Doch das ist leichter gesagt als getan. Als introvertierte Mutter genoss ich die Momente so sehr, wenn es plötzlich ruhig war und ich wieder einmal ungestört in meine Innenwelt abtauchen konnte, dass ich es viel zu schade fand, diese friedvolle Stille mit Schlaf zu »vergeuden«. Doch als die Kräfte nicht mehr ausreichten, war ich gezwungen, umzudenken.

Elternsein ist für alle anstrengend: Introvertierte, Zentrovertierte und Extrovertierte. Aber für Introvertierte fällt damit fast vollumfänglich der Rückzug weg, den sie so dringend brauchen. Das heißt, hier sind kreative Lösungen gefragt. (Umso mehr, wenn sich zu dem ersten Kleinkind noch ein zweites oder gar ein drittes gesellt.) Ein möglicher Weg ist zum Beispiel, dass man sich als Ehepartner abspricht und der Ehemann mithilft, dass die Frau eine möglichst ruhige Nacht mit viel Schlaf hat (Stillpausen ausgenom-

men). Vielleicht können Sie an einem Nachmittag auch eine Nach-
barin oder Freundin bitten, sich eine Weile um das Kind zu kümmern, damit Sie etwas schlafen können. Denn wenn Sie genügend
ausgeruht sind, können Sie die eine oder andere Schlafpause Ihres
Kindes vielleicht tatsächlich dazu nutzen, die Stille zu genießen und
Ihren introvertierten Akku mit einer Tätigkeit (Tagträumereien mit
eingeschlossen) aufzuladen, die Ihnen guttut. Doch bei allen Ideen,
wie Sie Ihren Akku aufladen könnten, sollten Sie nicht vergessen
(auch wenn es unspektakulär langweilig klingt): Sie brauchen ganz
dringend Schlaf! Ich kann Ihnen versichern: Früher als Ihnen lieb
ist, scheint es, als ob Ihre pubertierenden Kinder überhaupt keinen
Schlaf mehr brauchen. Dann beginnt ein neues Kapitel im Kampf
um diese Regenerationsnische.

3. Nische: Kinderbetreuungsangebote. Hiervon gibt es eine
ganze Menge. Introvertierte müssen sich allerdings oft überwinden,
davon Gebrauch zu machen, da es in der Regel auch mit einem
gewissen Aufwand verbunden ist. Aber Regenerationsnischen entstehen nicht einfach so. Man muss sie sich oft erkämpfen.

In Luzern gab es von Zeit zu Zeit ein fantastisches Kinderbetreu-
ungsangebot im Naturmuseum. Gegen ein kleines Entgelt erlebten
die Kinder unter der fachkundigen Führung einer Museumspädago-
gin einen kindergerechten und spannenden Museumsnachmittag.
Mein introvertierter Sohn war glücklich, weil seine Neugierde nach
Wissen befriedigt wurde, und meine extrovertierte Tochter, weil sie
Zeit mit anderen Kindern verbringen konnte. Und ich? Ich fühlte
mich wie eine Königin, nachdem ich die Kinder abgegeben und
einen ganzen Nachmittag einfach nur für mich zur Verfügung hatte.
Die Zeit verging wie im Flug. Manchmal setzte ich mich einfach
nur an den Vierwaldstättersee und ließ die Natur wohltuend auf
mich einwirken. Andere Male verschwand ich in der Buchhandlung

und kam erst wieder zum Vorschein, um die Kinder (drei Stunden später) wieder abzuholen. Es kam auch vor, dass ich die Kinder ins Museum brachte, auf direktem Weg wieder nach Hause fuhr, um dort eine Weile zu schlafen, bevor ich sie wieder abholte.

Auch in vielen großen Einkaufszentren gibt es tolle Kinderbetreuungsangebote, die den Einkauf für introvertierte Eltern etwas entspannen, da ihre Kinder in der Zwischenzeit gut betreut sind. Viele christliche Gemeinden und Kirchen bieten fantastische Kinderbetreuungsangebote an – Kinderwochen, Freizeitlager, Kinderprogramme am Sonntag, Jungschar und so weiter.

4. Nische: Restaurant mit Outdoorspielplatz. In meiner Rolle als Pastorenfrau kam auch wiederholt der Wunsch nach Gesprächen mit mir auf. Das stellte mich vor etliche Probleme. Nicht nur, weil dies nicht gerade zu meinen größten Stärken gehört, sondern auch, weil ich dies in unserem Zuhause für mich und unsere kleinen Kinder als äußerst aufreibend erlebte. Ich konnte mich nur schwer auf das Gespräch konzentrieren, da ich mit einem Ohr immer lauschte, was die Kleinen wohl gerade anstellten, und mit der Zeit verloren die Kinder dann (verständlicherweise) auch die Lust, brav und ruhig zu sein. So war die Situation für alle Beteiligten unbefriedigend. Umso glücklicher war ich, als ich etwa fünfzehn Fahrminuten entfernt ein tolles Restaurant entdeckte, direkt am See mit einem weitläufigen, für die Eltern gut einsehbaren und geschützten Spielplatz. Das war *die* Lösung! Draußen in der Natur ließ es sich viel leichter sprechen. Die herrliche Umgebung wirkte inspirierend und beruhigend. Der Kaffee oder was auch immer belebend. Die Kinder spielten meist fröhlich auf dem Spielplatz (kleinere Streitigkeiten, die es zu schlichten gab, ausgenommen). Ich konnte mich auf das Gespräch konzentrieren und am Ende waren alle glücklich und zufrieden. Eine sogenannte Win-win-Situation.

5. Nische: Nacht. Wer mich näher kennt, weiß um diese Regenerationsnische. Sie ist nicht unbedingt zur Nachahmung empfohlen (einzig den Nachteulen). Aber sie veranschaulicht das Prinzip der Regenerationsnischen so wunderbar, dass ich es nicht unerwähnt lassen kann. Vor allem, weil es sich um einen sehr wichtigen Erholungsraum in meinem Leben handelt. Auch während ich diese Zeilen schreibe, ist es längst nach Mitternacht und um mich ist es herrlich still. Im Laufe der Jahre ist mir aufgefallen, dass ich mich oft erst völlig entspanne, nachdem die Kinder (und der Ehemann) eingeschlafen sind. Da eines unserer Kinder ebenfalls ein kleiner (beziehungsweise mittlerweile großer) »Nachtfalter« ist, dauert das seine Zeit …

Die Nacht bietet ein faszinierendes Gefühl der Geborgenheit. Nachts fühle ich mich frei. Die Welt lässt mich in Ruhe. Ich allein kann darüber entscheiden, ob und wie lange ich mich in meine Innenwelt vertiefe. Nachts erwachen meine kreativen Gedanken zum Leben und ich fühle mich innerlich lebendig. Der Alltagslärm weicht einer sanften Geräuschkulisse. Es gibt nur mich. Keine Anrufe, keine Türklingel, kein Mama-Taxi, keine Mails, keine WhatsApp-Nachrichten oder was auch immer. Ich bin allein, aber keineswegs einsam. Manchmal kann ich an mir selbst wahrnehmen, wie sich mein innerer Akku dank der nächtlichen Ruhe wieder füllt.

6. Nische: Schreiben. Es klang schon auf vielerlei Weise an, dass das Schreiben meine wohl wichtigste Regenerationsnische überhaupt ist. Schon als Kind fing ich mit dem Schreiben an – und habe bis heute nicht damit aufgehört. Ich liebe Schreibblöcke, Notizpapier und leere Hefte und Bücher aller Art. In ihnen finden meine Gedanken, Geschichten, Gedichte, Sorgen, Träume, Liedtexte oder was auch immer ein Zuhause. Mein Tagebuch ist mein Wegbegleiter, der mir den Weg zu mir selbst und zu Gott weist. Schreiben ist für mich eine Art »Psychohygiene«. Wenn ich schreibe, finde ich heraus, was mich wirklich beschäftigt. Das hilft mir sehr.

Mit dem Tagebuchschreiben habe ich begonnen, als ich ein Teenager war. Oft schrieb ich aus Situationen heraus, in denen ich mich überfordert fühlte. Ich ahne erst heute, wie wertvoll es war, dass ich Dinge, an denen ich litt, formulieren konnte. Noch heute spüre ich manchmal, wie sich das innere Chaos in mir löst, wenn ich schreibe. Die Themen, die mich belasten, werden dadurch greifbar und können sortiert werden. Schreiben ist deshalb wie ein inneres Aufräumen für mich! Oft schreibe ich betend. Es ist meine intimste stille Zeit mit Gott.

Der Schritt zum Buch kostete viel Mut. Schreiben für mich selber war vertraut. Aber Schreiben für andere? Der Respekt davor bleibt. Ich liebe das Gefühl, vor einer leeren Seite zu sitzen. Alles ist möglich. Ich darf gestalten. Bin unterwegs zu Gott, zu mir und zu anderen Menschen.

Weitere Nischen: Auch das Lesen von Büchern, ein heißes Bad oder das Internet können zu Regenerationsnischen werden. Letzteres dank der Möglichkeit, ohne soziale Interaktion Antworten auf Fragen zu finden oder stressfreier gewisse Dinge einzukaufen. Auch Regentage und Winterstürme sind fantastische Erholungsräume. Niemand erwartet, dass man das Haus verlässt. Herrlich! Nicht zu vergessen sind auch kreative Regenerationsnischen. Es gibt Introvertierte, die sich beim Malen, Nähen, Kochen oder Basteln erholen. Andere beim Musizieren. Wiederum andere in der Stille der Natur. Ich möchte Ihnen Mut machen, die Augen für Regenerationsnischen zu öffnen. Haben Sie erst einmal damit begonnen, werden Sie immer mehr davon entdecken.

Impulse zum Weiterdenken

- Wo finden Sie in Ihrem Alltag Regenerationsnischen, ein privates »Zimmer für sich«, wo Sie ganz zu sich finden können? Versuchen Sie, in der nächsten Zeit mindestens zwei Regenerationsnischen zu identifizieren, und planen Sie diese konkret in Ihren Kalender ein.

- Egal, ob introvertiert oder extrovertiert: Wir stoßen im Leben immer wieder an unsere Grenzen. Ich habe oben das Stichwort Unzulänglichkeit erwähnt. In einer Zeit, in der mir meine Unzulänglichkeit schmerzlich bewusst wurde, sprach mir Gott die Zusage aus Philipper 4,19 (SCH) zu: *Mein Gott aber wird allen euren Mangel ausfüllen nach seinem Reichtum in Herrlichkeit in Christus Jesus.* Diese Zusage gilt auch Ihnen! Danken Sie Gott dafür, dass er Ihren Mangel ausfüllen wird, und erinnern Sie sich immer wieder neu daran!

- Für Familien: Denken Sie gemeinsam darüber nach, wie sich Ihre Familie zusammensetzt (welche Typenverteilung sich in Ihrer Familie findet) und wie sich diese Zusammensetzung auf Ihr Miteinander auswirkt. Lernen Sie sich gegenseitig besser kennen, damit Ihr Familienleben durch gegenseitiges Verständnis und den Respekt der Andersartigkeit an Qualität gewinnt.

4. INTROVERTIERT DIE GEMEINDE PRÄGEN

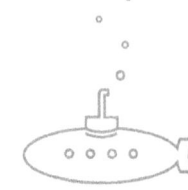

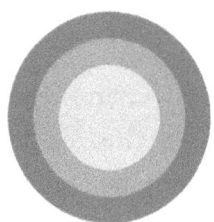

Mit diesem Kapitel sind wir beim Herzstück dieses Buches angelangt. Wie erleben introvertierte Christen ihre Kirchen und Gemeinden? Woran leiden sie? Sind Introversion und Christsein überhaupt kompatibel oder ist es ein Widerspruch in sich selbst? Was sagt Gottes Wort dazu?

Nach einem Blick auf solche und ähnliche Fragen möchte ich Ihnen zwei Wege vorstellen, wie introvertierte Christen ihre Gemeinden nachhaltig prägen können: durch introvertierte Stärken und Sichtbarkeit.

Vom Leiden introvertierter Christen

Das Gefühl, nicht dazuzugehören,
ist bei mir als Introvertierte
in der Kirche immer da.

Teresa aus Nairobi

Zugegeben, die Überschrift klingt vielleicht etwas dramatisch. Trotzdem finde ich sie absolut treffend. Ich möchte Ihnen in der Fortsetzung auch gerne erklären, wieso. Lassen Sie uns hierzu zunächst einen kurzen Blick auf den Buchmarkt werfen.

Ein Beziehungsexperte und ein Pastor brechen das Schweigen

Verschafft man sich einen (allgemeinen) literarischen Überblick zum Thema Introversion, stellt man fest, wie jung und aktuell dieses Themenfeld ist.[122] Dies bestätigt auch ein Blick auf das Literaturverzeichnis am Ende dieses Buches. Zudem wird deutlich, dass vor allem Frauen die bisherige (allgemeine) Diskussion mit ihrer Literatur geprägt haben. Das gilt für den englischsprachigen Raum ebenso wie für den deutschen.[123] Ganz anders sieht es aus, wenn man sich die *christliche* Literatur anschaut – zumindest im amerikanischen Sprachraum. Dort wurden christliche Bücher zu diesem Thema (knapp zehn) mehrheitlich von Männern geschrieben. Im deutschen Sprachraum hat die christliche Diskussion erst zögerlich eingesetzt. Im Buch *Introvertiertheit – Die leise Stärke* (2016) von Karin Ackermann-Stoletzky findet sich der bisher einzige Abschnitt zum Thema Introversion aus christlicher Sicht, der mir bekannt ist.[124]

Zwei Männer verdienen in diesem Zusammenhang besondere Erwähnung: Mike Bechtle und Adam McHugh. Im Jahr 2006 schrieb der Beziehungsexperte Mike Bechtle sein Buch *Evangelism for the Rest of Us* (»Evangelisation für den Rest von uns«). Offen erzählt er darin von seinen Kämpfen, als Introvertierter so über den Glauben sprechen zu müssen, wie es ihm von anderen Christen aufgedrängt wurde. Erst mit der Zeit realisierte er, dass seine Motivation zur Evangelisation auf Schuldgefühlen beruhte (wenn ich meinen Glauben bezeuge, ist Gott zufrieden, wenn nicht, bin ich Gott ungehorsam). Das stimmte ihn nachdenklich. Die innere Reise, von der sein Buch berichtet, ging schließlich von folgenden Fragen aus: »*Was, wenn das Problem gar nicht Ungehorsam ist? Was, wenn die Dinge, die man mich stets über Evangelisation gelehrt hat, nicht das vollständige Bild sind? Was, wenn es mehr gibt, als man mir erzählt hat? Was, wenn Gott eine Vielzahl von Wegen hat, wie wir unseren Glauben bezeugen können – Wege, die anders sind als die traditionellen Methoden, die wir gelehrt wurden?*«[125]

Pastor Adam McHugh erregte zunächst durch seinen Blog und später mit seinem Buch über Introvertierte in der Gemeinde (*Introverts in the Church*, 2009) öffentliche Aufmerksamkeit. An einem heißen Sommertag im August 2006 – also drei Jahre bevor McHughs und sechs Jahre bevor Cains Bestseller erschien – statteten Adam McHugh und Susan Cain der Saddleback Church unter der Leitung von Rick Warren in Lake Forest, Kalifornien, einen gemeinsamen Besuch ab. Das Treffen inspirierte Cain in ihrem Buch *Quiet* (»Still«) zu einem Abschnitt mit dem Titel »*Liebt Gott Introvertierte? Das Dilemma eines Evangelikalen*«[126]. McHugh richtet sich in seinem Buch an all diejenigen, die sich am liebsten in Luft auflösen möchten, wenn der Pastor dazu auffordert: »Dreh dich um und stelle dich drei Fremden vor.« Er wagte es, ihr Leiden zu benennen. Angefangen bei seinem eigenen Leiden – als introvertierter Pastor! Mit Nachdruck setzt er sich dafür ein, dass Geistlichkeit (*spirituality*) nicht an Soziabilität (*sociability*), also an der Fähigkeit eines Einzelnen, ohne Mühe neue soziale Beziehungen zu knüpfen und zu pflegen, gemessen wird. Introvertierte, die still über ihren Glauben nachdenken, seien ebenso wahre Gläubige wie Extrovertierte, die überschwänglich von ihrem Glauben erzählen.

So peinlich!

Wie real das Leiden introvertierter Christen sein kann, zeigt auch ein Blick in meine eigene Vergangenheit. Wenn man bedenkt, dass es zu den größten Ängsten introvertierter Menschen gehört, unangenehm aufzufallen, könnte man folgendes Erlebnis aus meiner Jugendzeit fast schon traumatisch nennen. Heute kann ich glücklicherweise darüber lachen. Damals wäre ich vor Scham am liebsten im Erdboden versunken.

Die unselige Erfahrung ereignete sich an einem Gebetsabend der christlichen Gemeinde, in der mein Vater Pastor war. Es war üblich, die Gebetsabende musikalisch zu umrahmen. Die Lieder aus dem Gemeinschaftsliederbuch wurden jeweils alternierend von denselben zwei bis drei Personen am Klavier begleitet. Eine dieser Personen war mein Vater. Doch der hatte an jenem Abend einen Dienst in einer anderen christlichen Gemeinde. Ein kurzer Blick in den Versammlungsraum zeigte mir, dass kein anderer Pianist anwesend war. Mir schwante nichts Gutes.

Das Problem war Folgendes: Seit einiger Zeit war ich Pianistin in der Jugendgruppe. Unser Jugendchor konnte sich sehen und vor allem hören lassen. Tolle Sängerinnen und Sänger, eine vielseitige Band und ein kompetenter Dirigent. Ich war noch sehr jung, als ich damals zum Klavierspielen angefragt wurde. Natürlich war es mir eine Ehre, aber ich war auch furchtbar nervös. Ich war zwar in der Lage, mit viel Fleiß ein höchst anspruchsvolles klassisches Klavierstück einzustudieren, aber ich konnte nicht wie andere spontan improvisieren. Ich war auf Noten angewiesen, die ich im Vorfeld einüben musste. Eine durchaus praktische Zwischenlösung war das Spielen nach Gitarrengriffen. Das war reine Übungssache und nach einer Weile war ich im Spielen nach Gitarrengriffen ziemlich routiniert. Wenn ich nun ein Lied aus dem Gemeinschaftsliederbuch begleiten sollte, ging es mit der Zeit wesentlich schneller, im Vorfeld die entsprechenden Gitarrengriffe herauszusuchen, statt das Lied nach Noten zu üben (im Liederbuch waren keine Gitarrengriffe vorhanden). So gab es in meinem eigenen Liederbuch mit der Zeit eine wachsende Anzahl von Liedern, bei denen ich von Hand die Gitarrengriffe mit Bleistift hineingekritzelt hatte. Wenn die Lieder vorher bekannt waren und ich sie rechtzeitig üben konnte, war ich auch schon sonntags für andere eingesprungen. Während das Begleiten von Gemeindeliedern für mich also eine recht komplizierte Angelegenheit darstellte, bot sich den Gottesdienstbesuchern folgendes irrtümliches Bild: Debora kann problemlos nach Noten spielen! Schließlich war ich ja auch die Tochter des Pastors und der konnte das ja auch (inklusive improvisieren)!

Doch zurück zum Gebetsabend. Es brauchte keine besonderen prophetischen Fähigkeiten, um vorauszusehen, was nun geschehen würde. Kein anderer Pianist war da – nur ich. Ich wusste genau, dass der Leiter des Gebetsabends auf mich zukommen würde, in der Annahme, dass es für mich eine kleine Sache wäre, ein paar Lieder zu begleiten, die spontan von den Anwesenden gewünscht würden. Dies, obwohl ich demselben Leiter etwa zwei Monate zuvor versucht hatte zu erklären, dass ich das so nicht könne. Dabei hatte er mich nur verständnislos angestarrt. Ich ahnte damals schon: Er hatte keine Ahnung, wovon ich sprach. Ich hätte genauso gut Chinesisch sprechen können. Das bestätigte sich nun, als er sich suchend nach mir umsah! Ich wusste genau, was nun geschehen würde. Mein eigenes Liederbuch hatte ich nicht dabei und somit auch keine Lieder mit Gitarrengriffen.

Blitzschnell entschied ich, alles zu tun, um weiteren Peinlichkeiten vorzubeugen. Ich schloss mich kurzerhand in der Toilette ein, die direkt vom Saal aus über eine kleine Treppe erreichbar war. Hier wollte ich ausharren, bis die Versammlung das erste Lied sang. Damit wäre die Gefahr gebannt gewesen. So saß ich auf dem geschlossenen Toilettendeckel, starrte auf meine Uhr und wartete auf den Start des Gebetsabends. Unsere Gemeinde legte größten Wert auf Pünktlichkeit (im Sinne von »fünf Minuten *vor* der Zeit ist des Christen Pünktlichkeit«). Der Sekundenzeiger schlich andächtig vorwärts. Zwanzig Uhr war bereits überschritten und es war noch immer kein Gesang zu hören. Meine Unruhe wuchs. Ich wartete weitere fünf Minuten. Die Ruhe war beklemmend. Meine Mutter würde sich bestimmt schon Sorgen um mich machen, dachte ich. Wer bleibt schon fünfzehn Minuten auf der Toilette?

Und dann traf ich die verhängnisvolle Entscheidung, meinen Zufluchtsort zu verlassen. Als ich mich so leise wie möglich zu den Treppenstufen schlich, die zum Saal führten, um möglichst unbemerkt neben meiner Mutter Platz zu nehmen, hörte ich, wie jemand freudig rief: »Ah, da ist sie ja!« Wie auf Kommando drehten sich die Köpfe aller Anwesenden zu mir. Ich stand wie versteinert da. Es kam mir vor, als ob hundert Scheinwerfer auf mich gerichtet wären. Ich hoffte sehnlichst, dass ich jeden Moment aus diesem Albtraum erwachen würde. Doch leider war es kein Traum. Und es war auch noch nicht das Ende der Geschichte. Die ganze Versammlung hatte eine Viertelstunde lang darauf gewartet, dass ich die Gemeindelieder begleitete, was ich aus den oben geschilderten Gründen nicht konnte und dementsprechend auch nicht tat (zum Unmut der Anwesenden, wie mir schien). Ich schämte mich und es verletzte mich, dass man mich in meinen Grenzen nicht ernst nahm beziehungsweise sich gar nicht erst die Mühe machte, mein Problem zu verstehen.

Perspektivenwechsel

Das war meine (zweifellos subjektive) Wahrnehmung einer Erfahrung, die ungefähr siebenundzwanzig Jahre zurückliegt. Ich habe sie so ausführlich geschildert, weil sie in vielerlei Hinsicht typisch ist für introvertierte Christen. Jene neigen dazu, vor allem *die* Dinge zu sehen, die sie nur unzureichend oder gar nicht können. Und zwar überdimensioniert wie unter einer Lupe. Dabei fühlen sie sich ertappt, beschämt oder gar schuldig, als ob sie etwas falsch gemacht hätten.

Ich schämte mich dafür, dass ich nicht vom Blatt spielen konnte. Doch Moment: Hätte es jemand der Anwesenden besser gekonnt? Ich denke nicht. Hätte einer der Anwesenden Lieder nach Gitarrengriffen begleiten können? Wohl kaum. Hätte einer der Anwesenden an jenem Abend ein anspruchsvolles klassisches Klavierstück spielen können? Vermutlich nicht. Diese drei Fragen zeigen, dass es auch eine andere Perspektive gibt. Als introvertierter Christ/introvertierte Christin gilt es zu lernen: Selbst wenn Sie vielen Erwartungen nie gerecht werden können (Ihren eigenen erst recht nicht), tragen Sie doch wichtige Stärken in sich, die zum Segen für die ganze christliche Gemeinschaft werden können. Konzentrieren Sie sich einseitig nur auf das, was Sie nicht können, trübt es Ihre Sicht auf das, was Sie können. Nur weil Ihre Stärken oft verborgener und deshalb weniger sichtbar sind als diejenigen von Extrovertierten, sind sie keinesfalls weniger bedeutend!

Das Internet als Kummerkasten

Zunehmend erschüttert habe ich im Internet Beiträge von introvertierten Christen aus aller Welt gelesen. Unter anderem blieb ich
an den Kommentaren zu einem englischen Blog hängen, dessen
Titel übersetzt in etwa lautet: *Vier Dinge, die Introvertierte ihre Kirche über sie wissen lassen möchten.*[127] Eine Frau namens Samantha
schrieb in gebrochenem Englisch: »*Eine Kirche, die ich besuchte,
lehrte, dass du in Sünde lebst, wenn du introvertiert bist, weil es
selbstsüchtig und stolz ist.*« Maureen erzählt, dass sie in ihren Drei-
ßigern für eine namhafte Missionsgesellschaft gearbeitet habe, die
sie dafür verurteilte, introvertiert zu sein. Man habe ihr den Eindruck vermittelt, dass etwas nicht in Ordnung sei mit ihr, weil sie
sich in großen Menschenansammlungen unwohl fühlte. Dieselbe
Organisation habe sie im Bereich der Kinderarbeit und der Leitung
von Lobpreiszeiten ausgenutzt. Sie sei drauf und dran gewesen, die
Organisation zu verlassen, nachdem die Leiter der Organisation
sie »*angeknurrt*« und »*angeschrien*« hätten wegen ihrer Empfindsamkeit, ihrer Introversion etc. Sie habe viele Jahre gebraucht, über
die Verletzung und den Schmerz, den diese Erlebnisse verursacht
hätten, hinwegzukommen. Heute habe sie akzeptiert, introvertiert
zu sein. Sie werde nie wieder zulassen, in die Rolle einer Extrovertierten gedrängt zu werden. In ihrer jetzigen Gemeinde werde sie
akzeptiert, wie sie sei.

»*Das Gefühl, nicht dazuzugehören, ist bei mir als Introvertierte in
der Kirche immer da*«, stellt Teresa aus Nairobi nüchtern fest. Und
sie ergänzt: »*Aber da wir berufen sind, dem Leib Christi zu dienen,
können wir auch dieses Temperament dazu brauchen, Gott zu ehren
und anderen zu dienen. Ein möglicher Weg ist zuzuhören.*«

Debra offenbart, dass sie im vergangenen Jahr vier Monate am Stück der Gemeinde ferngeblieben sei, ohne dass sie auch nur jemand vermisst hätte. Vermutlich nehme man sie gar nicht wirklich wahr. Je älter sie werde, desto introvertierter scheine sie zu sein. Umso mehr schätzt sie Onlinekirchen! Sie genießt den Frieden, aber sie vermutet auch, dass es selbstsüchtig ist und sie sich mehr anstrengen sollte, sich auf andere einzulassen.

Laut Joe liegt das Hauptproblem der Gemeinden in der Erwartung an die Gemeindemitglieder, »Klone« zu sein. Oder auch in der Sicht des Pastors, wie »richtiges Christsein«, »gutes Christsein« oder »gesundes Christsein« aussehen sollte.

Quälende Fragen

Können Introvertierte »echte« Christen sein? Diese Frage wurde im Juli 2013 in einem deutschen Forum diskutiert.[128] Am Anfang der Diskussion stand der Beitrag einer Frau aus einer landeskirchlichen Gemeinschaft, die zögerlich mit ihrem Empfinden herausrückte, dass man mit einer introvertierten Persönlichkeit gar kein echter Christ sein könne. Sie beschreibt, wie sie in der Vergangenheit viele Christen kennengelernt habe, »*die sehr extrovertiert und lebhaft waren – bei jeder sich bietenden Gelegenheit vor der Gemeinde stehen, reden, wo man nur kann, in der Bahn die Bibel lesen und extra so halten, dass jeder sieht, was man da liest, fremde Menschen in der Straßenbahn ansprechen*« und sonntags in der Gemeinde das obligate Umarmen. Als Teenager habe sie dies eine Zeit lang mitgemacht, weil sie dadurch das Gefühl hatte dazuzugehören, aber dann wurde es ihr zu viel. Sie sei »*ein eher introvertierter, schüchterner Mensch, brauche viel Zeit allein*«, weil sie sonst nie richtig entspannen könne, und sie brauche lange, um mit anderen Menschen »warm zu werden«. Weiter gesteht sie, dass ihr viele Dinge in der Gemeinschaft mit anderen Christen große Mühe bereiten (zum Beispiel Gebetsgemeinschaften). Sie könne auch nicht auf Menschen zugehen, »weder einfach so, um Menschen kennenzulernen, noch zu Missionszwecken«. Zum Abschluss fragt sie in die Runde der Onlinecommunity: »Sind ›echte‹ Christen einfach nicht so? Kann es sein, dass man eine für das Christsein unpassende Persönlichkeit hat? Und gibt es andere hier, die das kennen? Wie geht ihr damit um? Oder gibt es Christen, die ihre Persönlichkeit komplett verändern können, um zu diesen strahlenden, umarmenden, laut singenden und betenden Wesen zu werden, die ja eigentlich das christliche Ideal sind?«

Daraufhin entwickelte sich eine angeregte Diskussion. Hier zeigt sich erneut die introvertierte Tendenz, sich vor allem über Defizite und Mängel im Vergleich mit den extrovertierten Christen zu definieren. Aber sind extrovertierte Christen tatsächlich besser als introvertierte Christen?

Verhängnisvolle Lehre

Tragischerweise wird introvertiertes Christsein sogar in Predigten als minderwertiges Christsein bezeichnet. In einer Predigt mit dem Titel *Unterernährtes Christsein* ging ein deutscher Pfarrer im Jahr 2003 ausgehend von Johannes 3,1-8 (Jesus und Nikodemus)[129] der Frage nach, wie gesundes Christsein aussieht. Dabei setzte er voraus, dass es in der evangelischen Kirche eine Neigung gebe, *»ein Christsein für normal zu halten, das abgemagert sei«*. Und zwar, weil man nicht mehr wisse, wie ein *»vollständiges Christ-*

sein« eigentlich aussehe. Bei der anschließenden Definition habe ich meinen Augen kaum getraut: »*Es ist z. B. ein Merkmal dieses unvollständigen Christseins, dass es introvertiert ist. Ein unterernährter Christ lebt im Glauben für sich selbst und spürt keine Verantwortung, seinen Glauben mit anderen zu teilen.*« Diese »*Ichbezogenheit*« ist seiner Meinung nach typisch für das evangelische Christsein. Der Glaube sei – traditionsgemäß – auf die eigene Person und auf die eigenen Bedürfnisse fixiert. Manche Dinge im Leben seien jedoch so wichtig, dass man sie nicht für sich allein behalten dürfe. »*Ein Christsein, das unterentwickelt ist*«, fährt er fort, »*wird diese Perspektive allerdings nicht empfinden, sondern wird introvertiert bleiben.*«

Ich muss gestehen, dass mich solche Aussagen sehr betroffen machen. Selbst wenn der Pfarrer das Adjektiv »introvertiert« einfach unbedacht als Synonym für »selbstsüchtig« oder Ähnliches wählte, ist es schlimm genug … Denn damit wird dem Wort »introvertiert« eine negative Bedeutung aufgezwungen, die es als neutrales Adjektiv nicht hat. Ich stelle mir vor, wie ich mich als Introvertierte bei einer solchen Predigt fühlen würde. Zweifellos ganz schrecklich! Unwillkommen, unqualifiziert und unfähig, eine gute Christin zu sein.

Introvertierte Außenseiter

Aus den bereits genannten und vielen weiteren Gründen gibt es eine ganze Menge introvertierte Außenseiter in den Kirchen und Gemeinden. Vielleicht sind sie nicht als solche zu erkennen, aber sie fühlen sich so. Und wenn es ihnen so geht wie mir, dann werden sie sich alle Mühe geben, mit den Extrovertierten mitzuhalten, um ja nicht aus dem Rahmen zu fallen (und dadurch etwa weniger geistlich zu wirken).

Als Pfarrerstochter bin ich in einer christlichen Gemeinde groß geworden. Dabei habe ich mich mutig vielen Dingen gestellt. Bei verschiedensten Gelegenheiten wurde uns vermittelt, wie wichtig es ist, anderen Menschen freimütig von unserem Glauben zu erzählen. Eine gute Gelegenheit, dies zu üben, waren Traktateinsätze mit unserer Jugendgruppe in der Stadt. Während andere Jugendliche diesen Einsätzen mit Spannung entgegenfieberten, hätte ich mich am liebsten ans Ende der Welt verkrochen. Dank extrovertierter Schauspielerei überstand ich die Einsätze so, dass niemandem auffiel, wie unwohl ich mich eigentlich fühlte. Doch immer wieder fragte ich mich: Was ist bloß los mit mir? Was stimmt nicht mit mir? Während andere begeistert von Glaubensgesprächen erzählten, die sie mit wildfremden Menschen in der Bahn oder wo auch immer geführt hatten, fühlte ich mich noch schlechter. Ich saß in der Bahn am liebsten dort, wo niemand sonst war, damit ich in Ruhe nachdenken konnte.

Wenn ich die Schar von mehr oder weniger offensichtlich introvertierten Außenseitern vor meinem geistigen Auge vorbeiziehen lasse, die mal zu unserer Gemeinde gehört haben, aber den Anschluss nie wirklich fanden und eines Tages verschwanden, dann blutet mein Herz. Vor allem deshalb, weil genau in jener Gruppe ein unglaubliches Potenzial vorhanden war, das sich nie innerhalb und zum Segen der Gemeinde entfalten konnte. Viele Introvertierte sind äußerst begabt und außergewöhnlich kreativ. Einzelne könnte man sogar als genial bezeichnen. Einige sind im Alltag Pioniere, andere texten Lieder, kreieren neue Produkte, forschen nach einem neuen Medikament, schreiben Bücher, beschäftigen sich mit den großen Fragen der Menschheit, machen fantastische Fotos, eindrückliche Videos, gestalten exklusive Websites, weitere malen einzigartige Bilder, machen originellen Schmuck und so weiter. Und dann sitzen sie am Sonntag im Gottesdienst – mitten unter anderen Christen – und fühlen sich verloren und nutzlos. Irgendwie scheint die christliche Gemeinde keine Verwendung für sie zu haben. Ja, viele von ihnen sind auf ihre Art eigen. Speziell. Man müsste zunächst einen Weg mit ihnen gehen, um herauszufinden, wofür ihr Herz auf besondere Weise schlägt, wie ihr Dienst in der Gemeinde konkret aussehen könnte und so weiter.

Der Pastor oder die Gemeindeleitung wird mit höchster Wahrscheinlichkeit keinen Brief von einem introvertierten Gemeindemitglied erhalten mit Angaben der Qualifikationen und der Bitte, eine angemessene Aufgabe für sie zu finden. Introvertierte haben eher die Haltung: Wenn jemand etwas von mir will, dann soll er auf mich zukommen. Wenn aber längere Zeit niemand kommt, ist dies ein Signal für sie, dass sie ganz offensichtlich nicht willkommen sind und ihr Beitrag nicht gefragt ist. Da introvertierte Christen in der Regel nicht so personenorientiert sind wie extrovertierte (und sie sich daher nicht über die Zugehörigkeit zu anderen Menschen definieren), sind ihnen tiefgründige Inhalte, Authentizität, Ehrlichkeit, Loyalität, Integrität, ihre Privatsphäre und vieles mehr umso wichtiger. Wenn sie an einem dieser neuralgischen Punkte empfindlich getroffen werden, ist die Wahrscheinlichkeit hoch, dass sie die Gemeinde enttäuscht und verletzt verlassen. Ob sie sich je wieder verbindlich einer Gemeinde anschließen, ist fraglich.

Zwei Arten von Menschen: »Denker« (U-Boote) und »Handler« (Schiffe)

Viele Christen unterscheiden scharf zwischen Denken und Handeln, wobei dem Handeln meist ein deutlich höherer Frömmigkeitsgrad beigemessen wird als dem Denken. Laut Birgit Trappmann-Korr lassen sich im Wesentlichen zwei Arten von Menschen unterscheiden: die »Denker« und die »Handler«.[130] Denker sind eher introvertiert und Handler eher extrovertiert. Im Bild des Ozeans würden Denker also den U-Booten entsprechen und Handler den Schiffen. Beide Arten sind auf ihre Weise unentbehrlich für die Gesellschaft und die christliche Gemeinschaft. Es könnten viele Missverständnisse verhindert werden, wenn das Bewusstsein für diese Unterschiedlichkeit Bestandteil einer Gemeinde-DNA würde. Und wenn die Andersartigkeit darüber hinaus als Ergänzung wertgeschätzt würde!

Die Unterschiedlichkeit von Denkern und Handlern wird beispielsweise dann gut ersichtlich, wenn in der Gemeinde ein akutes Problem auftritt. Nehmen wir einmal an, dass sich die Hauptleiter eines Dienstbereichs überworfen haben und ein Leiter daraufhin ab sofort seinen Rücktritt erklärt. Nun ist die Gemeindeleitung gefordert. Handler treten sofort in Aktion. Ist ein Problem da, muss man reagieren. Je schneller, desto besser. Denker mahnen, nicht vorschnell zu handeln. Sie möchten das Problem erst in seiner gesamten Komplexität durchdenken und am Ende des Denkprozesses mit der bestmöglichen Handlung beantworten. Handler gehen vom Tun (über der Wasseroberfläche) zum Überlegen und zurück zum Tun. Denker gehen vom Überlegen (unter der Wasseroberfläche) zum Tun und zurück zum Überlegen. Es wird deutlich: Ohne Dialog, gegenseitigen Respekt und Rücksichtnahme ist es kaum möglich, konstruktiv zusammenzuarbeiten. Wenn allerdings die Stärken beider ergänzend zum Zug kommen, erweist sich die Zusammenarbeit als äußerst effektiv. Und zwar viel effektiver, als wenn »nur« Denker oder »nur« Handler zusammenarbeiten. Die Lösung wird am Ende viel ausgewogener, durchdachter und konsequenter sein.

Oft kommt mir in christlichen Gemeinden die Haltung entgegen: Hauptsache, es geschieht etwas! Handler werden geschätzt, weil sie sichtbar agieren und nicht bloß tatenlos zuschauen (was Denkern oft vorgeworfen wird, da die Aktivität ihrer Innenwelt nicht sichtbar ist). Da die schnellen Lösungen der Handler allerdings oft zu wenig durchdacht sind, erweisen sie sich nicht immer als befriedigend. Dies führt zu neuen Problemen. Andererseits halten viele eine sichtbare (wenn auch unbefriedigende) Lösung immer noch für die bessere Wahl, als wenn nichts Sichtbares geschieht.

Ich erinnere mich an eine Serie von Gesprächsabenden in unserer Gemeinde, die dazu dienen sollten, im gemeinsamen Austausch mit der Gemeindebasis zu einer Entscheidungsfindung zu gelangen. Es erklärt sich von selbst, dass diese Veranstaltungen von Denkern initiiert wurden. Meiner Wahrnehmung nach empfanden die anwesenden Handler jene Abende als reine Zeitverschwendung. Wieso? Weil nichts Sichtbares geschah. Am Ende des Abends standen nur Gedanken und Worte, aber keine praktische Umsetzung im Raum. Denker würden jetzt korrigieren: Es gab zwar *noch* keine praktische Umsetzung, aber ein Vortasten in eine wohlüberlegte und sinnvolle Richtung. Etliche Handler hatten nach den ersten Treffen die Nase so voll, dass sie bis heute zweimal überlegen, ob sie an bestimmten Veranstaltungen dabei sein möchten oder nicht.

Ich bin überzeugt, dass es einen großen Unterschied bewirken würde, wenn der Umgang in christlichen Gemeinschaften von einem Bewusstsein, einer Sensibilität, einer gegenseitigen Akzeptanz und Wertschätzung der jeweiligen Unterschiede geprägt wäre. Tragen Sie Ihren Teil dazu bei, dass das Leiden von introvertierten Christen ein Ende nimmt!

Impulse zum Weiterdenken

- Haben Sie als Introvertierte/-r auch schon Ihren Glauben infrage gestellt, weil Sie die gestellten Anforderungen Ihrer Gemeinde oder Kirche nicht zufriedenstellend erfüllen konnten?
- Was löst es in Ihnen aus, wenn Sie als introvertierte Christin/ als introvertierter Christ hören, dass Introversion als Sünde bezeichnet wird? Was sollte in den Gemeinden geschehen, damit ein Umdenken möglich wird?
- Wie werden Denker und Handler in Ihrer Gemeinde/Kirche wahrgenommen? Wie ergeht es Ihnen als Vertreter der entsprechenden Gruppe? Wie nehmen Sie die Vertreter der anderen Gruppe wahr? Was könnte einer Annäherung dienen?

Introversion in der Bibel

Jesus wurde immer bekannter;
die Menschen strömten in Scharen herbei,
um ihn zu hören und von ihren Krankheiten geheilt zu werden.
Er aber zog sich in die Einsamkeit zurück, um zu beten.

Lukas 5,15-16

Wie kommt es denn eigentlich, dass sich Introvertierte in christlichen Gemeinschaften fehl am Platz fühlen? Dass sie unter Schuldgefühlen leiden und sich den Extrovertierten in vielem unterlegen fühlen? Wer sagt denn, dass die introvertierte Natur schlechter ist? Was veranlasste die oben zitierte Forumsschreiberin zur Aussage, dass Extrovertierte (»*diese strahlenden, umarmenden, laut singenden und betenden Wesen*«) »*das christliche Ideal*« sind? Wer legt dieses Ideal fest? Welche Maßstäbe liegen ihm zugrunde? Menschliche Maßstäbe, die allenfalls einer Korrektur bedürfen, oder göttliche?

Auf der Suche nach Antworten werfen wir zunächst einen Blick in die Bibel.

War Jesus extrovertiert oder introvertiert?

Zuerst widmen wir uns der Frage, ob Jesus extrovertiert oder introvertiert war. Sie wundern sich vielleicht, inwiefern das relevant ist. In den Augen einiger christlicher Autoren ist diese Frage zentral, da Jesus, der Ursprung und Gründer der Christenheit, als Vorbild für die Christen gilt; als ein Beispiel, dem sie folgen wollen. Differenzierend muss allerdings Folgendes vorangestellt werden: Der Bibel nach war Jesus 100 Prozent Gott und zugleich 100 Prozent Mensch. In seiner vollkommenen Göttlichkeit unterliegt Jesus keiner menschlichen Typisierung. Doch wie verhielt sich Jesus als *Mensch* – extrovertiert oder introvertiert?

Im Jahr 2004 erhielten Psychologiestudierende eines christlichen Colleges in Amerika die Aufgabe, die Persönlichkeit von Jesus anhand der Kategorien des Myers-Briggs-Typenindikators zu analysieren.[131] In den meisten Kategorien waren die Studierenden (davon 54 Prozent introvertiert) unterschiedlicher Meinung.

Lediglich in *einer* Kategorie bestand eine erstaunliche Übereinstimmung: Mit 97 Prozent war die überwältigende Mehrheit aller Studierenden (egal, ob extro- oder introvertiert) der Überzeugung, dass Jesus extrovertiert war! Laut Pastor McHugh ist dieses Ergebnis überraschend, wo doch die biblischen Hinweise zur Persönlichkeit von Jesus längst nicht so eindeutig sind. Wieso also war der Fall für 97 Prozent der Studierenden so klar? Der Psychologieprofessor erklärt die Ergebnisse wie folgt: *»Die Wahrnehmung eines ›extrovertierten Jesus‹ könnte eine Tendenz innerhalb der amerikanischen Kultur widerspiegeln, bei der Extroversion höher bewertet wird als Introversion. Und wenn man davon ausgeht, dass Extroversion besser ist, könnte man auch daraus folgern, dass Jesus als perfektes menschliches Wesen extrovertiert gewesen ist.«*[132]

Mark Tanner – ein Geistlicher aus England und Autor des Buches *The Introvert Charismatic* (»Der introvertierte Charismatiker«, 2015) – findet es unwesentlich danach zu fragen, ob Jesus introvertiert war oder nicht oder wie viele Introvertierte sich in der Bibel finden.[133] »Introversion« und »Extroversion« seien Kategorien, die den Verfassern der Bibel nicht bekannt waren, und daher werde es auch unterschiedliche Antworten geben. Einige werden sagen: Jesus war zweifellos extrovertiert. Er reiste in großen Gruppen, investierte in Tausende von Menschen, war ein eloquenter Redner und eine bekannte Gestalt. Andere werden sagen: Jesus war klar introvertiert. Er stand frühmorgens auf, um in Ruhe zu beten. Er investierte sich mit Tiefgang in wenige Menschen, war ein tiefgründiger Denker und suchte immer wieder die Stille und Rückzugsorte. Die richtige Fragestellung ist Tanners Meinung nach vielmehr: Wo finden wir introvertiertes *Verhalten* in der Bibel?

Ganz anders sieht es Evan Baltz. Für ihn steht fest: Jesus war introvertiert! In seinem Buch *The Christian Introvert* (»Der christliche Introvertierte«, 2016) widmet er diesem Thema ein ganzes Kapitel.[134] Die vermuteten Einwände auf seine Behauptung nimmt er gleich vorweg: Umgab sich Jesus nicht dauernd mit Menschen? Sprach er nicht zu großen Menschenmengen? War er nicht die ganze Zeit mit Menschen unterwegs, um wiederum neue Menschen zu treffen? Was soll an diesem Verhalten introvertiert sein?

Die Argumentation von Baltz setzt weit vor dem öffentlichen Wirken von Jesus ein. Mit Bezug auf Markus 6,3 geht er auf den Beruf ein, den Jesus vor seinem öffentlichen Dienst ausübte: »*Ist er denn nicht der Zimmermann, der Sohn der Maria und der Bruder von Jakobus, Joses, Judas und Simon? Leben nicht auch seine Schwestern hier unter uns?*« *So kam es, dass Jesus bei ihnen auf Ablehnung stieß.* Das griechische Wort *tekton*, das hier mit »Zimmermann« übersetzt wird, kann auch allgemeiner einen Bauhandwerker oder Künstler bezeichnen, der mit Holz und Stein arbeitete. Unter Berufung auf einen Artikel über die besten introvertierten Berufe erklärt Baltz: »*Das Zimmermannshandwerk war und ist ein toller Job für einen Introvertierten. Es bietet viel Zeit für sich allein, Zeit, um kreativ zu sein, und Zeit, mit den Händen zu arbeiten. Für die ersten dreißig Jahre seines Lebens war Jesus imstande, diesen ruhigen Lebensstil zu genießen. Er war nichts Besonderes und kaum erwähnenswert.*«[135] Die Menschen in seiner Heimatgemeinde Nazareth waren irritiert: Was will *der* denn? Dieser Niemand?

Im Alter von rund dreißig Jahren begann Jesus seinen öffentlichen Dienst. Und obwohl es ein öffentlicher Dienst war, zeigten sich bei Jesus laut Baltz auch hier immer wieder Züge seiner introvertierten Natur. Zum Beispiel in seinem Bedürfnis nach Ruhe und Rückzug an einsame Orte (vgl. Lukas 4,42). Oder wie es in Lukas 5,15-16 nachzulesen ist: *Jesus wurde immer bekannter; die Menschen strömten in Scharen herbei, um ihn zu hören und von ihren*

Krankheiten geheilt zu werden. Er aber zog sich in die Einsamkeit zurück, um zu beten. In diesem Zusammenhang beruft sich Baltz auf ganz unterschiedliche Stellen: Jesus' Spaziergang durchs Ährenfeld (vgl. Lukas 6,1); sein nächtlicher Rückzug in die Berge, um zu beten (vgl. Lukas 6,12); das Übersetzen im Boot an ein ruhigeres Seeufer (vgl. Markus 6,32) und so weiter. Sobald die Volksmenge zusammenströmte, zog er sich oft zurück. Jesus wollte allein sein, in Frieden gelassen werden, in Ruhe nachdenken und beten.

Ein weiteres Indiz sieht Baltz im Freundes- beziehungsweise Jüngerkreis von Jesus.[136] Bei der Gruppe, die Jesus begleitet hat, wird in der Regel zwischen einem *weiteren* Jüngerkreis und einem *engeren* Jüngerkreis, zu dem zwölf Jünger gehörten, unterschieden. Doch selbst der engere Jüngerkreis wurde noch enger gesteckt. Baltz verweist auf Lukas 9,28. Diese Textstelle beschreibt, wie Jesus mit Petrus, Johannes und Jakobus auf den Berg der Verklärung ging, um zu beten. Das war sein engster Freundeskreis und innerhalb dieses engsten Freundeskreises war Johannes sein Lieblingsjünger (vgl. Johannes 13,23). Dieses Verhalten ist laut Baltz typisch für Introvertierte, da die meisten von ihnen nur ganz wenige enge und vertraute Freunde haben.

War Jesus denn nun intro- oder extrovertiert? Grundsätzlich teile ich die Meinung von Mark Tanner, dass diese Frage nicht wirklich relevant ist. Zumindest nicht für mich. Aber ich spüre, dass sie für andere relevant ist. Daher wage ich den Versuch einer Antwort. Meiner Meinung nach könnte einzig Jesus selbst diese Frage eindeutig beantworten. Alles andere bleibt Spekulation. An mir selbst und an anderen habe ich gelernt, dass gewisse Persönlichkeitsmerkmale von außen manchmal kaum zu erkennen sind. Nur weil ich selber introvertiert bin, gibt mir das nicht die Berechtigung, das Verhalten von Jesus als ausschließlich introvertiert zu deuten. Es würden sich zweifellos Argumente für einen introvertierten wie auch für einen extrovertierten Jesus finden lassen. Daher neige ich am ehesten dazu, Jesus *zentrovertiertes* Verhalten zu attestieren. Und zwar mit Tendenzen auf beiden Seiten des Spektrums (je nach Situation).[137] Das fände ich insofern fair, als sich auf diese Weise alle Typen mit Jesus identifizieren könnten.

Introvertiertes Verhalten in der Bibel

Die Suche nach introvertiertem Verhalten in der Bibel erweist sich als spannend und durchaus ergiebig. Nicht selten stößt man dabei auf Anzeichen einer Intro-Extro-Beziehung. In christlichen Introversionsbüchern wurden bislang die Geschwisterpaare Jakob und Esau, Mose und Aaron sowie Maria und Marta als mögliche Intro-Extro-Verbindungen in ihrem Verhältnis beschrieben. Diese Liste ist aber nicht abschließend und könnte durch weitere Personen (beispielsweise durch Johannes und Petrus) ergänzt und auf die Dynamik ihrer Beziehungen hin untersucht werden:

introvertiert	extrovertiert	Beziehung	Bibelstellen
Jakob	Esau	Zwillingsbrüder	1. Mose 25,27
Mose	Aaron	Brüder	2. Mose 10,10-17
Maria	Marta	Schwestern	Lukas 10,38-42
Johannes	Petrus	Freunde (Jünger)	Apostelgeschichte 3,1ff.; 8,14ff.

Was mich bei Mose und Aaron sowie Johannes und Petrus besonders fasziniert, ist die Erkenntnis, dass ganz offensichtlich eine besondere Kraft im ergänzenden Miteinander der unterschiedlichen Charaktere liegt. Ich wünsche mir sehnlichst, dass dies auch in unseren Gemeinden wieder neu entdeckt wird. Und dass die zurückhaltende, tiefgründige Art von introvertierten Christen neue Akzeptanz und Wertschätzung erfährt.

Es ist – zumindest aus meiner Sicht als introvertierte Christin – eine gewisse Genugtuung zu sehen, wie viele bedeutende Gestalten der Bibel introvertierte Verhaltensweisen aufzeigten. Nachfolgend ein näherer Blick auf Jakob und Mose:

Jakob. Die Zwillingssöhne von Isaak und Rebekka waren sehr unterschiedlich: *Die Jungen wuchsen heran. Esau wurde ein Jäger, der gerne über die Felder streifte. Jakob hingegen blieb lieber bei den Zelten* (1. Mose 25,27; NLB). Esau war der Liebling des Vaters, weil Isaak gern gebratenes Wild aß. Doch wie in Römer 9,13 zu lesen ist, hat Gott Jakob seine Liebe in besonderer Weise zugewandt. Der Mann mit dem ruhigen Temperament; derjenige, der lieber bei den Zelten blieb: *Er* war der Auserwählte. Gottes Gunst lag auf ihm. Gott gab ihm sogar einen neuen Namen: Israel (vgl. 1. Mose 35,10). Es ist der Name von Gottes auserwählter Nation! Wenn Gottes Gunst damals auf einem Mann wie Jakob lag, kann Gott doch zweifellos auch heute noch durch Introvertierte wirken. *»Es ist nichts falsch mit Ihnen«*, schreibt Baltz, *»wenn Sie ein ruhiges Temperament haben und lieber zu Hause bleiben. Sie sind einfach wie Jakob.«*[138]

Mose. Obwohl Mose als Anführer des Volkes Israels immer wieder im Zentrum der Öffentlichkeit stand, wird aus vielen Bibelversen ersichtlich, wie unbehaglich er sich dabei fühlte und dass er das Scheinwerferlicht nicht freiwillig suchte. Bevor Gott ihm den Auftrag gab, das Volk Israel aus Ägypten zu führen, hatte Mose vierzig Jahre lang in der Wüste ein Leben als Schafhirte geführt (vgl. Apostelgeschichte 7,30). Mitten in der einsamen Wildnis. Als Gott ihm im brennenden Dornbusch begegnete, war er aus heutiger Sicht mit seinen achtzig Jahren bereits ein betagter Mann. Mose war der Meinung, dass Gott besser seinen älteren, redegewandten Bruder Aaron beauftragen sollte, zum Pharao zu sprechen. Doch Mose fiel die Rolle zu, Gottes Redenschreiber zu sein und alles, was Gott ihm auftrug, minutiös festzuhalten. Auch sonst war Moses Verhalten sehr introvertiert: Er suchte nach dieser besonderen Gotteserfahrung nicht das Gespräch mit anderen Menschen, sondern verarbeitete und diskutierte den Auftrag und die Entscheidung ganz allein mit Gott in der Wüste. Später sehen wir, wie sich Mose weit über seine Kräfte hinaus von morgens bis abends darum bemühte, sämtliche Probleme, die aus dem Volk an ihn herangetragen wurden, zu lösen. Als ob er allein für jeden und alles verantwortlich wäre (vgl. 2. Mose 18,15-26). Mark Tanner bemerkt hierzu: »*... eine klassische Schwäche von Introvertierten*«[139]. Jitro mahnte seinen Schwiegersohn Mose, dass er nicht seine Kernaufgabe aus den Augen verlieren solle, nämlich das Volk Gottes zu lehren (vgl. 2. Mose 18,20). Aus der Stille, beispielsweise im Zelt der Begegnung, schöpfte Mose schließlich neue Kraft (vgl. 2. Mose 33,9-14). Laut 4. Mose 12,3 war Mose ein sehr demütiger Mensch. Es gab niemanden auf der Erde, der demütiger war als er.

Introvertierte Verhaltensweisen sind aber auch bei weiteren biblischen Schlüsselfiguren zu finden. Zum Beispiel bei Elia, der im ersten Moment vielleicht als extrovertiert scheinen mag. Nach seinem Triumph über die Baalspropheten auf dem Karmel und der anschließenden Todesdrohung durch Königin Isebel (vgl. 1. Könige 19,2-3) erlitt er einen Zusammenbruch. Schwermütige Gedanken raubten ihm jeglichen Lebensmut. Fast sechs Wochen wanderte er allein durch die Wüste. Am Berg Horeb begegnete ihm Gott in einem sanften Säuseln (vgl. 1. Könige 19,12). Tanner erkennt hier ein wegweisendes und sich stetig wiederholendes Muster der Bibel: »*Gottes Stimme wird an Orten der Einsamkeit, des Rückzugs und der Kontemplation gehört.*«[140]

In besonderer Weise zeigt sich introvertiertes Verhalten meiner Meinung nach auch bei **David**, dem jungen Schafhirten und Musiker, der weder das Rampenlicht noch das Königsamt suchte. Die Psalmen zeigen ihn als introvertierten und sensiblen Dichter, Musiker und Propheten, der viele seelische Kämpfe durchstand und aus der stillen Begegnung mit Gott und dem Nachsinnen über sein Wort neue Kraft schöpfte.

Weiter wird bei **Maria**, der Mutter von Jesus, introvertiertes Verhalten sichtbar. Nach der Begegnung mit einem Engel, der ihre außergewöhnliche Schwangerschaft ankündigte, suchte sie drei Monate lang Zuflucht bei Elisabeth, einer Verwandten, die zugleich ihre Vertraute war (vgl. Lukas 1,39-56). Auch Marias Reaktion auf die wundersamen Ereignisse in der Geburtsnacht von Jesus erinnert an die Nachdenklichkeit von Introvertierten: *Maria aber prägte sich alle diese Dinge ein und dachte immer wieder darüber nach* (Lukas 2,19).

Als letztes Beispiel möchte ich **Timotheus** erwähnen. Der Apostel Paulus erinnerte seinen jungen Mitarbeiter mit Nachdruck daran, dass der Heilige Geist ein Geist der Kraft und nicht der Ängstlichkeit ist (vgl. 2. Timotheus 1,7). »*Vielleicht*«, erwägt McHugh, weil sich bei Timotheus »*eine introvertierte Vorsicht in Furcht gewandelt hatte*«[141].

Selbst wenn wir über die meisten biblischen Charaktere nicht genug wissen, um ihren Persönlichkeitstyp eindeutig zu bestimmen, so zeigt uns ein Blick in die Bibel doch unmissverständlich, dass Gott Menschen von unterschiedlichstem Temperament gebraucht hat, um seine Mission in die Welt zu tragen. Und das tut er bis heute. Jesus will genau *durch* unsere einzigartigen Persönlichkeiten und individuellen Gaben wirken – uns selbst und anderen zum Segen.

Impulse zum Weiterdenken

- Für Baltz macht es einen wesentlichen Unterschied, ob Jesus extrovertiert oder introvertiert war. Dementsprechend enden seine Ausführungen über den introvertierten Jesus mit den Worten: »*Als christlicher Introvertierter zu wissen, dass mein Herr und Erlöser mein inneres Wesen versteht und in Beziehung mit meiner Art steht, ermutigt und stärkt mich. Es hilft mir zu wissen, dass ich ich selber sein darf. Wie fühlen Sie sich dabei?*«[142] Seine Schlussfrage gebe ich hiermit direkt an Sie weiter: Wie fühlen Sie sich dabei? Und spielt es für Sie eine Rolle, ob Jesus eher der introvertierten, zentrovertierten oder der extrovertierten Wesensart zuzuordnen war?
- Von welcher biblischen Gestalt sind Sie ganz besonders fasziniert? Was zeichnete diese Person aus? Was hat sie bewegt? Verhielt sich diese Person eher introvertiert oder extrovertiert?
- Was sagt uns die Tatsache, dass sich der engste Jüngerkreis von Jesus (darunter auch die oben erwähnten Freunde Johannes und Petrus) aus Extrovertierten und Introvertierten zusammensetzte? Was können wir aus dem Umgang der Jünger für die Kirchen und Gemeinden der Gegenwart lernen?

Introvertierte Christen der Gegenwart und Vergangenheit

Reden und Lehren kommt dem Meister zu,
Schweigen und Hören ziemt dem Jünger.

Benedikt von Nursia

Wenn wir uns von diesem biblischen Ideal (einer respektvollen und gleichwertigen Ergänzung unterschiedlicher Charaktere) dem heutigen Gemeindekontext zuwenden, dann sieht die Realität wesentlich unharmonischer aus. Über das Leiden introvertierter Christen habe ich zu Beginn dieses Kapitels schon einiges erzählt. In diesem Abschnitt finden sich ergänzende Gedanken zum Dilemma introvertierter Christen in Amerika sowie im deutschsprachigen Gemeindekontext. Welche Herausforderungen machen ihnen im Gemeindealltag zu schaffen? Und was hat dazu geführt, dass die einst so geschätzten introvertierten Christen der frühen Kirchengeschichte im Laufe der Jahrhunderte ins Abseits gedrängt wurden?

Vom Dilemma introvertierter Christen in Amerika

In der englischsprachigen christlichen Literatur wird wiederholt die Problematik von Megakirchen angesprochen. Darüber hinaus beklagt Baltz, dass »*die moderne Kirche, vielleicht ganz besonders die evangelische Kirche, fast ausschließlich für extrovertierte Individuen konzipiert wurde*«[143]. Beispielhaft für extrovertierte Veranstaltungen und Aktivitäten nennt er zunächst den Sonntagsgottesdienst an sich. Abgesehen von der grundsätzlichen Herausforderung, die eine Begegnung mit so vielen Menschen mit sich bringt, ist vor allem die Interaktion mit Fremden für Introvertierte problematisch. Kleingruppen sind seiner Meinung nach oft viel zu groß, um diesen Namen zu verdienen (maximal vier bis sechs Personen wären laut Baltz eine ideale Kleingruppengröße für introvertierte Christen). Aber auch die Oberflächlichkeit der Gespräche findet er anstrengend. Ebenso die Sonntagsschule (*Sunday School*) für Erwachsene[144]. Erst recht, wenn jene von fünfhundert Personen besucht wird, wie er es in einer größeren Gemeinde miterlebt hat. Auf Extrovertierte ausgerichtet sind seiner Ansicht nach auch die Bibelstunden, Gemeinschaftsveranstaltungen, christliche Freizeiten, das Singen in einem Chor, die Evangelisation von Fremden sowie die Dienstmöglichkeiten, die in vielen Fällen das Unterrichten einer bestimmten Gruppe (zum Beispiel Kinder oder Jugendliche) mit einschließen.

Kirchen rühmen sich teilweise stolz damit, Tausenden von Menschen in riesigen Mega-Auditorien mit sogenannten sucherorientierten (*seeker sensitive*) Programmen zu dienen. Introvertierten, die sich unter diesen Umständen unbehaglich fühlen, wird oft das Gefühl vermittelt, dass sie keine guten Christen seien. Es wird ihnen gesagt, sie sollten mehr sein wie die Extrovertierten, wenn sie Gott gefallen und der Kirche dienen wollen. »*Anderen ein schlechtes Gewissen zu machen, nur weil sie sind, wie sie sind, ist besonders schmerzhaft und entmutigend. Ich glaube*«, so Baltz, »*dass viele introvertierte Christen deswegen ihre Gemeinden verlassen haben.*«[145]

Letztlich brennt Baltz vor allem *eine* Frage auf der Seele: Kümmert sich der moderne christliche Gemeindebau auf diese Weise tatsächlich nur um die Hälfte seiner Mitglieder?[146] In seinem Buch zeigt er die Mängel dieser Vorgehensweise auf. Er macht Vorschläge, welche Methoden angewandt werden könnten, um den Millionen von christlichen Introvertierten besser zu dienen und sie zu erreichen. Im Abschnitt *Praxistipps für extrovertierte Christen im Umgang mit Introvertierten* in der Fortsetzung dieses Kapitels (im Unterkapitel *Gemeinden prägen durch introvertierte Stärken*) vermittle ich einige Ideen für deutschsprachige Gemeinden.

Vom Dilemma introvertierter Christen im deutschen Sprachraum

Natürlich darf die mannigfaltige Kirchen- und Gemeindelandschaft Deutschlands und der Schweiz nicht undifferenziert in einen Topf geworfen werden. Die jeweilige Kirchen- oder Gemeindekultur spielt zweifellos eine maßgebliche Rolle dabei, ob und wie sich Introvertierte wohlfühlen. Trotzdem bin ich der Meinung, dass es möglich ist, Schwierigkeiten zu benennen, die den meisten Introvertierten in christlichen Gemeinden vertraut sind (selbst im weltweiten Kontext). Bei den erwähnten Themen handelt es sich um Gedanken, die introvertierte Christen aus unterschiedlichen Denominationen, Kirchen und Gemeinden mit mir geteilt haben. Je nach Ausprägung der Kirche oder Gemeinde wird der eine oder andere Punkt mehr oder weniger auf Ihre individuelle Gemeindesituation zutreffen (und natürlich auch unterschiedlich stark nach der Intensität Ihrer Introversion).

- **Menschen**. Ein Introvertierter schrieb: *»Das Problem mit der Kirche ist, dass sie voller Menschen ist.«* So sonderbar diese Aussage im ersten Moment klingt, so real – und mehr oder weniger stark empfunden – ist die Herausforderung für Introvertierte. Denn die Begegnung mit Menschen fordert Interaktionen und ist mit einer Vielzahl von Erwartungen verbunden. Die Predigt und der Lobpreis können (solange keine besonderen Reaktionen vonseiten der Introvertierten erwartet werden) auch für Introvertierte ein Ort zum Auftanken sein. Nicht aber das Gewühl und die Begegnungen rings um den Gottesdienst, wie es ein anderer Introvertierter formulierte. Jenes steht ganz grundsätzlich im Widerspruch zu der introvertierten Natur, die sich nach Ruhe, Stille, Zeit zum Nachdenken und tieferen Gesprächen sehnt. Das ist eine Spannung, die sich nicht auflösen lässt.

- **Gespräche**. Im Gedränge nach dem Gottesdienst sind meist nur oberflächliche Gespräche möglich. Bei Eltern kommt erschwerend hinzu, dass genau dann auch die eigenen Kinder viel Aufmerksamkeit verlangen, was tiefere Gespräche oft verunmöglicht. Die Kunst des Small Talks beherrschen die meisten Introvertierten nicht. Von daher bleiben die Begegnungen unbefriedigend und viele Introvertierte gehen nach einem Gottesdienst frustriert nach Hause, weil Gemeinschaft in ihrem Verständnis kaum möglich war. Ein Introvertierter schrieb mir: *»Ich wünsche mir zwei bis drei echte Freunde, mit denen ich tiefe Gespräche führen kann. Was soll ich mit hundertfünfzig Gemeindekollegen und dem Small Talk mit ihnen?«* Nicht dass Extrovertierte nie tiefe Themen ansprechen würden, aber der unruhige Rahmen bietet weder Raum noch Zeit, angemessen darauf einzugehen oder bei einem Thema zu verweilen. Wenn Introvertierte etwas sagen (allein dies kostet viele schon Überwindung), dann ist es meistens etwas, was ihnen wichtig ist. Wenn dann unter den gegebenen Umständen nicht oder nur oberflächlich darauf eingegangen wird, fühlen sie sich nicht ernst genommen. Dagegen schätzen sie längere, offene Gespräche sehr – in kleinen Gruppen, zum Beispiel mit Einstiegsfragen.

- **Energiereserven.** Der Umgang mit anderen Menschen und die damit verbundenen kräftezehrenden Interaktionen kosten Introvertierte sehr viel Energie. Sei es in Gottesdiensten, bei Abendveranstaltungen, in Gebetsgemeinschaften, in der Erwachsenenbildung oder wo auch immer. Am entspanndendsten sind für Intros Situationen, in denen sie einfach nur beobachten, Impulse aufnehmen, ihre Gedanken sortieren und allenfalls später formulieren können. Daher schätzen viele von ihnen nach wie vor den heute eher verpönten Frontalunterricht oder ein Referat bei einer Gemeindeveranstaltung. Beides gibt ihnen Freiraum für die eigenen Gedanken und ermöglicht ihnen eine entspannte Beobachterrolle. Häufige Methodenwechsel, Diskussionsgruppen und so weiter sind anstrengend und laugen aus. Die dafür aufgewendete Energie fehlt dann für Gespräche in den Pausen oder am Ende des Events. So ist die Gemeinde ein Ort, der vielen Introvertierten zwar am Herzen liegt und in den sie sich daher mit Überzeugung einbringen, der aber auch viel Energie kostet. Ein introvertierter Freund räumte ein, dass ihm diese Energie dann beispielsweise fehlt, »*um zusätzlich noch privat Termine mit diesen Menschen abzumachen und Beziehungen zu pflegen. Obwohl genau das wohl ideal wäre, um tiefere Beziehungen mit tieferen Gesprächen zu pflegen.*« Und unsicher fragt er nach: »*Irgendwie ist es wohl nicht angebracht, statt in den Gottesdienst zu gehen, in dieser Zeit anderswo mit einem Freund aus der Gemeinde einen Termin zum Reden abzumachen, oder?*«
- **Ruhetag.** Mit dem Ruhetag ist es so eine Sache … Schon als Kind habe ich gelernt, dass man den Sonntag heiligen und nach sechs Arbeitstagen eine Ruhepause einlegen sollte. Dies dem Beispiel Gottes folgend, der sich im Anschluss an die Sechstageschöpfung am siebten Tag ausruhte und diesen Tag für heilig erklärte (vgl.

1. Mose 2,2-3). Für das Volk Israel wurde der siebte Tag sogar zum gesetzlichen Ruhetag erklärt (vgl. 2. Mose 20,8-11).

Ich habe mir stets große Mühe gegeben, den Ruhetag einzuhalten. Doch im Laufe der Zeit kamen immer mehr Fragen auf. Denn offen gestanden erlebe ich den Sonntag nur selten als »Ruhetag«. Die Realität sieht vielmehr so aus, dass einer intensiven Sechstagewoche oft ein intensiver siebter Tag folgt und ich mir sehnlichst eine Atempause wünsche. Ein normaler Sonntag mit Gottesdienstbesuch könnte vielleich noch als »Ruhetag« durchgehen, wenn ich im Gottesdienst einfach nur dasitzen, zuhören und meine Gedanken sortieren könnte. Sobald es aber darum geht, mit Menschen zu interagieren, ist es aus mit der Ruhe.

Ein introvertierter Vater schrieb mir, wie wichtig für ihn die Zeit am Sonntagnachmittag sei, wenn die Kinder im Zimmer Mittagsruhe halten und er in Ruhe auftanken könne. Doch in seiner Gemeinde ist es üblich, von Zeit zu Zeit gemeinsame Mittagessen einzunehmen. Das bedeutet für ihn, dass seine Regenerationsnische wegfällt. In diesem Fall sei der Ruhetag definitiv kein Ruhetag mehr. Er fragt: »*Wie kann ein introvertierter Mensch (für den Ruhe bedeutet, Zeit mit sich allein zu verbringen) mit Familie und kleinen Kindern trotz Gottesdienstprogramm den Sonntag als Ruhetag gestalten?*« Dies gilt umso mehr, wenn der Gottesdienstbesuch noch mit einem Dienst verbunden ist (Leitung einer Lobpreiszeit, Predigtdienst etc.). Dann ist es eher so, dass man anschließend einen Ruhetag vom Sonntag bräuchte.

• **Gottesdienst.** Da Intros primär aus dem Gottesdienst selbst Kraft schöpfen und nicht aus der Begegnung mit anderen Menschen, hat der Gottesdienst, dessen Gestaltung und Inhalt für sie einen anderen Stellenwert als bei vielen Extros. Auch hier ist Introvertierten alles Oberflächliche zuwider und sie leiden an Predigten mit mangelnder geistlicher Tiefe. Sie suchen nicht nach einem Pastor, der die Gottesdienstbesucher innerhalb von zehn Minuten begeistert und emotional von den Stühlen reißt. Sie sehnen sich vielmehr nach Gehalt und Substanz, nach Nahrung für ihre intensive Innenwelt. Nach neuen Erkenntnissen und herausfordernden Gedanken, die sie weiterbewegen können. Sie fühlen sich ausgeschlossen, wenn sich Predigtanwendungen und -beispiele in erster Linie an Extrovertierte richten und an der Lebensrealität von Introvertierten vorbeizielen. Auch Aufrufe – zum Beispiel während des Gottesdienstes (in einem für andere gut sichtbaren Bereich) für sich beten zu lassen – sind für viele Intros herausfordernd. Einerseits, weil sie nicht auffallen wollen, aber auch, weil es ihnen zu oberflächlich scheint, jemandem in ein, zwei Sätzen ein Problem zu schildern, für das anschließend gebetet wird. Sie teilen ihr Anliegen lieber mit einer Vertrauensperson, die die ausführliche Version bereits kennt, und bitten in diesem Rahmen um gemeinsames Gebet.

- **Evangelisation.** Als eines der häufigsten Spannungsfelder für Introvertierte wird der Themenbereich Evangelisation genannt. Vor allem deshalb, weil Aufrufe zur Evangelisation und Jüngerschaft von Introvertierten nicht selten als Aufrufe zu mehr Extrovertiertheit empfunden werden. Für die Evangelisation werden häufig extrovertierte Kernkompetenzen wie Kontakt- und Kommunikationsfähigkeit, Kontaktpflege etc. vorausgesetzt. Das führt Introvertierte irrtümlicherweise zum Schluss, dass sie für die Evangelisation ungeeignet sind.

Das große Umdenken

Wie bereits erwähnt, werden in der Bibel introvertierte Verhaltensweisen nicht gegenüber extrovertierten abgewertet. Im Gegenteil: Introversion präsentiert sich in der Bibel bisweilen gar als Quelle geistlicher Tugenden (Kraft aus der Stille, Streben nach Weisheit, Kunst des Zuhörens etc.). Zu Recht fragt man sich also: Wie kommt es, dass sich selbst reife introvertierte Christen in vielen christlichen Gemeinschaften der Gegenwart deplatziert fühlen? Dass man ihre Stärken oft übersieht und ihnen das Gefühl vermittelt, ihre Schwächen seien ein Zeichen von Ungeistlichkeit? Unfairerweise werden dabei oft die *Schwächen* der Introvertierten mit den *Stärken* der Extrovertierten verglichen. Unfairerweise deshalb, weil Extros ja genauso ihre Schwächen (und Intros ihre Stärken) haben!

Was hat denn zu diesem Umdenken im christlichen Kontext geführt, dass Introversion heute einen so ungleich schlechteren Ruf hat als Extroversion? Ganz offensichtlich ist irgendetwas geschehen seit der Zeit der ersten christlichen Gemeinden bis in die Gegenwart. Etwas, was die christlichen Gemeinden bis heute prägt. Die Kirchengeschichte liefert uns einige wichtige Puzzleteile, die uns dabei helfen, diese Entwicklung besser zu verstehen.

Introvertierte: Vorbilder der frühen Kirchengeschichte

Blickt man zurück auf die ersten Jahrhunderte der Kirchengeschichte, stößt man auffallend oft auf eine große Wertschätzung der Stillen. Einige Introvertierte der frühen Kirchengeschichte haben sich sogar so intensiv auf ihre besonderen Stärken konzentriert, dass sie auf eindrückliche Weise in die Geschichte eingingen: als Wüstenväter und Wüstenmütter. Nach dem Vorbild von Antonius – einem Sohn reicher ägyptischer Eltern, der sich um 270 n. Chr. als Zwanzigjähriger in die ägyptische Wüste zurückzog – begaben sich jene im 3. und 4. Jahrhundert n. Chr. in die Wüste, um sich dort in beständiger Einsamkeit ganz ihrer eigenen Gefühls- und Gedankenwelt zu widmen. Also zu der Zeit, als das Christentum zur Staatsreligion wurde und sich alte Herrschaftsfamilien der Kirchenorganisationen bemächtigten. Kein Besitz, keine Gesellschaft, keine Abhängigkeit sollte die Einsiedler in der Wüste davon ablenken, auf das eigene Herz zu hören. Viele von ihnen erwarben sich auf diese Weise so große Menschenkenntnis, dass nach und nach Tausende von neugierigen und Hilfe suchenden Menschen zu ihnen pilgerten. Auf diese Weise wurden die Wüstenväter und die wenigen Wüstenmütter, die es gab, zu Therapeuten vieler leidender Menschen, ohne dass sie sich diese Aufgabe selber ausgesucht hätten. Obwohl sie ursprünglich die Isolation der Wüste gesucht hatten, erkannten sie mit der Zeit ihre Verantwortung anderen Menschen gegenüber.

Durch die Gründung von Klöstern, die sich der geistlichen Disziplin, Gastfreundschaft, Arbeit und Mission verpflichteten, gelang es ihnen, die kirchlichen Strukturen zu verändern. In der mönchischen Lebensführung war die Tugend des Schweigens von höchster Bedeutung. Spätestens bei Benedikt von Nursia (ca. 480–547 n. Chr.) erhielt das Schweigen – als verpflichtendes Gebot, zu bestimmten Stunden und an vorgeschriebenen Orten zu schweigen – seinen festen Platz in den Ordnungen der Mönche. Ein Abschnitt der Benediktinischen Regel ist speziell der »Tugend des Schweigens« gewidmet.[147] Dort findet sich auch die Weisheit: »*Reden und Lehren kommt dem Meister zu, Schweigen und Hören ziemt dem Jünger.*«

Die Wertschätzung der Stillen, Analytiker, Denker und Intellektuellen war auch während des gesamten Mittelalters (das Spätmittelalter dauerte bis zum Anfang des 16. Jahrhunderts) und darüber hinaus eine Selbstverständlichkeit im christlichen Kontext. Diese geriet aber in eine bedenkliche Schieflage, als der Glaube mehr und mehr zu einer Angelegenheit von führenden Intellektuellen erklärt wurde, die ihre Macht gegenüber den ungebildeten Frommen missbrauchten. Gegen Missbräuche solcher Art wandte sich zum Beispiel die Reformation.

Extrovertierte: Vorbilder der Erweckungsbewegung

Adam McHugh stellt die Bevorzugung der extrovertierten Denk- und Verhaltensweise in der Kirche in Zusammenhang mit den Erweckungsbewegungen, die sich seit den 1730er-Jahren in den britischen Kolonien in Nordamerika beziehungsweise in den Vereinigten Staaten ereigneten. Jene waren stark von körperlich-sinnlichen Glaubenserfahrungen geprägt. Im Zentrum der ersten großen Erweckung (First Great Awakening, 1740–1760) stand George Whitefield, ein englischer Evangelist. Ihm wurde in der Geschichtsschreibung ein stark extrovertierter und höchst dramaturgischer Predigtstil zugeschrieben. Whitefields Feuer wurde durch den Intellekt des höchst introvertierten Jonathan Edwards ausgeglichen. McHugh schreibt: »*Der extrovertierte George Whitefield und der introvertierte Jonathan Edwards waren das Dream-Team der überschwänglichen religiösen Erweckung.*«[148] Doch während das First Great Awakening noch zur Gründung etlicher religiöser Eliteinstitutionen geführt hatte, machte sich im Second Great Awakening (1800–1840) eine geistfeindliche Neigung in der evangelischen Christenheit bemerkbar. Eines trockenen, leblosen, akademischen Glaubens überdrüssig, betonten die

Leiter des Second Great Awakening, dass Bekehrung eine *Erfahrung* sein müsse, um ernst genommen zu werden. So wurden die Erkenntnisse des Verstandes nach und nach von einer Herzensfrömmigkeit überlagert.

Nach dem Second Great Awakening hielten es immer weniger evangelische Leiter für notwendig, sich theologisch ausbilden zu lassen. Bis zum Punkt, an dem der amerikanische Erweckungsprediger Moody ausrief: »*Meine Theologie! Ich wusste nicht, dass ich eine habe!*«[149] Was in den Augen der Anführer dieser Erweckungsbewegung zählte, war eine aufrichtige, leidenschaftliche Hingabe an Christus und ein gehorsames Leben.

Amerikanische Evangelikale der Gegenwart

Laut McHugh sind moderne amerikanische Evangelikale die Erben der Theologie, Werte und Methoden früherer Generationen, selbst wenn ihnen das nicht bewusst ist: »*Von unseren Vorfahren haben wir die Neigung zur Frömmigkeit und Leidenschaft übernommen sowie die Tendenzen zur Geistfeindlichkeit*[150] *und zum Pragmatismus*[151].«[152] McHugh ist überzeugt, dass die evangelikale Bewegung bis heute in erster Linie eine Religion des Herzens ist. Öffentliche Bekundungen des Glaubens werden dabei höher bewertet als intellektuelle Überlegungen. Er fürchtet, dass der moderne amerikanische Evangelikalismus an einer »Hörstörung« leidet: Es wird gepredigt, bevor eine Situation wirklich verstanden oder ihr Ernst erfasst wurde.[153] Auf diese Weise wird die evangelikale Bewegung von der Dringlichkeit des Moments gesteuert, während tiefere intellektuelle Überlegungen kaum Raum finden. Ich wage zu behaupten, dass diese Tendenzen längst auch Europa und den deutschsprachigen

Evangelikalismus erreicht haben. Als handlungsorientierte Bewegung wertschätzt der Evangelikalismus die Handelnden höher als die nachdenklichen und tiefgründigen Denker. Man könnte gar zum Schluss kommen, es sei ein Kennzeichen tiefer Frömmigkeit, immer in Bewegung und dauernd beschäftigt zu sein. Oder dass sich echte Nachfolge an hohem Aktivismus innerhalb einer christlichen Gemeinschaft messen ließe.

Ein tragischer Verlust

Der Blick in die Kirchengeschichte zeigt: Dass Introvertierte in der christlichen Gemeinschaft ins Abseits gedrängt wurden, ist ein erstaunlich junges Phänomen. Jede Einseitigkeit birgt Gefahren in sich. Da extrovertierte Stärken überbetont und introvertierte Stärken vernachlässigt wurden, hat sich die Christenheit eines Reichtums beraubt, der dringend wiedergefunden werden muss.

In der heutigen Zeit ist eine unglaubliche Sehnsucht nach Spiritualität zu spüren. Interessanterweise feiern besonders Klöster eine Renaissance. Menschen sehnen sich nach Rückzug, nach Stille, nach Schweigen, nach Erkenntnis, nach Meditation. Klöster, Schweige-, Meditationszentren und andere Institutionen reagieren mit großem Erfolg auf diese Sehnsucht. Dabei spielt es meist keine Rolle, welche Ideologie oder fernöstliche Religion dem Schweigen und der Meditation zugrunde liegen. Der Zen-Buddhismus beispielsweise wird immer populärer in der Schweiz. Religionen und Weltanschauungen werden zu einem bunten Mix gemischt und jeder schustert sich in gewisser Weise seine eigene Religion und Meditationspraxis zusammen. Frei nach dem Motto: Was funktioniert und mir im Alltag hilft, wird schon recht sein.

Ich halte es für eine große Tragödie, dass Christen hier anderen Religionen, Weltanschauungen und Institutionen ein Handlungsfeld überlassen, das während vieler Jahrhunderte als Herzstück des Christentums galt! Im Gegensatz zu anderen Formen der Spiritualität ist christliche Spiritualität nicht diffus. Sie orientiert sich an Gottes Wort, lebt aus der Beziehung mit Jesus Christus, sucht geistgeleitete Wegführung und schöpft aus dem Reichtum der Kirchengeschichte.

Welche Schritte sind denn erforderlich, um den Verlust introvertierter Stärken auszugleichen? In den letzten beiden Unterkapiteln dieses Kapitels stelle ich Ihnen zwei Lösungsansätze vor.

Impulse zum Weiterdenken

* Welches der oben erwähnten Dilemmas stellt für Sie (als Intro) aktuell die größte Herausforderung dar?
* Was denken Sie zum Dilemma »Sonntag als Ruhetag«? Ist der Sonntag für Sie vielfach auch kein Ruhetag? Welche kreativen Lösungsansätze gäbe es, damit Sie trotzdem in regelmäßigen Abständen einen Ruhetag genießen könnten? Könnten Sie einen anderen Wochentag zum Ruhetag erklären? Oder zwei ruhige Halbtage? Oder – wenn der Alltag mit Kleinkindern oder die berufliche Situation beides ausschließt – gibt es zumindest regelmäßige »Ruhezonen«, wo Sie zur Ruhe finden können? Mein eindringlicher Appell lautet: Sie brauchen Ruhe! Kämpfen Sie dafür!
* Ist der tragische Verlust von introvertierten Qualitäten auch in Ihrer Gemeinde oder Kirche spürbar? Wie äußert er sich und wie könnte man ihm entgegenwirken?

Gemeinden prägen durch introvertierte Stärken

> Gott hat jedem von euch Gaben geschenkt,
> mit denen ihr einander dienen sollt.
>
> *1. Petrus 4,10a (NLB)*

Es ist ein göttliches Prinzip, dass Unterschiedlichkeit der gegenseitigen Ergänzung und nicht der gegenseitigen Abwertung dienen soll. Das Gleichgewicht von introvertierten und extrovertierten Stärken sollte daher unbedingt wiederhergestellt werden – zu Gottes Ehre und zum Segen unserer Gemeinden! Daher lautet der erste Lösungsansatz ganz schlicht und einfach: Introvertierte sollen die Gemeinde neu durch ihre Stärken prägen. Dies setzt vonseiten der Introvertierten voraus, dass sie sich ihrer eigenen Stärken bewusst sowie bereit sind, andere damit zu beschenken – vonseiten der Extrovertierten: Sie sollten realisieren, dass Introvertierte ein besonderes Geschenk für die christliche Gemeinschaft sind. Außerdem sollten Extros sich aktiv darum bemühen, die Rahmenbedingungen so zu gestalten, dass Introvertierte ihre Stärken auch wirklich entfalten können.

Kraftvolle Ergänzung

Wenn wir uns an das Bild des Ozeans erinnern – an die Schiffe und U-Boote –, ahnt man etwas von den Möglichkeiten, die in einer Ergänzung von Extrovertierten und Introvertierten liegen: auf der einen Seite die aktiven Schiffe über der Wasseroberfläche mit ihrem offenen und weiten Blickfeld, ihrer Kontaktfähigkeit, der Gabe der Kommunikation, der Vernetzung, ihrem Tatendrang und vielem mehr. Auf der anderen Seite die vorsichtigen U-Boote unter der Wasseroberfläche mit ihrer Tiefgründigkeit, Aufmerksamkeit, Vorstellungskraft, Genauigkeit, Beharrlichkeit, ihrem Forscherdrang und so weiter. Dass U-Boote und Schiffe gemeinsam in Gottes Liebe verankert sind, bildet die Grundlage dafür, Gott und Menschen in ergänzender Weise zu dienen. Sie ist außerdem die Ausgangslage dafür, gemeinsam das unerforschliche Geheimnis der göttlichen Liebe zu erkunden: *Das wird euch dazu befähigen,* **zusammen mit allen anderen, die zu Gottes heiligem Volk gehören**, *die Liebe Christi in allen ihren Dimensionen zu erfassen – in ihrer Breite, in ihrer Länge, in ihrer Höhe und in ihrer Tiefe* (Epheser 3,18).

Ergänzung setzt allerdings voraus, dass kein Temperament positiver bewertet wird, sondern einfach als anders akzeptiert wird. Es bedeutet auch, sich von Stereotypen zu verabschieden: Extrovertierte sind in ihrer Gesamtheit genauso wenig oberflächlich plappernde Selbstdarsteller wie Introvertierte engstirnige, griesgrämige Einsiedler. Andererseits ist es weder für Extros noch für Intros gesund, wenn sie in einem Extrem verharren. Denn Menschen sind genauso für Beziehung geschaffen wie fürs Nachdenken. Unsere Unterschiedlichkeit ist von Gott geschenkt – als Geschenk für die ganze Gemeinde:

Es gibt viele verschiedene Gaben, aber es ist ein und derselbe Geist, der sie uns zuteilt. Es gibt viele verschiedene Dienste, aber es ist ein und derselbe Herr, der uns damit beauftragt. Es gibt viele verschiedene Kräfte, aber es ist ein und derselbe Gott, durch den sie alle in uns allen wirksam werden. Bei jedem zeigt sich das Wirken des Geistes auf eine andere Weise, aber immer geht es um den Nutzen der ganzen Gemeinde.

1. Korinther 12,4-7

Extros brauchen Intros und umgekehrt. Eine besonders schöne Illustration für diese von Gott geschenkte und gewollte Ergänzung ist der Vergleich einer christlichen Gemeinschaft mit dem menschlichen Körper. Paulus beschreibt dies so:

Es ist wie bei unserem Körper: Er besteht aus vielen Körperteilen, die einen einzigen Leib bilden und von denen doch jeder seine besondere Aufgabe hat. Genauso sind wir alle – wie viele und wie unterschiedlich wir auch sein mögen – durch unsere Verbindung mit Christus ein Leib, und *wie die Glieder unseres Körpers sind wir einer auf den anderen angewiesen.* Denn die Gaben, die Gott uns in seiner Gnade geschenkt hat, sind verschieden. Wenn jemand die Gabe des prophetischen Redens hat, ist es seine Aufgabe, sie in Übereinstimmung mit dem Glauben zu gebrauchen. Wenn jemand die Gabe hat, einen praktischen Dienst auszuüben, soll er diese Gabe einsetzen. Wenn jemand die Gabe des Lehrens hat, ist es seine Aufgabe zu lehren. Wenn jemand die Gabe der Seelsorge hat, soll er anderen seelsorgerlich helfen. Wer andere materiell unterstützt, soll es uneigennützig tun. Wer für andere Verantwortung trägt, soll es nicht an der nötigen Hingabe fehlen lassen. Wer sich um die kümmert, die in Not sind, soll es mit fröhlichem Herzen tun.

Römer 12,4-8

In dieser bunten Vielfalt sind extrovertierte und introvertierte Christen aufgefordert, gemeinsam am Reich Gottes zu bauen und damit auf eine göttliche Einladung zu antworten, ihr Leben einem höheren Ziel zu widmen.

Sechs introvertierte Stärken zum Segen der Gemeinde

In diesem Abschnitt möchte ich Ihnen sechs introvertierte Stärken vorstellen, die einer ganzen christlichen Gemeinschaft auf besondere Weise zum Segen werden können. Das heißt nicht, dass alle Introvertierte in gleichem Ausmaß über sämtliche genannten Stärken verfügen. Vielleicht finden Sie sich als introvertierte Person nur in einzelnen davon wieder. Möglicherweise verfügen Sie auch über Stärken, die hier gar nicht genannt sind. Die Aufzählung ist keineswegs abschließend. Umgekehrt gilt, dass durchaus auch Extrovertierte über die eine oder andere genannte Stärke verfügen können. Dies könnte insbesondere auf hochsensible oder künstlerisch veranlagte Extrovertierte zutreffen.

1. **Weg der Stille.** Genau das, was Extrovertierte manchmal fast auf die Palme treibt und ihnen wie ein feiger Rückzug in die Passivität scheint, steht für eine grundlegende Stärke vieler Introvertierten. Während Extrovertierte in angespannten Situationen oft zu schnell und zu unüberlegt reagieren oder handeln, kann der Rückzug in die Stille vor mancher Unbedachtheit bewahren. Stille hilft dabei, Erlebtes, Gefühle und Gedanken zu verarbeiten und im Gespräch mit Gott den Blick auf das Wesentliche nicht zu verlieren.

   In der Bibel wird immer wieder betont, wie zentral die Stille ist: *In Stillsein und in Vertrauen ist eure Stärke* (Jesaja 30,15b; ELB). Darauf folgt der ernüchternde Nachsatz: *Aber ihr habt nicht gewollt.* Zugegeben, es ist oft auch schwierig! Und doch ist es von größter Bedeutung, das Hamsterrad der menschlichen Betriebsamkeit zu stoppen und innezuhalten, damit wir für Gottes Wirken Raum schaffen können. Denn so wird es an mehreren Stellen versprochen, zum Beispiel: *Der Herr wird für euch kämpfen, ihr aber werdet still sein* (2. Mose 14,14; ELB).[154] Es wird nicht nur versprochen, sondern auch geboten: *Warte still und geduldig darauf, dass der Herr eingreift!* (Psalm 37,7a; Hfa). Der Weg der Stille bedeutet: Ich lasse los und überlasse Jesus die Situation, die mich beschäftigt. Im Schweigen, im Stillwerden und im aufmerksamen Hinhören finde ich immer mehr zu mir selbst und zu Gott. Ich bitte darum, dass Jesus mir zeigt, was der nächste sinnvollste Schritt ist, und werde fähig, seinen Willen zu erkennen. Vielen introvertierten Christen fällt es von Natur aus leichter als extrovertierten, vor Gott still zu werden und auf ihn zu hören. Diejenigen von ihnen, die zugleich hochsensitiv veranlagt sind, verfügen nicht selten über eine größere Empfänglichkeit für Impulse im hörenden Gebet oder für prophetische Eindrücke (das gilt oft auch für extrovertierte Christen, die hochsensitiv veranlagt sind).

Introvertierte können durch entsprechende Angebote oder Veranstaltungen einen wesentlichen Beitrag dazu leisten, dass Extrovertierte lernen, Ruhe und Stille auszuhalten und zu schätzen.

2. **Praxis der Reflexion**. Im Gegensatz zu den Extros haben Intros einen ganz anderen Zugang zu ihrer Innenwelt. Sie sind vertraut damit, sich tiefgründigen Gedanken zu stellen und innere Spannungen auszuhalten. Intros wagen es eher als Extros, sich selbst infrage zu stellen sowie Unsicherheit und Verletzlichkeit einzugestehen. Im Raum ihrer Innenwelt suchen, ringen, grübeln, zweifeln und wundern sie sich. Einerseits besteht dabei die Gefahr, in der Fülle und der Undurchsichtigkeit der Gedan-

ken unterzugehen. Andererseits bietet die Praxis der Reflexion eine wertvolle Ausgangslage für tiefgründige, entscheidende Erkenntnisse. Dies äußert sich zum Beispiel in Predigten, Vorträgen, Andachten etc. voller Tiefgang und Substanz. Dieses persönliche Ringen fördert aber auch die Fähigkeit, sich in die Situation anderer Menschen hineinzuversetzen. Die Praxis der Reflexion führt dazu, dass Introvertierte zu einem vorsichtigen und behutsamen Vorgehen neigen. Bevor konkrete Schritte über der Wasseroberfläche umgesetzt werden, möchten sie sicherstellen, dass nichts Wichtiges übersehen wurde und sich niemand übergangen fühlt.

3. **Streben nach Weisheit.**[155] Eine Stärke der besonderen Art ist das Streben vieler Introvertierter nach Weisheit und Erkenntnis. Weisheit ist von unschätzbarem Wert. Zugleich gehört sie zu den vielleicht am meisten übersehenen geistlichen Gaben. Sie wird missverstanden, unterbewertet und kaum angestrebt. Wann haben Sie zum letzten Mal eine Predigt über das Thema Weisheit gehört?

Als sich der junge israelitische König Salomo etwas von Gott wünschen durfte, wünschte er sich Weisheit. Gott gefiel diese Antwort und er freute sich darüber (vgl. 1. Könige 3,10). In der Bibel wird das Streben nach Weisheit als Kernberufung derjenigen genannt, die Jesus treu nachfolgen wollen. Bereits im Alten Testament begegnen wir wiederholt der Kernaussage, dass die Furcht Gottes der Anfang der Weisheit ist (zum Beispiel Sprüche 9,10; Psalm 111,10). Dabei geht es nicht um »Furcht« im Sinne von Angst, sondern um tiefe Ehrfurcht vor Gottes Heiligkeit, um Anbetung und Respekt. Im Neuen Testament ist in diesem Zusammenhang von aufrichtigem »Glauben« die Rede. In den Sprüchen wird Weisheit fast wie eine göttliche

Person – als »*Lady Sophia*«[156], wie Mark Tanner schreibt – vorgestellt (vgl. Sprüche 8). Die Gabe der Weisheit führt zum Leben und »*untergräbt unsere schiefen und schädlichen Machtstrukturen*«[157]. Und ganz offensichtlich wird das Streben nach Weisheit in vielen Textstellen mit introvertiertem Verhalten in Verbindung gebracht. Zum Beispiel in Sprüche 17,27-28 (NLB): *Ein weiser Mensch macht nicht viel Worte; ein kluger Mensch verhält sich besonnen. Selbst einen Narren hält man für weise, wenn er schweigt; solange er den Mund nicht aufmacht, scheint er klug zu sein.* Oder im Neuen Testament: *Hält sich jemand unter euch für weise und verständig? Dann soll er zeigen, dass er das auch tatsächlich ist, indem er ein vorbildliches Leben führt und Dinge tut, die von Weisheit und Bescheidenheit zeugen* (Jakobus 3,13).

Es wird deutlich: Weisheit braucht nicht viele Worte. Sie nährt sich vielmehr aus einer tiefen inneren Beziehung mit dem lebendigen Gott und seinem Wort. Ich bin überzeugt, dass das Streben nach Weisheit, das vielen Introvertierten eigen ist, in einer Gemeinde dazu beitragen kann, Einseitigkeiten, Oberflächlichkeiten, Missbräuche und falsche Lehren aufzudecken oder zu verhindern. Aufgrund ihres bedachten Auftretens und ihres tiefen Wissens werden Introvertierte oft von anderen Menschen um Rat gefragt. Introvertierte können in beratenden Aufgaben oder Gremien einer christlichen Gemeinschaft einen wertvollen Beitrag leisten.

4. **Tiefe Sehnsucht nach Gott.** Viele Introvertierte haben eine tiefe Sehnsucht nach Gott, nach seiner Nähe, nach mehr Erkenntnis und danach, ihm zu begegnen. Auf berührende Weise kommt dies auch in Psalm 42,2-3 zum Ausdruck: *Wie der Hirsch nach frischem Wasser lechzt, so lechzt meine Seele nach dir, o Gott. Meine Seele dürstet nach Gott, ja, nach dem lebendigen Gott. Wann*

endlich werde ich wieder zum Heiligtum kommen und dort vor Gottes Angesicht stehen? Die in Kapitel 2 beschriebenen Hindernisse haben deutlich gemacht, wie sehr sich Introvertierte nach einem Halt und einer inneren Heimat sehnen. Diese tiefe Sehnsucht kann zum Ausgangspunkt besonderer Gotteserfahrungen werden, die wiederum dazu dienen können, die ganze Gemeinde zu ermutigen.

Möglicherweise haben Introvertierte sogar einen besonderen Auftrag dafür, Extrovertierte mit ihrer Sehnsucht nach Gott anzustecken und tiefe Glaubenserfahrungen zu teilen. Ein Dienstbereich, in dem dieses Sehnen nach Gott besonders zum Ausdruck kommt, ist der Bereich der Anbetung. Es kommt bestimmt nicht von ungefähr, dass auffallend viele Introvertierte (die das Rampenlicht ja eher scheuen) genau in diesem Bereich mitarbeiten. Auch viele Lobpreisleiter sind introvertiert. Oft gelingt es jenen auf besondere Weise, eine Verbindung zu den Herzen der Zuhörer herzustellen und sie in Gottes Gegenwart zu führen.

5. **Gabe des Zuhörens.** Introvertierte sind gute Zuhörer und schenken den Menschen um sich herum viel Raum. In seinem zweiten Buch (*The Listening Life,* »Das hörende Leben«, 2015) schreibt Adam McHugh, dass ihm seine Introversion bisher in jedem geistlichen Dienst geholfen habe – insbesondere dank der besonderen Gabe des Zuhörens. Jene sei vermutlich das größte Geschenk, das er anderen Menschen anbieten könne.

Zuhören beschränkt sich dabei nicht auf gesprochene Worte, sondern richtet sich auch auf das Ungesagte, die Zweifel, Fragen und Gefühle des Gegenübers. Zuhören dieser Art ist erstaunlich kraftvoll, selbst wenn dabei weder Probleme gelöst noch Ratschläge erteilt werden. Vielleicht findet sich genau aus diesem

Grund die Aufforderung in Jakobus 1,19: *Jeder sei schnell bereit zu hören, aber jeder lasse sich Zeit, ehe er redet, und erst recht, ehe er zornig wird.*

Besonders gut gefällt mir Henri Nouwens Beschreibung von Zuhören als *»geistlicher Gastfreundschaft«*:

»Zuhören fällt sehr schwer, denn es gehört viel innere Festigkeit dazu, sich nicht stets durch kluge Reden, Argumente, Bemerkungen oder Erklärungen beweisen zu müssen. Gute Zuhörer [...] sind frei und bereit zu empfangen, zu begrüßen und aufzunehmen. Zuhören ist viel mehr, als einem anderen zu reden zu gestatten, währenddessen man selbst auf eine Gelegenheit der Erwiderung wartet. Zuhören bedeutet, anderen unsere uneingeschränkte Aufmerksamkeit zu schenken und sie in unserem Inneren zu begrüßen. Das Schöne des Zuhörens zeigt sich darin, dass diejenigen, denen zugehört wird, mehr und mehr das Gefühl erhalten, akzeptiert zu sein, die eigenen Worte ernster zu nehmen und dabei ihr wahres Ich zu entdecken. Zuhören ist eine Art geistliche Gastfreundschaft, durch die wir Fremde einladen, Freunde zu werden, ihr inneres Ich besser kennenzulernen und es sogar zu wagen, mit uns zu schweigen.«[158]

Vielleicht erinnern Sie sich daran, was ich im Vorwort über das Thema Gastfreundschaft geschrieben habe? Dass ich mich als Introvertierte völlig unfähig fühle, den geistlichen Maßstäben dieser Gabe zu genügen. Nouwens Gedanken machen mich nachdenklich und einmal mehr frage ich mich, ob uns vielleicht manchmal auch unsere eigene Vorstellung, die wir mit gewissen Gaben verbinden, im Weg steht? Wenn die Gabe des Zuhörens auf diese Weise verstanden und gelebt wird, kann selbst eine Introvertierte wie ich zur Gastgeberin werden und der Gemeinde mit dieser Gabe dienen.

Zuhören ist übrigens eine Gabe, die möglichst alle Christen lernen sollten und auch können! Denn auch Introvertierte brauchen Zuhörer!

6. **Künstlerischer Ausdruck.** Die schier unerschöpfliche Quelle der Innenwelt wird für etliche Introvertierte zum Ausgangspunkt und zur Inspiration für künstlerische Betätigung. Kunst ist ein besonderes Geschenk Gottes an die Menschen und spricht eine Sprache, die oft keiner Worte bedarf. Hier gibt es für die christlichen Gemeinschaften im deutschsprachigen Raum noch viel Neuland zu entdecken. Etliche Introvertierte verfügen über künstlerische Fähigkeiten (Malen, Dichten, Texten, Filmen, Fotografieren, Musizieren, Schreiben etc.), die das Gemeindeleben enorm bereichern könnten. Doch während künstlerisch veranlagte Extrovertierte ihre Gabe freiwillig mit der Gemeinde (und der Welt) teilen, halten sie viele Introvertierte bedeckt. Im Abschnitt *Gemeinden prägen durch Sichtbarkeit* von Kapitel 4 werde ich näher darauf eingehen, wie man mit dieser Problematik umgehen kann.

Extrovertierte Förderer

Damit introvertierte Christen die christliche Gemeinschaft mit ihren Stärken prägen können, sind sie auf aktive Unterstützung von extrovertierten Christen angewiesen. Ausgangspunkt von Evan Baltz' Buch war seine Traurigkeit darüber, dass introvertierte Christen im Gemeindebau kaum bis gar nicht berücksichtigt werden. »*Wieso versucht die Kirche nicht, Introvertierte dort abzuholen, wo sie sind?*«, fragte er sich.[159] »*Wieso gibt es keine Dienste speziell für uns?*« Während es oft Pastoren und geistliche Dienste für alle möglichen sozialen Gruppen gebe (zum Beispiel Kinder, Senioren, Frauen, Männer, Ausländer etc.), kümmere sich kein einziger Dienst um die Anliegen der Introvertierten. Laut Baltz braucht es neue Vorgehensweisen, um *»die Millionen von uns introvertierten Christen da draußen besser zu erreichen«*[160]. Am Ende seines Buches erinnert Baltz die Leser an Folgendes: Es sei gut möglich, dass 50 Prozent ihrer Gemeinde introvertiert sind. Er gibt zu bedenken, dass Introvertierte *»jede Woche mit einer gewissen Furcht zur Kirche«* kommen. Baltz bittet: *»Zeigt uns bitte, dass es euch nicht egal ist. Bitte anerkennt, dass es uns gibt, und akzeptiert uns so, wie wir sind, und kümmert euch auf sinnvollere Weise um uns. Jedes Mal, wenn ihr eine neue Veranstaltung oder einen neuen Dienst ins Leben ruft, berücksichtigt uns bitte. Lasst uns nicht außen vor. [...] Wir lieben Gott. Wir möchten sein Wort studieren. Wir sind Christen, und wir sind Introvertierte.«*[161]

Doch wie könnte eine »sinnvollere Weise« der Unterstützung denn aussehen? Was können Extrovertierte konkret tun, damit sich Introvertierte akzeptiert fühlen und der Rahmen dafür geschaffen wird, dass jene die Gemeinde – ihrem Naturell entsprechend – mit ihren Stärken bereichern können?

Praxistipps für extrovertierte Christen im Umgang mit Introvertierten

Bei den hier erwähnten Praxistipps handelt es sich um Anregungen zum Weiterdenken und Ausprobieren.

- **Nehmen Sie Introvertierte bewusst wahr.** Es beginnt alles damit, dass Introvertierte überhaupt wahrgenommen werden. Das kann unter Umständen schwierig sein, da Introvertierte oft extrovertiertes Verhalten an den Tag legen, um nicht aufzufallen. Aber ich denke, dass Ihnen anhand der Ausführungen in diesem Buch (auch mit dem Test in Kapitel 1) etliche Anhaltspunkte zur Verfügung stehen, die Ihnen dabei helfen werden, Introvertierte in Ihrer Gemeinde zu entdecken. Versuchen Sie, auf diese Weise herauszufinden, wer introvertiert ist und wie viele Introvertierte in Ihrer Gemeinde ein und aus gehen.

- **Berücksichtigen Sie Introvertierte.** Bemühen Sie sich darum, bei der Gestaltung des Gottesdienstes, bei der Planung und Durchführung von neuen Veranstaltungen, in einer Predigt und so weiter die Andersartigkeit von Introvertierten zu berücksichtigen. Gehen Sie zurückhaltend mit Anweisungen zu sozialen Interaktionen um (zum Beispiel Austausch mit Sitznachbar, Bewegungen im Lobpreis etc.). Denken Sie daran, dass Introvertierte dies als unangenehm empfinden. Das heißt nicht, dass man all dies deshalb nicht machen darf. Man darf durchaus, aber sollte Raum lassen für Freiwilligkeit!

  Wagen Sie es vielleicht auch, hin und wieder liturgische Elemente einzubauen. Viele Introvertierte fühlen sich nämlich zu einer geführten Liturgie und zu Symbolen hingezogen. Während Extrovertierte Freiheit und Spontaneität schätzen, wirken repetitive, liturgische und meditative Elemente beruhigend auf Introvertierte. Sie vermitteln ihnen ein Gefühl von Geborgenheit und Sicherheit. Zudem ist es für einige Introvertierte von großer Bedeutung, wenn das Kirchenjahr beachtet wird.

  Achten Sie bei der Gestaltung von Workshops oder Ähnlichem darauf, dass parallel zu den Gruppenaktivitäten auch die Möglichkeit einer Einzelaktivität besteht oder dass zumindest beides abwechselnd eingesetzt wird (und nicht ausschließlich mit Gruppenaktivitäten gearbeitet wird).

- **Fragen Sie Introvertierte um ihre Meinung.** Da häufig Extrovertierte in der Gemeinde an vorderster Front aktiv sind, werden vor allem diese um ihre Meinung gefragt. Introvertierte übernehmen tendenziell eher Aufgaben in der Gemeinde, bei denen sie nicht auffallen und deshalb auch nicht nach ihrer Meinung gefragt werden. So erhalten Introvertierte in christlichen Gemeinden eher selten eine Plattform, wo sie nach ihrer Meinung gefragt werden (außer sie sind in der Leitung aktiv), und daher wird auch eher selten etwas zu ihren Gunsten verändert.

- **Locken Sie introvertierte Teammitglieder aus der Reserve.** Introvertierte brauchen Menschen, die sie von Zeit zu Zeit aus der Reserve locken. Dies ist insbesondere dann wichtig, wenn Introvertierte in einem Team mitarbeiten. Sie brauchen Verbündete, die sich nicht über die schweigenden Teammitglieder ärgern, sondern diese herausfordern, sich zu äußern, mit offenen Fragen wie: »Was denkst du dazu?« oder »Wie siehst du das?«. Introvertierte haben oft andere, tiefe und wertvolle Einsichten, die für das ganze Team von Bedeutung sind.

Mir war das lange Zeit überhaupt nicht bewusst. Nachdem ich einige Jahre in einem christlichen Frauenteam mitgearbeitet hatte, das in der Schweiz einen Frauenimpulstag (FIT) organisiert, sagte die Teamleiterin bei meiner Verabschiedung zu mir: *»Weißt du, deine Beiträge waren stets so hilfreich. Meistens warst du lange still und hast nur zugehört. Doch dann hast du irgendwann das Wort ergriffen, ein paar Sätze gesagt und das Problem, über das wir vorher ausschweifend diskutiert haben, war gelöst.«* So hatte ich das selber nie gesehen.

Dass introvertierte Teammitglieder manchmal so still sind, hängt nicht unbedingt mit Schüchternheit zusammen, sondern vielmehr damit, dass sie in ihrer Innenwelt intensiv damit beschäftigt sind, das Gehörte zu sortieren, zu verknüpfen und an Lösungen zu arbeiten.

- **Schaffen Sie ruhige Begegnungsoasen.** Introvertierte fühlen sich unter vielen Menschen schnell überfordert. Trotzdem wünschen sie sich durchaus Begegnungen im kleinen Rahmen (auch im Gottesdienst). Nicht zusätzlich, sondern anstelle von oberflächlichen Begegnungen im großen Gewühl. Suchen Sie nach Möglichkeiten, bewusst stillere Begegnungsoasen einzurichten. Vielleicht in einem dazu bestimmten Raum, in dem man ebenfalls den Kirchenkaffee genießen und sich in einer ruhigeren Atmosphäre austauschen kann.

- **Nehmen Sie sich Zeit fürs Gespräch.** Bringen Sie Introvertierten Ihre Wertschätzung zum Ausdruck, indem Sie ihnen in einem tiefen Gespräch Ihre ungeteilte Aufmerksamkeit schenken. Zeigen Sie aufrichtiges Interesse an Themen, die Introvertierten auf dem Herzen liegen. Interessieren Sie sich für deren Innenleben: für ihre Gedanken, ihre Herausforderungen, ihre Projekte, ihre Leidenschaften.

- **Rekrutieren Sie introvertierte Mitarbeiter.** Zunächst deshalb, weil Introvertierte sehr wertvolle, treue, fähige, gewissenhafte und loyale Mitarbeiter sind, wenn die Rahmenbedingungen stimmen. Dann aber auch deswegen, weil eine Mitarbeit Introvertierten dabei hilft, sich in einer Gemeinschaft nicht so verloren zu fühlen. Die Zugehörigkeit zu einem Team und damit verbundene tiefere Beziehungen sowie eine regelmäßige Mitarbeit können für Introvertierte sehr hilfreich sein und verbindend wirken.

- **Übertragen Sie Introvertierten Verantwortung.** Fordern Sie Introvertierte, deren Potenzial Sie erkannt haben, heraus, verantwortlich mitzuarbeiten (idealerweise in einem Extro-Intro-Team). Es braucht Introvertierte in verantwortungsvoller Position, damit auch den Bedürfnissen von Introvertierten Rechnung getragen wird.

- **Geben Sie Introvertierten eine Aufgabe.** Bei größeren gesellschaftlichen Treffen im Rahmen einer Kirche oder Gemeinde ist es für Introvertierte äußerst hilfreich, wenn sie eine konkrete Aufgabe haben. Eine Aufgabe, die es ihnen ermöglicht, sich hinter den Kulissen zurückzuziehen, wenn sie möchten. Eine Aufgabe, die ihnen aber auch dabei hilft, ihre Unbehaglichkeit unter Menschen zu erleichtern, Small Talk auszuweichen und trotzdem mit anderen Menschen in Kontakt zu treten.

- **Schaffen Sie introvertiertenfreundliche Begegnungsräume.** Unterstützen Sie die Bildung von Begegnungsräumen, in denen sich auch Intros wohlfühlen. Dabei kann es sich zum Beispiel um Begegnungen im kleinen Rahmen handeln (Zweierschaften, Bibelstudium zu zweit etc.). Auch ein Begegnungsraum, in dem Introvertierte unter sich in der Tiefe über Themen austauschen könnten, wäre sehr wertvoll. Ein introvertierter Freund schrieb mir diesbezüglich: »*Ich sehne mich danach, mit ›meinesgleichen‹ Zeit zu verbringen, zu diskutieren, sich zu inspirieren, denkerische Höhen zu erklimmen und Tiefen zu erkunden. Ohne dass es gleich in hundert (neue) Tätigkeiten umgesetzt werden muss.*«

- **Nutzen Sie die Möglichkeiten der sozialen Medien.** Soziale Medien stehen in der heutigen Zeit für eine innovative und introvertiertenfreundliche Möglichkeit, sich zu vernetzen. Sie werden von vielen Introvertierten sehr geschätzt, weil hier Nähe ohne soziale Interaktion und auf schriftlichem Wege möglich ist.

In meiner Arbeit als Studienleiterin Fernstudium Theologie am Theologischen Seminar St. Chrischona (tsc) stelle ich immer wieder überrascht fest, welche Intensität und Tiefe bei der Beziehungspflege im virtuellen Raum möglich ist (selbst im Kontakt mit Menschen, die man noch nie face to face gesehen hat). Introvertierten Menschen fällt es oft sogar leichter, sich im geschützten Rahmen der Schriftlichkeit zu öffnen und sich zum Beispiel in Foren in ihrem Tempo in eine tiefgründige Diskussion einzubringen.

Das Feld von Möglichkeiten im Bereich der sozialen Medien ist für die christliche Gemeinschaft meines Erachtens enorm. Ich habe den Eindruck, dass wir hier noch ganz am Anfang stehen und dass es von immer größerer Bedeutung sein wird, qualifizierte (das heißt sowohl theologisch als auch technisch versierte) Mitarbeiter für diesen innovativen Dienstbereich zu rekrutieren und sogar anzustellen. Denn eine ansprechende Qualität und eine gute Betreuung von sinnvollen Angeboten erfordert auch entsprechende Ressourcen. Ideen in diese Richtung wären zum Beispiel, eine virtuelle Bibelgesprächsgruppe via Internetforum zu bilden. Jeder studiert die Bibel für sich persönlich und danach diskutiert man das Gelesene im Forum oder gelegentlich auch in einem Chat, wo sich alle gleichzeitig treffen. Man könnte weiter eine Frage-Antwort-Seite zu biblischen Fragen einrichten. Auch Videobotschaften mit anschließendem Chat (geleitet von einem fähigen Moderator) wären eine Möglichkeit, über Fragen des Lebens und des Glaubens zu diskutieren. Idealerweise werden Angebote dieser Art direkt in der offiziellen Gemeindewebsite eingebettet.

In meiner Gemeinde gibt es zudem eine WhatsApp-Gruppe für Frauen (mit knapp sechzig Teilnehmerinnen – bunt gemischt von jung bis älter). Das ist eine Form des Austauschs, die ich als Introvertierte sehr schätze. Via Nachrichten tauschen wir Anliegen aus und beten füreinander. Am Morgen werden wir im

Chat mit einem Morgensegen beschenkt. Im Chat können wir uns gegenseitig ermutigen und füreinander da sein. Außerdem sind wir dadurch so gut informiert, dass sogar Ehemänner mit großem Interesse in unserem Frauenchat lesen.

- **Ringen Sie um Neudefinitionen.** Vermeiden Sie Einseitigkeiten und Missverständnisse, wenn Sie Begriffe wie *Evangelisation* oder *Gastfreundschaft* verwenden. Ringen Sie um ein Dienstverständnis, das der Andersartigkeit von Introvertierten gerecht wird und ihnen nicht das Gefühl vermittelt, sie seien ungeeignet dafür, Gott zu dienen. Erweitern Sie Ihr Verständnis von Gastfreundschaft beispielsweise um die oben erwähnte Dimension des aufmerksamen Zuhörens.

Und erinnern Sie sich immer wieder daran, dass eine lebendige Beziehung zu Jesus wichtiger ist als jede Evangelisationstechnik. Aufmerksames Zuhören kann bei der Evangelisation manchmal sogar wertvoller sein als die eindringlichste (und erst recht aufdringlichste) evangelistische Botschaft. Evangelisation beschränkt sich nicht nur auf gesprochene Worte. Sie entspricht idealerweise unserem Wesen. Überdies kann die Gute Nachricht auch durch gesungene oder geschriebene Worte in die Welt getragen werden. Selbst das Schreiben von Karten, mit denen Menschen ermutigt werden, praktische Liebesdienste oder was auch immer können eine wirksame Form der Evangelisation darstellen. Hier gilt es, unseren Denkhorizont zu erweitern und neu Raum zu schaffen für einen großen Gott, der in und durch die unterschiedlichsten Menschen auf vielfältige und erstaunliche Weise wirkt.

Impulse zum Weiterdenken

- Welche introvertierte Stärke (entsprechend der Auflistung) erkennen Sie in Ihrem Leben am deutlichsten?
- Welche der erwähnten Praxistipps scheinen Ihnen (als Extro) im Umgang mit introvertierten Christen wesentlich zu sein für Ihre christliche Gemeinschaft? Wie können Sie sie in die Praxis umsetzen?
- Wie definieren Sie »Evangelisation«? Inwiefern könnte man Evangelisation neu definieren, sodass sich auch Intros in diesen wichtigen Auftrag eingebunden fühlen?

Gemeinden prägen durch Sichtbarkeit

Gott hat jedem von euch Gaben geschenkt,
mit denen ihr einander dienen sollt.
Setzt sie gut ein, damit *sichtbar* wird,
wie vielfältig Gottes Gnade ist.

1. Petrus 4,10 (NLB)

Nach den Praxistipps für Extrovertierte widmet sich dieses abschließende Unterkapitel der Frage, was Introvertierte denn selber dazu beitragen können, damit ihre Stärken in der Gemeinde zur Entfaltung kommen. Introvertierte dürfen nicht in jedem Fall (und das ist herausfordernd) die Extrovertierten für ihr Dilemma in der christlichen Gemeinschaft verantwortlich machen. Je nachdem, wie sie sich verhalten, sind sie nämlich für ihr Dilemma mitverantwortlich! Das Schlüsselwort in diesem Unterkapitel lautet

»Sichtbarkeit«. Bei dem oben angeführten Bibelvers handelt es sich um eine ergänzte Version des Bibelverses, der bereits den vorangehenden Abschnitt (*Gemeinden prägen durch introvertierte Stärken*) einführte. 1. Petrus 4,10 macht deutlich: Die Unterschiedlichkeit der Temperamente und Begabungen hat letztlich nicht bloß zum Ziel, sich gegenseitig zu ergänzen und aufzuerbauen, sondern sie soll in ihrer Vielfalt etwas von Gottes Wesen in dieser Welt sichtbar machen!

»Sprich, damit ich dich sehe«

Im platonischen Dialog *Charmides* fordert Sokrates seinen Gesprächspartner Charmides auf: »*Sprich, damit ich dich sehe.*«[162] Nur wenn unser Gegenüber spricht, können wir erfahren und »sehen«, was im anderen vorgeht. Allerdings ist es nicht ganz einfach, das Gegenüber zum Sprechen zu bringen. Denn dass jemand spricht, setzt voraus, dass eine andere Person aufmerksam zuhört. Nur wer spürt, dass die Gesprächspartnerin wirklich zuhört, dass sich der Gesprächspartner ehrlich für das Gesagte interessiert, ist bereit, sich zu öffnen. Dabei erkennen Introvertierte sehr rasch oberflächliches Verhalten.

Vor einigen Tagen habe ich während einer Autofahrt darüber nachgedacht, wieso Gott uns Menschen überhaupt mit einer Stimme ausgestattet hat. So wie alles andere ist auch dies zweifellos kein Zufall. Wenn der Schöpfer uns eine Stimme gegeben hat, dann bestimmt mit der Absicht, dass wir sie auch einsetzen! Dabei ist die Stimme nicht einfach für uns selbst bestimmt (sonst hätten Gedanken ausgereicht). Unsere Stimme beziehungsweise die Worte, die dank ihr erklingen, sowie die Höhen und Tiefen der Stimme und auch ihre Lautstärke geben unserem Gegenüber die Möglichkeit, akustisch wahrzunehmen, was wir denken und wie wir es meinen. Doch wieso ist genau dies oft so unglaublich schwierig? Für viele Intros sogar ungleich viel schwieriger als für Extros. Was hält uns davon ab, unsere Stimme so einzusetzen, dass sie von anderen richtig wahrgenommen wird?

Es setzt voraus, dass ich etwas von dem, was in mir verborgen ist, für mein Gegenüber sichtbar – beziehungsweise hörbar und erfahrbar – mache. Introvertierte charakterisiert, dass sie einerseits um keinen Preis auffallen wollen, und andererseits, dass sie sich extrem schwertun damit, anderen Einblick in ihre verborgene Innenwelt zu geben. Dies kommt auch in der Titelformulierung von Jenn Grannemans Neuerscheinung (2017) zum Ausdruck: *The Secret Lives of Introverts. Inside Our Hidden World* (»Die geheimen Leben von Introvertierten. Innerhalb unserer verborgenen Welt«).

Mein Buch konzentriert sich auf die Stärken introvertierter Christen. Doch was bringt einer Kirche oder Gemeinde die eindrücklichste Stärke eines introvertierten Mitglieds, wenn nichts davon sichtbar wird? Das *Entdecken* introvertierter Stärken ist bloß *eine* Seite der Medaille. Die *andere* Seite ist, dass dieser Schatz nun »über der Wasseroberfläche« auch anderen zugänglich gemacht wird. »Sprich, damit ich dich sehe« erinnert Introvertierte daran, dass manchmal auch stille Menschen ihren Mund aufmachen sollten: für sich selbst, für ihre Überzeugungen und Erkenntnisse, aber auch zum Wohl von anderen Menschen. Vergessen Sie nicht: Auch Sie haben etwas zu sagen! Auch Sie haben Gedanken, die es wert sind, gehört zu werden.

Lassen Sie Ihr Licht leuchten!

Ein Weg zur Sichtbarkeit ist also die Kommunikation. Und zwar nicht nur die (von vielen Intros bevorzugte) schriftliche, sondern auch die mündliche Kommunikation. Vielleicht denken Sie nun: Mich mündlich klar auszudrücken, ist etwas, was ich schlicht und einfach nicht kann. Abgesehen davon, dass Kommunikation einer gewissen Übung bedarf (diese beginnt damit, dass man einfach mutig anfängt, hin und wieder etwas zu sagen), wären Sie selbst im Falle einer absoluten Sprechuntauglichkeit nicht vom Auftrag der Sichtbarkeit entbunden. Denn auch die nonverbale Kommunikation ist gefragt!

In Matthäus 5,15-16 finden wir die folgende interessante Aussage: *Auch zündet niemand eine Lampe an und stellt sie dann unter ein Gefäß. Im Gegenteil: Man stellt sie auf den Lampenständer, damit sie allen im Haus Licht gibt.* **So soll auch euer Licht vor den Menschen leuchten**: *Sie sollen eure guten Werke sehen und euren Vater im Himmel preisen.* Anstelle von »Gefäß«, wie es in der Neuen Genfer Übersetzung zu lesen ist, steht bei Luther der Ausdruck »Scheffel«. Die Aufforderung »Stell dein Licht nicht unter den Scheffel!« bedeutet im Volksmund, dass man sich nicht unnötig mit seinem Können zurückhalten soll. Bei der biblischen Wurzel dieser Redensart geht es jedoch um weit mehr als um falsche Bescheidenheit.

Ziemlich am Anfang der Bergpredigt ruft Jesus seinen Jüngern zu: *Ihr seid das Licht der Welt!* (Matthäus 5,14). Und weil es in der Natur des Lichts liegt, Helligkeit zu spenden, fügt er erklärend hinzu: Niemand zündet eine Lampe an und stellt sie dann unter ein Gefäß beziehungsweise einen *Modios*, wie es im griechischen Urtext heißt. Der Modios galt als damals übliches Messgefäß von knapp neun Litern. Der Schweizer Pastor Christian Ringli erklärt:

Als Luther vor 500 Jahren die Bibel übersetzte, wusste das jedoch keiner mehr, und so wählte er ein Gefäß aus seiner Zeit: den Scheffel, der je nach Region zwischen 17 und 310 Litern umfasste (sodass, wer sein Geld mit so großen Gefäßen maß, Geld »scheffelte«). Wie so oft haben Luthers Formulierungen den Volksmund stark geprägt, sodass man auch heute noch vom »Licht unter dem Scheffel« spricht, selbst wenn dieser längst internationalen Maßeinheiten weichen musste.[163]

Die Fortsetzung der Textstelle zeigt, wie die Aufforderung zum Leuchten zu verstehen ist: *So soll auch euer Licht vor den Menschen leuchten: Sie sollen eure guten Werke sehen und euren Vater im Himmel preisen* (Matthäus 5,16). Hier geht es nicht darum, dass wir der Welt unsere Talente vorführen sollen, sondern darum, dass öffentlich sichtbar wird, wie unser Glaube unser Leben und Handeln prägt. Dabei soll es nie um unsere eigene Ehre, sondern allein um Gottes Ehre gehen! Wenn man zum Beispiel den Armen etwas gibt, soll dies nicht ausposaunt werden, sondern im Verborgenen geschehen (vgl. Matthäus 6,2-4). Wir sollen »leuchten«, damit der Vater im Himmel dafür geehrt wird. Wir sollen uns aber nicht zur Schau stellen, um selbst dafür geehrt zu werden.

Jesus sagt über sich selbst: *Ich bin das Licht der Welt. Wer mir nachfolgt, wird nicht mehr in der Finsternis umherirren, sondern wird das Licht des Lebens haben* (Johannes 8,12). Die Quelle unserer Strahlkraft ist Jesus selbst. Indem wir sein Licht in und durch uns leuchten lassen, ehren wir den, der uns geschaffen und berufen hat. Ihm zur Ehre sind introvertierte Christen aufgefordert, von Zeit zu Zeit aus ihrer verborgenen Innenwelt aufzutauchen, um anderen Anteil an Erkenntnissen zu geben, die Gott ihnen geschenkt hat, um sie mit Gaben zu beschenken, die ihnen vom Schöpfer anvertraut wurden, oder um anderen davon zu erzählen, wie Jesus in ihrem Leben wirkt. Die enge Verbindung mit Jesus macht Kinder Gottes fähig, das zu tun, was Gott gefällt, und durch einen vorbildlichen und reifen Lebenswandel in einer dunklen Welt zu leuchten *wie Sterne am Nachthimmel* (Philipper 2,15).

Lichter dienen der Orientierung. Nicht nur die Sterne am Nachthimmel, sondern beispielsweise auch Leuchttürme. Dazu bedarf es nicht einmal einer besonderen Anstrengung vonseiten der Leuchttürme. Die amerikanische Schriftstellerin Anne Lamott schrieb in diesem Zusammenhang: »*Leuchttürme rennen auch nicht überall auf der Insel herum und suchen nach Booten, die sie retten können; sie stehen nur da und senden ihr Licht aus.*« So ähnlich kann auch unser Leuchten anderen Menschen zur Orientierung dienen. In dem Maße, wie wir uns selber immer wieder neu an Jesus als dem lebendigen Licht und seinem Wort orientieren (vgl. Psalm 119,105).

Charakteristisch für introvertierte Menschen ist auch ihre Angst, öffentlich zu leuchten. Eigentlich würde die Rolle des Lichts *unter dem »Scheffel«* viel besser zu ihrer Wesensart passen. Ja nicht auffallen! Ja keine Aufmerksamkeit erregen! Immer schön im Verborgenen bleiben! Doch leider ist der Rückzug unter den Scheffel eine Sackgasse. Früher oder später wird der Sauerstoff ausgehen und das Licht ersticken. Leuchten hingegen, in einer Umgebung mit genügend Sauerstoff, macht lebendig. Aber – zum Leidwesen der Introvertierten – Leuchten fällt auf! Es ist sichtbar und öffentlich. Leuchtende Menschen machen sich verletzlich. Sie geben etwas von sich preis. Und das kann viel Mut kosten.

In seiner Antrittsrede als Präsident von Südafrika zitierte Nelson Mandela im Jahr 1994 eine Passage aus dem Buch *Rückkehr zur Liebe* (1992) von Marianne Williamson. Auch wenn ich die meisten ihrer Ideologien nicht teile, halte ich ihre Gedanken zum Leuchten für bemerkenswert:

> Unsere größte Angst ist nicht, unzulänglich zu sein. Unsere größte Angst ist, grenzenlos mächtig zu sein. Unser Licht, nicht unsere Dunkelheit, ängstigt uns am meisten. Wir fragen uns: Wer bin ich denn, dass ich so brillant sein soll? Aber wer bist du, es nicht zu sein? Du bist ein Kind Gottes. Es dient der Welt nicht, wenn du dich kleinmachst. Sich kleinzumachen, nur damit sich andere um dich herum nicht unsicher fühlen, hat nichts Erleuchtetes. Wir wurden geboren, um die Herrlichkeit Gottes, der in uns ist, zu manifestieren. […] Und wenn wir unser Licht scheinen lassen, geben wir damit unbewusst anderen die Erlaubnis, es auch zu tun. Wenn wir von unserer eigenen Angst befreit sind, befreit unsere Gegenwart automatisch die anderen.[164]

Ich erinnere mich an den Moment in meinem Leben, als mir diese Angst zum ersten Mal bewusst wurde. Und zwar stellte ich in meinen Jugendjahren fest, dass ich nicht nur leidenschaftlich gerne, sondern auch ziemlich gut singen kann. Während vieler Jahre konnte ich durch Gesangsunterricht an meiner Stimme arbeiten. Doch von all dem, was ich im Unterricht lernte und was ich großartig anwenden konnte, wenn ich ganz allein zu Hause war, getraute ich mich seltsamerweise nur ganz wenig anzuwenden, wenn jemand zuhörte. Das war sogar bei engsten Familienmitgliedern der Fall. Hätte man mir zugehört, wenn ich allein war und wenn ich vor jemandem sang, hätte man denken können, es seien zwei verschiedene Personen. Ich hatte irgendwie Angst zu zeigen, was in mir steckt. Vielleicht befürchtete ich, dass andere dann denken, ich hielte mich für besonders, oder weil es den Anschein machen könnte, ich möchte mich in den Vordergrund drängen.

Es hat viele Jahre gedauert, bis ich in diesem Bereich Fortschritte machte. Und noch heute ist es nicht ganz überwunden. Es gelingt mir auch heute kaum, ein Lied so im Gottesdienst zu singen, wie ich es zu Hause – allein für mich – singen kann. Dabei spielen verschiedene Faktoren eine Rolle: die Hemmung, sich vor anderen zu präsentieren, die Aufregung, das Rampenlicht und vieles mehr. In solchen Momenten hilft mir, mich immer wieder neu daran zu erinnern, dass Jesus die Quelle meiner Strahlkraft ist und dass ich ihm zur Ehre leuchten möchte.

»Sei dir selber treu«

»Dies über alles: sei dir selber treu!«[165] Dieses Zitat von William Shakespeare weist auf eine unverzichtbare Voraussetzung für leuchtendes Leben hin. Kraftvolle Sichtbarkeit ist authentisch, ehrlich, steht zu ihren Grenzen, macht sich verletzlich und wirkt dadurch verbindend und einladend. Gespielte Sichtbarkeit ist unglaubwürdig und wirkt befremdend. Cain äußert im Blick auf ihr Buch folgenden Wunsch: *»Wenn Sie nur eine Botschaft aus diesem Buch mitnehmen, dann, wie ich hoffe, die, welchen Wert es hat, sich selbst treu zu bleiben. Ich habe persönlich die lebensverändernden Wirkungen dieser Lektion erfahren.«*[166]

»Liebe Mit-Introvertierte«, schreibt Sophia Dembling, *»es ist an der Zeit, dass wir aufhören, etwas vorzutäuschen, es ist an der Zeit, dass wir aufhören, uns dafür zu entschuldigen, wie wir sind. Nur weil wir dazu in der Lage sind, der Welt ein extrovertiertes Gesicht zu*

zeigen, bedeutet das noch lange nicht, dass wir dies auch tun müssen. Es ist allein unsere Entscheidung.«[167]

Zweifellos gibt es Zeiten, in denen Intros Kompromisse eingehen müssen. Auch dass sie gelegentlich über ihre Komfortzone hinausgehen müssen, um einen Auftrag zu erfüllen, den Gott ihnen anvertraut hat. Aber damit introvertierte Christen nicht an den extrovertierten Erwartungen einer christlichen Gemeinschaft zerbrechen, müssen sie lernen, radikal ehrlich zu werden. Kolosser 3,9 fordert dazu auf, einander nicht zu belügen, und Epheser 4,25 erinnert daran, dass man einander die Wahrheit sagen soll. Ehrlich zu seiner introvertierten Andersartigkeit zu stehen, bedeutet, sich selbst und anderen einzugestehen, wie man empfindet und welche Bedürfnisse man hat. Verstricken Sie sich nicht in Notlügen oder seltsamen Ausflüchten, wenn Sie etwas lieber nicht tun oder einer Veranstaltung lieber fernbleiben möchten. Wagen Sie es, die Wahrheit zu sagen. Erwarten Sie nicht von den Extrovertierten, dass sie Ihre Gedanken lesen lernen.

Sich selber treu zu sein, bedeutet im Kontext einer christlichen Gemeinschaft demzufolge auch, dass man zu seinen Grenzen stehen darf. Wenn Sie eine Pause brauchen – dann machen Sie Pause! Sowohl Intros als auch Extros würden gut daran tun, sorgfältiger auf ihre eigenen Bedürfnisse zu achten. Und halten Sie dabei stets Ausschau nach Ihren dringend benötigten Regenerationsnischen. Außergewöhnliche Menschen machen oft außergewöhnliche Erfahrungen. Sie befinden sich damit oft außerhalb der Norm und mit ihren Empfindungen auch häufig außerhalb dessen, worüber man spricht. Wenn Mut wächst, können Masken fallen. Wenn Abstand und Ruhe nötig werden, darf man ohne schlechtes Gewissen Nein sagen. Im Laufe solcher Veränderungsprozesse kann sich ein Mensch mehr und mehr entfalten und zu dem werden, der er wirklich ist. Ich darf auch ehrlich dazu stehen, wenn ich traurig bin oder wenn ich mich schwach fühle. Genau dann darf ich mich an Gottes Versprechen klammern, dass seine Kraft gerade in meiner Schwachheit zur vollen Auswirkung kommt (vgl. 2. Korinther 12,9).

Beziehungen und Gemeinschaft sind auch für Intros wichtig

»Sich selber treu zu sein«, darf aber nicht als Freibrief zum Nichtstun missverstanden werden. Im Sinne von: »Ach, weißt du, ich bin eben introvertiert, daher kann ich keine Beziehungen pflegen und keinen Dienst in meiner Kirche tun.« Mit der Ausrede: »Ich bin halt einfach so. Das ist meine Persönlichkeit. Ich kann nichts dafür, dass ich so bin, wie ich bin.« Introversion charakterisiert zwar, *wie* ich bin, aber legt nicht fest, *wer* ich bin. Eine introvertierte Veranlagung verurteilt beispielsweise niemanden zu einem Leben in totaler Einsamkeit. Die Aufforderungen der Bibel gelten für Intros genauso wie für Extros. Und solange wir atmen, solange sind wir aufgefordert, uns an Jesus zu orientieren und uns von ihm verändern zu lassen. Dazu gehört, dass wir uns zu Herzen nehmen, was auch Gott am Herzen liegt.

Zum Beispiel die Bedeutung von Beziehungen. Bereits bei der Schöpfung sagte Gott, dass es nicht gut für den Menschen ist, wenn er allein ist. Auch wenn Introvertierte den Rückzug brauchen, um ihr Leben bewältigen zu können, gibt ihnen dieser Rückzug nicht alles, was sie nötig haben. Sie brauchen Gott und auch andere Menschen. Das ist Bestandteil einer gesunden Schöpfungsordnung. In

1. Mose 1,26-27 wird außerdem deutlich, dass unsere Beziehungs-
fähigkeit Ausdruck unserer Gottebenbildlichkeit ist. Wir alle sind
zur Beziehungspflege aufgerufen – Intros ebenso wie Extros. Wir
können nicht für alle Zeit allein sein. Andere Menschen sind genauso wichtig wie wir.

Aber nicht nur Beziehungen sind wichtig. Auch Gemeinschaft
ist wichtig. Laut Mark Tanner widmen sich die ersten fünf Bücher
Mose einzig der Beschreibung, wie sich die Gemeinschaft des Volkes Israel entwickelt hat.[168] Die Israeliten erhalten eine Identität,
Land, Regeln, Werte, ein Erbe und vieles mehr. Und sie werden zu
einem großen Volk geformt. Wir neigen dazu, viele Bibelstellen
individualistisch zu deuten, obwohl sie an die ganze Gemeinschaft
gerichtet sind! Wir sind berufen, *gemeinsam* heilig zu sein (vgl.
1. Petrus 1,15-16). Wir sind berufen, *gemeinsam* Salz und Licht in
dieser Welt zu sein (vgl. Matthäus 5,13-14). *Gemeinsam* sind wir
aufgerufen, in die ganze Welt zu gehen und das Evangelium von
Jesus Christus zu verkünden (vgl. Markus 16,15).

Schließlich sind wir gemäß 1. Petrus 4,10 und vielen anderen
Stellen dazu aufgerufen, uns gegenseitig mit den Gaben zu dienen,
die Gott uns geschenkt hat. Die Verteilung der Gaben orientiert
sich also weder am Temperament noch am Geschlecht oder am
Stammbaum, sondern es ist einzig und allein die Entscheidung des
Schöpfers, wem er welche Gabe anvertraut und wen er für welchen
Dienst beruft. Indem wir uns gegenseitig dienen, soll einerseits
sichtbar werden, was Gott an Schätzen in uns hineingelegt hat, und
andererseits, *wie vielfältig Gottes Gnade ist* (1. Petrus 4,10; NLB).

Introvertiert dienen statt fliehen

Es gehört zu den großen Lebensaufgaben introvertierter Christen, dass sie Menschen *dienen*, statt vor ihnen zu *fliehen*. Dass sie bereit sind, sich an andere zu verschenken, auch wenn es sie zuweilen extrem viel Energie kostet. Berufungen machen nicht vor unserem Charakter halt. So kann man introvertierte Christen auch nicht einfach ein paar wenigen Dienstbereichen zuordnen. Sie sind eigentlich fast überall zu finden. Angefangen mit Diensten im Hintergrund – zum Beispiel bei der Technik, bei der Gestaltung des Infoblattes, der Verwaltung der Finanzen oder der Dekoration des Gottesdienstsaals. Darüber hinaus aber auch in fast allen anderen erdenklichen Dienstbereichen, je nach Auftrag und Begabung, die ihnen von Gott gegeben ist: als Kleingruppenleiter, in der Kinderarbeit, als Moderatorin, als Gemeindeleiter und so weiter.

So kommt es – zur Irritation etlicher Introvertierter (und Extrovertierter) – immer wieder vor, dass Gott auch zurückhaltende Introvertierte zu Aufgaben im Scheinwerferlicht beruft. Ich spreche aus eigener Erfahrung. Wer mich allein anhand meiner Dienste in und außerhalb der Gemeinde beurteilen würde, käme vermutlich nicht auf die Idee, mich in die Kategorie der extrem Introvertierten einzuordnen: Ich leite Lobpreiszeiten, predige gelegentlich und halte viele öffentliche Referate, insbesondere bei Frauentreffen. All diese drei genannten Aufgabenbereiche kosten mich immer wieder sehr viel Mut und Überwindung. Nun kann man sich fragen: Wieso tue ich denn, was ich tue – obwohl es doch offensichtlich meinem Naturell widerspricht? Gott hat mich zu diesen Aufgaben berufen. Was ich tue, ist – meinem Verständnis nach – ein Gehorsamsschritt ihm gegenüber. Ich ordne meine typenbedingten Befindlichkeiten einem höheren Ziel unter und vertraue darauf, dass Jesus *mit* und *durch* meine Andersartigkeit wirkt. Und dass er mir hilft, die Grenzen meiner Persönlichkeit zu überwinden, dort, wo es nötig ist, um ihm zu dienen. Wenn man die Dienste näher betrachtet, fällt auch der introvertierte Anteil auf, der mit ihnen verbunden ist. Vom zeitlichen Aufwand her gesehen, entsteht ein Referat oder eine Predigt zum größten Teil im Rückzug. Damit die Botschaft an den Mann und die Frau kommt, ist ein kurzes Auftauchen an der Wasseroberfläche nötig.

Ebenso dringend ist es für Introvertierte, dass sie nach einem solchen Kraftakt möglichst zeitnah eine Regenerationsnische einbauen, damit sie wieder zu Kräften kommen. Bei der Leitung von Lobpreiszeiten schätze ich es sehr, dass ich von meinem Platz am Flügel aus die Gottesdienstbesucher nicht frontal anschauen muss. Klar suche ich den Blickkontakt mit ihnen, wenn ich zum Beispiel eine Lobpreiszeit einführe. Aber danach suche ich die Intimität mit Jesus. Je besser es mir gelingt, meine Aufmerksamkeit auf Jesus zu richten, einfach nur auf ihn zu sehen und meiner Sehnsucht, ihn anzubeten und ihm zu dienen, nachzugehen, desto ruhiger werde ich. Die schönsten Einsätze erlebe ich dann, wenn ich selber ganz in die Anbetung eintauchen kann.

Introvertierter Pastor

Im Zusammenhang mit »Sichtbarkeit« und »introvertiert dienen« stellt der introvertierte Pastor einen Sonderfall dar. Ist es denn überhaupt möglich, als introvertierte Person eine Rolle auszufüllen, die so viele soziale Interaktionen mit sich bringt? Es *ist* möglich, sofern gewisse Rahmenbedingungen erfüllt sind. Falls es nicht möglich wäre, würde Gott vermutlich auch keine Introvertierten zu einer solchen Aufgabe berufen. Ich kenne einige introvertierte Pastoren ziemlich gut. Und ich bin zur Überzeugung gelangt: Sie sind ein besonderes Geschenk Gottes an ihre Gemeinden!

Ein guter Freund schilderte mir seine Erfahrungen als introvertierter Pastor wie folgt: *»Ich liebe meinen Beruf als Pastor! Aber er verlangt mir oft ganz schön viel ab. Nicht zuletzt wegen meiner introvertierten Veranlagung. Schnell habe ich gemerkt, wie gefragt in Kirchgemeinden eher extrovertierte Eigenschaften sind.«* Als solche nennt er unter anderem die Fähigkeit, auf Menschen zuzugehen oder zum Small Talk. Beliebt seien auch Menschen, die gute Stimmung verbreiten, die es genießen, im Mittelpunkt zu stehen, die *»etwas Glanz und Glamour verbreiten«*, andere vorbehaltlos toll finden und ihnen das auch zeigen können. *»All das liegt mir nicht so«*, gesteht er, *»und es kostet mich Überwindung und Kraft, obwohl ich es ganz passabel kann, wenn es denn sein muss.«* Oft spürt er, dass er Menschen nicht geben kann, was sie erwarten. Umso mehr schätzt er, dass sie sich im Pastorenteam gut ergänzen und er Kollegen und Freunde an seiner Seite hat, die sehr beziehungsstark sind. *»Exotisch fühle ich mich manchmal«*, schreibt er weiter, *»wenn ich feststelle, welch großen Einfluss ich eigentlich auf Menschen und die Kirche habe, ohne dass es wahrgenommen wird. Manchmal macht es mich auch ein bisschen traurig, wenn ich feststelle, wie viel ich mit meinen Gaben und Talenten effektiv in meiner kleinen Welt bewege und dass ich eigentlich auch das Potenzial hätte, größere Dinge zu bewegen. Aber nur wenige ahnen oder merken das! Ich fühle mich dann irgendwie unter Wert verkauft ... Da geht etwas verloren, was wohl bei einem extrovertierten Pastor nicht verloren gehen würde.«* Der Preis dafür, dies zu ändern, wäre, mehr Energie in Networking zu investieren. Doch er ist nicht bereit, diesen Preis zu bezahlen, weil ihn dies schließlich ausbrennen ließe. Interessant und befreiend war für ihn die Entdeckung,

dass es in der Kirche eine fast ebenso große Anzahl von Menschen gibt, die sich mit mir als Pastor mehr verbunden fühlen als mit meinen extrovertierten Kollegen. Allerdings habe ich das eher per Zufall entdeckt, denn diese Leute sagen und zeigen das nicht so offensichtlich. Es sind eben auch die eher Introvertierten, die sich mit mir meistens besser identifizieren können. Sie schätzen meine überlegte Art, die Fähigkeit, mich als Person in den Predigten sehr authentisch zu zeigen und den Zuhörern Anteil zu geben an meinen Fragen, Freuden und meinem Ergehen.

Andere haben entdeckt, wie sehr meine tiefgründige Arbeitsweise die Kirche über die Jahre vorwärtsgebracht hat. Da ist Konstanz, man kann einen Weg erkennen, den wir beharrlich gehen. Gemeindebauliche Fragen werden weitsichtig und mutig angegangen. Dabei folgen wir nicht immer jeder frommen Welle. Das gibt den Leuten Sicherheit. Wir sind eine ziemlich selbstbewusste Kirche geworden, die weiß, wer sie ist und was sie will. Menschen fühlen sich oft von mir inspiriert und folgen mir gerne. Ich habe gelernt, mich an diesen meinen Stärken zu freuen und auch die Schwächen zu akzeptieren und daran zu arbeiten – ich kann nicht allen alles sein, auch wenn ich das gerne möchte … Dabei hatte ich stets das Glück, in der Gemeinde ein Leitungsteam zu haben, das uns Pastoren in unserer Unterschiedlichkeit wahrnimmt, das uns schätzt und uns unterstützt. Als eher introvertierter Pastor könnte und möchte ich nämlich nicht bestehen ohne ein starkes Team an meiner Seite. Ich freue mich an Ergänzung und ich brauche die Ermutigung von Freunden. Sonst würde ich in dieser exponierten Position als Pastor, wo man auch oft und gerne für alles und nichts kritisiert wird, nicht bestehen. Da ich alles immer gerne gut machen möchte und am liebsten allen jeden Wunsch erfüllen möchte und auch sehr viel dafür gebe, kann ich Kritik und Störungen des Beziehungsklimas meistens nicht so locker wegstecken.

Folgende Merkmale zeichnen introvertierte Pastoren aus:

- Sie sind sich ihrer Grenzen bewusst und suchen die Ergänzung in einem leitenden Team.
- Sie sind gute Beobachter und spüren Unstimmigkeiten oder Spannungen, lange bevor sie für andere erkennbar werden.
- Die Predigten von introvertierten Pastoren sind nicht oberflächlich, sondern haben viel Tiefgang.
- Sie müssen eine besondere Fähigkeit zum Delegieren entwickeln, damit sie selber genügend Freiraum für sich haben und aus dem Rückzug neue Energie schöpfen können.
- Sie müssen mehr leisten, um das gleiche Maß an Anerkennung zu bekommen.
- Sie sind meistens eine Wohltat für introvertierte Kirchenmitglieder, nur wissen sie nichts davon.
- Sie brennen leichter aus, weil sie es allen recht machen möchten.
- Sie brennen leichter aus, weil sie Konflikten aus dem Weg gehen und dabei innerlich Schaden nehmen.
- Sie stehen in der Gefahr, an den Maßstäben, die sie an sich und andere legen, zu scheitern.
- Die Predigten von introvertierten Pastoren sind ein Segen, wenn sie sich getrauen, die Zuhörer authentisch am eigenen Erleben teilnehmen zu lassen.

- Die Predigten von introvertierten Pastoren sind ein Segen, wenn es ihnen gelingt und sie sich getrauen, die selber gefühlte emotionale Tiefe von entfalteten Themen zu transportieren.
- Sie sind oft vielseitig begabt. Die Kunst besteht darin, dass sie dazu ermutigt werden, sich auf das zu konzentrieren, was die Kirche gerade am meisten braucht, statt sich zu verzetteln.
- Sie brauchen Aufgaben, die sie herausfordern, sie aber nicht unter Leistungsdruck bringen.
- Sie brauchen liebevolles Feedback, damit sie sich in ihrem Beziehungsverhalten verbessern können.
- Sie lesen viel. Sie verbringen viel Zeit mit Büchern, denn Lesen ist für sie eine gute Möglichkeit, um Energie zu tanken und persönlich zu wachsen.

Ob introvertierter Pastor, introvertierte Lobpreisleiterin, introvertierte Technikerin, introvertierter Gemeindegärtner, introvertierte Küsterin, introvertierter Jugendarbeiter, introvertierte Dekorateurin, introvertierter Gitarrist, introvertierter Webmaster etc. – Sie alle sind von größter Bedeutung für die christliche Gemeinschaft! Dienen Sie mit Ihrer Gabe und lassen Sie Ihr Licht leuchten – zu Gottes Ehre!

Impulse zum Weiterdenken

- In welchem Bereich wäre es für Sie an der Zeit, einen Schritt in die Sichtbarkeit zu wagen und über Ihren eigenen Schatten zu springen? Vielleicht indem Sie jemandem von einer besonderen

Stärke erzählen oder diese Person Ihre Stärke gleich erleben lassen?

- Welche Gabe wurde Ihnen anvertraut? Dienen Sie anderen Menschen bereits damit? Falls nicht: Was hindert Sie daran?
- Wie könnten Sie Ihren introvertierten Pastor oder als Pastor Ihre introvertierten Gemeindemitglieder in Zukunft besser unterstützen?

5. INTROVERTIERT DIE WELT VERÄNDERN

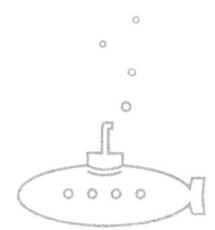

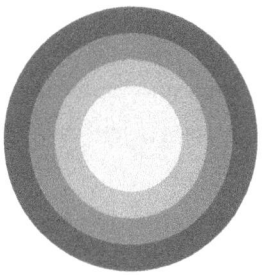

Nachdem wir uns in den vorangegangenen Kapiteln mit dem introvertierten *Innenleben*, *Alltagsleben* und *Gemeindeleben* auseinandergesetzt haben, widmen wir uns in diesem abschließenden Kapitel dem äußersten konzentrischen Kreis: dem *Zukunftsleben*. Hier geht es um die Tatsache, dass nicht nur extrovertierte, sondern auch introvertierte Christen dazu berufen sind, die Welt zu verändern. Was zeichnet denn diese leisen Weltveränderer aus, von denen bereits im Buchtitel die Rede ist? Was ist ihr einzigartiger Beitrag? In welchen Bereichen des Lebens können sie an sich arbeiten, damit die göttliche Leuchtkraft noch stärker durch sie hindurchscheint?

Als Charakteristika von introvertierten Weltveränderern stelle ich Ihnen nach einem einführenden Unterkapitel Horizonterweiterung, Hingabe, Kreativität und Selbstfürsorge vor.

Introvertierte Weltveränderer

Auf sanfte Weise kann man
die Welt erschüttern.

Mahatma Gandhi[169]

Am Morgen des 13. Februar 2016 betrat Reggie Joiner die riesige Bühne der TUI-Arena in Hannover. Es war der dritte Tag des Willow Creek Leitungskongresses in jenem Jahr. Im Scheinwerferlicht und auf Großleinwände übertragen, eröffnete der Autor von *Lebe orange!* sein Referat mit Bekenntnissen, die er wie folgt einführte: *First of all I'm an introvert – which means I don't like crowds.* Oder in den Worten seines Übersetzers: *Erstens, ich bin introvertiert – das heißt, eigentlich mag ich große Menschenmengen nicht so sehr.* Und trotzdem stand er dort. Vor rund zehntausend Menschen!

Eigentlich überraschte mich weniger das Bekenntnis an sich als vielmehr die Tatsache, dass Reggie Joiner öffentlich zu seiner Introversion stand. Sein Eingeständnis bewegte mich. Ich empfand es als wohltuend. Befreiend. Heilsam. Ja, wieso eigentlich sollten Introvertierte nicht öffentlich zu ihrer Andersartigkeit stehen dürfen? Dieser Andersartigkeit, die sich so wunderbar mit den Stärken von Extrovertierten ergänzt. Es gibt überhaupt keinen Grund, sich dafür zu schämen. Im Gegenteil! Aber ich konnte erahnen, wie viel Kraft und Mut ihn ein solcher Einsatz kostete! Und trotzdem tat er es. Im Dienste einer höheren Sache, wie es im Gemeindekapitel bereits erörtert wurde.

Die Art und Weise, wie Reggie Joiner anschließend mit seiner introvertierten Beobachtungsgabe und seinem Feingefühl, ausgehend von der Geschichte Nehemias, »Mauern« der heutigen Zeit auf Schwachstellen hin überprüfte, war eindrücklich. Einmal mehr wurde mir bewusst, wie dringend die Tiefgründigkeit von Introvertierten im Reich Gottes benötigt wird. Nicht nur im Rahmen der Ortsgemeinde, sondern auch weit über den Horizont einer Ortsgemeinde hinaus. Je nachdem, wie Gottes individuelle Führung aussieht.

Einflussreiche Intros

Einige gehen davon aus, dass bedeutende Menschen eine forsche und extrovertierte Art haben müssen. Wie falsch diese Annahme ist, beweist ein Blick in die Geschichtsbücher und in die Gegenwart. Gerade auch leise Menschen können eindrückliche Spuren hinterlassen und die Welt verändern. In ihrem Buch *Intros und Extros* hat Sylvia Löhken eine Tabelle zusammengestellt, die quer durch Länder und Epochen Menschen zeigt, *»die sich entschieden haben, das zu tun, was ihnen wichtig ist – und die es als Intro oder als Extro geschafft haben, ihre Berufung zu bestimmen und mit viel Resonanz zu gestalten«*[170]. Mit dieser Übersicht will sie Mut machen: *»Persönlichkeitsmerkmale wie Intro- und Extroversion mögen uns tief prägen. Doch sie legen uns nicht fest. Wie wir unsere Persönlichkeit einsetzen: Es ist unser Privileg, darüber zu entscheiden.«*

In der Spalte der Introvertierten nennt Löhken Namen wie Eleanor Roosevelt, Mutter Teresa, Angela Merkel, Barack Obama, Ludwig van Beethoven, Vincent van Gogh, Leonardo da Vinci, Günther Jauch, Emil Steinberger und viele mehr. Andere ergänzen die Liste um Namen wie Mahatma Gandhi, Albert Einstein, Stephen Hawking, Bill Gates oder Mark Zuckerberg. Auch viele Stars aus dem Filmgeschäft werden genannt. Beispielsweise Schauspielerinnen wie Marilyn Monroe, Audrey Hepburn, Helen Hunt,

Grace Kelly, Diane Keaton, Julia Roberts, Michelle Pfeiffer, Gwyneth Paltrow, Meg Ryan, Meryl Streep, Emma Watson etc. Weiter Schauspieler und Regisseure wie Steven Spielberg, Clint Eastwood, Harrison Ford, Tom Hanks, Alfred Hitchcock, Steve Martin.

Und so könnte man die Liste seitenlang erweitern – um einflussreiche Introvertierte unterschiedlichster Art in allen Bereichen des Lebens. Sie alle leben in der Spannung zwischen ihrer stillen Natur und einer Passion, die stärker ist als ihre Zurückhaltung. Helen Hunt formulierte es so: »*Ich glaube, ich bin eine eigenartige Kombination aus tiefer Introvertiertheit und großer Kühnheit. Ich kann beide Dinge gleichsam leben.*«

Drei historische Beispiele

Die Weltgeschichte wurde von unzähligen Introvertierten mitgeschrieben. Menschen, die von Natur aus still und zurückhaltend waren, die aber mutig über sich hinauswuchsen, wenn es die Situation erforderte – aus Überzeugung für eine Aufgabe oder im Kampf gegen Ungerechtigkeit. In diesem Abschnitt möchte ich Ihnen drei solche Menschen kurz vorstellen.

1. **Marc Aurel (121–180 n. Chr.).** Marc Aurel war fast zwanzig Jahre lang römischer Kaiser und Feldherr. Während seiner Regierungszeit wurde er mit vielen Herausforderungen konfrontiert: mit verheerender Pest, sinkendem Geldwert, wirtschaftlichen Schwierigkeiten, militärischem Druck, Bevölkerungsrückgang, Überschwemmungen in Rom, zunehmendem Hass gegen Christen etc. Sein letztes Lebensjahrzehnt verbrachte Marc Aurel mehrheitlich auf Feldzügen. In diesen Grenzsituationen schrieb er seine *Selbstbetrachtungen*, die mit-

unter zur Weltliteratur gezählt werden. Darin thematisierte er verschiedene existenzielle Grundfragen des menschlichen Lebens, zum Beispiel die Besinnung auf das richtige Handeln, das gute Leben und das Sterben. Anne Heintze, die in ihrem Buch *Auf die leise Weise* an diesen außergewöhnlichen Kaiser erinnert, schreibt dazu: »*Sein Werk dokumentiert das Bemühen des Herrschers, sein Leben verantwortungsvoll und gemäß der Natur des Menschen zu gestalten. Es zeugt von großer Weisheit und, wie mir scheint, von dem introvertierten Wesen seines Verfassers.*«[171] So gehen zum Beispiel folgende Zitate auf ihn zurück: »*Das Glück deines Lebens hängt von der Beschaffenheit deiner Gedanken ab.*«[172] Oder auch: »*Es gibt für den Menschen keine geräuschlosere und ungestörtere Zufluchtsstätte als seine eigene Seele.*«[173]

2. **Abraham Lincoln (1809–1865)**. Abraham Lincoln, der 16. Präsident der Vereinigten Staaten von Amerika, gilt den Amerikanern bis heute als einer der bedeutendsten ihrer Präsidenten. Sein größter Triumph war der Sieg des Nordens im Bürgerkrieg gegen den Süden und damit gegen die Sklaverei. Mit erstaunlicher Standfestigkeit gelang es Lincoln, die Union wiederherzustellen und die Sklaverei in ganz Amerika abzuschaffen. Unter seiner Regierung schlug das Land den Weg zu einem zentral regierten, modernen Industriestaat ein. Das ist umso erstaunlicher, als Abraham Lincoln als introvertiertes Staatsoberhaupt beschrieben wurde.

Bereits sein Werdegang zeugt von seiner verborgenen introvertierten Stärke: Als ehemaliger Holzfäller aus Kentucky arbeitete sich Abraham Lincoln in Illinois zielstrebig zum Anwalt hoch. Er war ein tiefgründiger Denker. Dies wurde spätestens dann offensichtlich, wenn er öffentlich das Wort ergriff. Dort zeigte sich auch, wie belesen er war. Sein Wissensdrang war schier unersättlich. Das führte ihn vermutlich auch zur Äußerung: »*Ich halte nicht viel von jemandem, der heute nicht weiser als gestern ist.*«[174]

Als Präsident begann Lincoln seinen Tag frühmorgens in aller Stille mit der Lektüre der Bibel. Daraus wuchs eine Vision für sein Leben, seine Familie, die Zukunft und sein Land. Diese gab ihm die Kraft, die Grenzen seiner Persönlichkeit zu überwinden. Trotz zahlreicher politischer Rückschläge, familiärer Tragödien und Anfeindungen von Kritikern hielt er beharrlich an seiner Vision fest.

3. **Rosa Parks (1913–2005).** Im Jahr 1955 setzte sich die Afroamerikanerin Rosa Parks in einen Bus in Montgomery, Alabama. Als man sie aufforderte, einem Weißen Platz zu machen, weigerte sie sich. Parks wurde festgenommen. Wenig später stand sie als Ikone der Bürgerrechtsbewegung neben Martin Luther King jr. in einer Kirche in Montgomery vor fünftausend Menschen. King hielt eine flammende Rede. Parks sagte nichts. Ihre bloße Anwesenheit elektrisierte die Zuhörer. Parks' leiser, unbeirrbarer und stiller Widerstand bewegte die Menschen ebenso wie die brillante Rhetorik Kings. Susan Cain gesteht: »*Ich hatte mir Rosa Parks immer als kräftige Person mit einer dröhnenden Stimme und einem kämpferischen Temperament vorgestellt.*«[175] In zahllosen Nachrufen wurde sie aber als sanft, freundlich und klein beschrieben. Obwohl sie schüchtern und scheu gewesen sei, hieß es, habe sie den Mut einer Löwin gehabt. Ganz offensichtlich war Rosa Parks dieser Widerspruch auch bewusst. Sie gab ihrer Autobiografie nämlich den Titel *Quiet Strength* (»Stille Stärke«). Ihr Leben bestätigt auf eindrückliche Weise, dass auch stille Menschen über weltverändernde Stärke verfügen.

Als »U-Boote« berufen, die Welt zu verändern

Auch wenn es für introvertierte Christen (inmitten ihrer Selbstzweifel) nur schwer vorstellbar ist, gilt für sie in gleicher Weise wie für extrovertierte Christen, dass auch sie berufen sind, die Welt zu verändern. Im Bild des Ozeans gesprochen, bedeutet es, dass sie immer wieder ganz bewusst »auftauchen« müssen. Dadurch wird etwas von den Stärken, die Gott in sie hineingelegt hat, sichtbar.

Jesus sagte in der Bergpredigt zu seinen Jüngern, die nicht unterschiedlicher hätten sein können: *Ihr seid* (gemeinsam) *das Salz der Erde.* Und: *Ihr seid* (gemeinsam) *das Licht der Welt* (Matthäus 5,13-14). Je mehr Salz und je mehr Licht, desto kraftvoller die Wirkung.

Mussten Sie sich auch schon einmal durch einen dunklen Raum tasten? Vielleicht weil der Strom ausgefallen oder eine Glühbirne defekt war? In meiner Kindheit habe ich mehrfach erlebt, dass der Strom bei heftigen Gewittern ausfiel. Daher deponierten meine Eltern an einem strategisch gut erreichbaren Ort Kerzen, Zündhölzer und Taschenlampen. Spätestens in der Dunkelheit einer Nacht ohne Strom wurde uns wieder neu bewusst, wie kraftvoll der Lichtschein einer einzigen kleinen Kerze sein konnte. Ihr Lichtschein veränderte alles. Und wenn dann noch eine zweite Kerze dazukommt, eine dritte und so weiter, dann wird es immer heller.

Genauso sind wir aufgerufen, als Extros und Intros in ergänzender Weise einen Unterschied in dieser Welt zu machen. Dabei steht »Welt« zunächst ganz schlicht und einfach für unsere persönliche kleine Lebenswelt. Meist ist uns überhaupt nicht bewusst, wie bedeutend unsere persönliche kleine »Welt« wirklich ist! Im Internet stieß ich auf die Behauptung von Soziologen, dass selbst die introvertierteste Person im Laufe ihres Lebens bis zu zehntausend Menschen beeinflusst.[176] Selbst wenn es »nur« hundert wären, wäre dies doch schon eine beachtliche Anzahl! Die Veränderung der Welt beginnt also genau an dem Punkt, an dem wir heute leben: im kleinen Kreis unserer Familie (vielleicht auch als Ehepartner und Elternteil), unserer Freunde, unserer Nachbarn, unserer Arbeitskollegen, unserer Kirche, unseres Dorfes oder Stadtteils und so weiter. Sie beginnt, indem wir aufmerksam zuhören und sichtbar werden. Allein Zuhören, so wie es von Adam McHugh beschrieben wird, könnte die Welt verändern, ist Ruth Haley Barton überzeugt.[177]

Gott wünscht sich, dass wir im Kleinen – in unserer persönlichen kleinen Lebenswelt – treu sind und anderen Menschen zum Segen werden. Allein dies ist schon eine große Herausforderung für Introvertierte. Denn es erfordert immer wieder soziale Interaktionen. Respektieren Sie dabei das Bedürfnis der Ihnen nahestehenden Menschen nach Geselligkeit und Ihr eigenes Bedürfnis nach Einsamkeit (oder umgekehrt, wenn Sie extrovertiert sind).

Die Welt verändern – durch Gebet!

Pastor Judson Edwards ist überzeugt, dass dieser Planet eine ganze Menge von ruhigen, nachdenklichen Christen nötig hat.[178] In seinem Buch *Quiet Faith* (»Stiller Glaube«) thematisiert er unter anderem die Schlüsselrolle des Gebets, um die Welt zu verändern. In diesem Zusammenhang zitiert er die Anweisungen, die Paulus seinem jungen Mitarbeiter Timotheus gab:

> Das Erste und Wichtigste, wozu ich die Gemeinde auffordere, ist das Gebet. Es ist unsere Aufgabe, mit Bitten, Flehen und Danken für alle Menschen einzutreten, insbesondere für die Regierenden und alle,

die eine hohe Stellung einnehmen, damit wir ungestört und in Frieden ein Leben führen können, durch das Gott in jeder Hinsicht geehrt wird und das in allen Belangen glaubwürdig ist. In dieser Weise zu beten ist gut und gefällt Gott, unserem Retter, denn er will, dass alle Menschen gerettet werden und dass sie die Wahrheit erkennen.

1. Timotheus 2,1-4

Edwards erkennt in dieser Textstelle gleichsam ein Programm, wie Christen die Welt verändern können. Es mag überraschen, wie Paulus in diesen Versen die Weltveränderer beschreibt: still, friedlich, gottesfürchtig und authentisch. Die Veränderung der Welt beginnt dieser Textstelle zufolge also nicht mit Taten und Aktionen, sondern in der Stille. Im Gebet, im Gespräch mit Jesus. Im Ringen und in der Fürbitte für andere Menschen: für unsere Kinder, unsere Familie, unsere Freunde, unsere Gemeinde, unsere Ehepartner und so weiter. Das Gebet soll *alle Menschen* einschließen, aber *insbesondere* die Regierenden sowie alle anderen, die viel Verantwortung tragen. Eine herausfordernde Anweisung von Paulus. Umso beeindruckender, wenn man bedenkt, dass zu seiner Zeit Kaiser Nero an der Macht war! Laut Edwards schafft genau jene »*barmherzige ›Gebet für alle‹-Haltung*« die Voraussetzung dafür, die Welt zu verändern.[179]

Gebet überwindet Grenzen und erreicht so die Enden der Welt. Gebet öffnet Wege, damit Gott souverän wirken kann. Gebet verändert Situationen. Und schließlich wird die Welt auch dadurch verändert, dass sich die Beter durch das Beten selbst verändern – in ihrem Sein und Tun. Es ist nicht möglich, aufrichtig Nöte und Schwierigkeiten vor Gott zu bringen, ohne selber tief davon betroffen zu sein. Und in dieser Betroffenheit öffnet sich der Beter für Gottes Willen und wird empfänglich für göttliche Impulse, was er selber dazu beitragen kann, diese Not zu lindern oder jemandem beizustehen. Das

Gespräch mit Gott bedeutet, darauf gefasst zu sein, dass Gott durch mich in dieser Welt handeln will. Dabei geht es um ein Handeln, das aus der Stille wächst. Im Hören auf den Gott, der redet.

1. Timotheus 2,1-4 macht deutlich: Das Reich Gottes braucht ganz dringend leise Weltveränderer! In ihrer besonnenen und zurückhaltenden Art tun sie einen ebenso wichtigen Dienst wie ihre lauten Glaubensgeschwister.

Impulse zum Weiterdenken

- Denken Sie nochmals an die beispielhaft erwähnten »einflussreichen Intros« sowie an die drei historischen Beispiele: Welche besonderen Qualitäten sind dafür verantwortlich, dass jene Introvertierten in die Geschichtsbücher oder Zeitgeschichte eingegangen sind?
- Was löst der Gedanke in Ihnen aus, dass Stille und das Gespräch mit Gott der Ausgangspunkt dafür sind, die Welt zu verändern?
- Wie könnten Sie heute damit beginnen, Ihre persönliche kleine Welt zu verändern?

Verändern durch Horizonterweiterung

Mit meinem Gott kann ich
über Mauern springen.
Psalm 18,30b

Die Veränderung der Welt beginnt also im Kleinen. Im Stillen. Im Verborgenen. Bei mir. In meiner persönlichen kleinen Lebenswelt.

Genau dort, wo auch der göttliche Führungsweg beginnt: *Wer in den kleinsten Dingen treu ist, ist auch in den großen treu, und wer in den kleinsten Dingen nicht treu ist, ist auch in den großen nicht treu* (Lukas 16,10).

Introvertierte Grenzen und göttliche Aufträge

Der zitierte Bibeltext aus Lukas 16,10 deutet etwas Wichtiges an: Es ist durchaus möglich, dass Gott – je nachdem, welche Pläne er für Ihr Leben hat – den Horizont Ihrer Lebenswelt erweitern möchte. Denn seine Führungen machen nicht vor Ihrer Persönlichkeit halt. Das kommt beispielsweise dort zum Ausdruck, wo Gott Menschen Aufgaben anvertraut und Aufträge erteilt, die aus menschlicher Kraft schier unmöglich ausführbar scheinen.

Hier stellt sich in erster Linie die Frage: Blicken wir auf unsere Grenzen oder auf Gottes Möglichkeiten? Wie viel trauen wir Gott eigentlich zu? Glauben wir tatsächlich zutiefst, dass er so mächtig ist, wie wir es vielleicht oft aussprechen, singen und schreiben? Und wagen wir es, entsprechend mutig zu handeln? Beim Thema Horizonterweiterung geht es um die unbegrenzten Möglichkeiten, die in einem Leben mit Gott verborgen liegen. Es geht darum, Raum zu schaffen für einen Gott, dessen Führungen und Macht außerhalb unserer Vorstellungskraft liegen.

Gott ist viel größer und mächtiger, als Sie es sich in Ihren kühnsten Träumen vorstellen können. Er hat seinen eigenen Sohn von den Toten auferweckt. Er lebt in dieser Auferstehungskraft durch den Heiligen Geist in seinen Nachfolgern und handelt durch sie. Machen Sie Gott nicht durch ein menschlich geprägtes und begrenztes Vorstellungsvermögen klein! Das gilt in besonderer Weise für introvertierte Christen mit ihrem oft eher pessimistischen und kritischen Denkhorizont. Mark Tanner schreibt in einer Überschrift: »*Introvertierte brauchen einen Glauben, der größer ist als ihr Horizont.*«[180] Genau das denke ich auch. Und hierzu, erklärt Tanner, brauchen Introvertierte dringend die Ergänzung und Außensicht von anderen Menschen. Er ist überzeugt: »*Eines der wichtigsten Geschenke, das wir uns in unserer Unterschiedlichkeit machen können, ist das Geschenk der Weite und Perspektive.*«[181] Wir brauchen uns gegenseitig, um aus unserer menschlichen Begrenztheit heraustreten zu können und gemeinsam mehr über den unbegrenzten Gott zu lernen, ihn anzubeten und ihm nachzufolgen. Tanner gibt weiter zu bedenken, dass die Horizonterweiterung durch andere Menschen von besonderer Bedeutung für Introvertierte ist, da sie dazu neigen, sich im kleinen Rahmen mit Menschen zu umgeben, die ihnen mehrheitlich recht geben. Introvertierte brauchen Menschen, die sie innerlich anstoßen und ihren Denkhorizont herausfordern. Tanner ist überzeugt: Wir alle brauchen Menschen, die eine größere und andere Perspektive haben als wir.[182]

Sehnsucht nach Grenzerweiterung

Viele Introvertierte sind sehr ängstlich. Zugleich sehnen sie sich auf besondere Weise danach, persönlich zu wachsen und ihre oft als sehr einschränkend empfundenen Grenzen zu erweitern.

Bei Jabez, einem Mann, dem wir im Alten Testament begegnen, mündete der Wunsch nach Wachstum in folgendes Gebet: *Segne mich doch und erweitere mein Gebiet! Sei bei mir in allem, was ich tue, und bewahre mich vor allem Kummer und Schmerz!* (1. Chronik

4,10a; NLB). Wie reagierte Gott auf sein Gebet? *Und Gott erfüllte ihm seine Bitte!*

In den vergangenen Jahren bin ich zur Überzeugung gelangt, dass wir in viel höherem Maße, als uns vielleicht bewusst ist, selber für unser Wachstum verantwortlich sind. Ohne unsere innere Bereitschaft geschieht nichts. Bei Jabez standen sein Wunsch und das damit verbundene Gebet am Anfang. Und Gott hat auf seine Bitte hin gehandelt. Wir erkennen daran, wie sensibel Gott mit uns Menschen umgeht. Er zwingt niemanden zur Grenzerweiterung. Aber er sucht nach Menschen, die es wagen, seinen göttlichen Möglichkeiten – mitten in allen menschlichen Unmöglichkeiten – Raum zu schaffen. Er sehnt sich nach Menschen, die seinen Geist in ihrem Leben wirken lassen.

Erweitern Sie Ihre Komfortzone!

Ein beliebtes Motto der Gegenwart lautet: Raus aus deiner Komfortzone! Während dies für abenteuerlustige Extros interessant und herausfordernd klingen mag, wirkt dieselbe Aufforderung auf zurückhaltende Intros ziemlich bedrohlich. Neues zu wagen, ist für Extros, die oft über ein stabiles bis sehr gut entwickeltes Selbstbewusstsein verfügen und die sich wendig und flink über der Wasseroberfläche bewegen, eine willkommene Abwechslung. Ganz anders präsentiert sich die Situation bei Intros: Bei ihnen ist dieser Appell sehr oft mit Ängsten verbunden und mit dem Gefühl der Überforderung. Im Bild des Ozeans gesprochen: Die Komfortzone zu verlassen, wird von Extros in der Regel als eine Aktion *über* der Wasseroberfläche gedeutet. In gewisser Weise können sich Extrovertierte also selbst beim Verlassen ihrer Komfortzone in ihrer bevorzugten Lebenswelt bewegen. Bei Intros hingegen wird das Verlassen der Komfortzone meist mit einem Wechsel von der Innen- in die Außenwelt assoziiert. Dass hier mit zwei unterschiedlichen Maßstäben gemessen wird, erklärt sich von selbst. In diesem Zusammenhang gestand mir ein introvertierter Bekannter, dass er sich auch oft von Predigtanwendungen unter Druck gesetzt fühle, da jene meist auf die Lebensrealität von Extrovertierten ausgelegt sind (außer die Person, die predigt, ist selber introvertiert). Für ihn bedeute, seine Komfortzone zu verlassen, beispielsweise, dass er *einen* neuen Freund suche und sich Zeit für diesen einen neuen Freund freischaufle, und nicht, dass er gleich fünf oder zehn neue Freunde finden sollte.

Da die Komfortzone von Introvertierten und Extrovertierten so unterschiedlich ist, sollte man behutsam und zurückhaltend mit dem Motto »Raus aus deiner Komfortzone« umgehen. Schwierig scheint mir auch folgende Tatsache: Meist wird im selben Atemzug mit diesem Motto davon ausgegangen, dass die aufregenden, entscheidenden und wichtigen Dinge des Lebens alle außerhalb unserer Komfortzone geschehen. Das sehe ich anders. Viele kleine Wunder können wir bereits in unserer eigenen Komfortzone entdecken, wenn wir den Blick dafür schärfen. Aber es ist mir auch bewusst, dass viele weitere wunderbare Dinge, die Gott uns zeigen möchte, außerhalb unserer Komfortzone liegen. Und es ist von elementarer Bedeutung, dass wir uns nach mehr ausstrecken.

Abgesehen von einem Sprung aus meiner Komfortzone hinaus ins Unbekannte gibt es alternativ auch die Möglichkeit, dass ich mich diesem Unbekannten aus der Sicherheit meiner Komfortzone nähere, indem ich meine Komfortzone *erweitere*. Nehmen wir einmal an, es würde sich bei diesem »Unbekannten« um die Herausforderung handeln, ohne Erfahrung als Referentin plötzlich vor zweihundert Menschen zu sprechen. Ein Sprung würde bedeuten, dass ich genau dies mache und vermutlich ziemlich überfordert bin. Meine Komfortzone zu erweitern und mich dem Unbekannten zu nähern, könnte bedeuten, dass ich erst einmal in einer kleineren Runde erste Erfahrungen als Referentin sammle. Danach wähle ich einen etwas größeren Kreis und so weiter.

Innerhalb seiner Komfortzone zu bleiben, bedeutet also keineswegs, dass man faul ist und gar nichts tut. Man kann auch in seiner Komfortzone agieren und die Grenzen bedacht und mutig ausweiten. Dementsprechend habe ich diesen Abschnitt nicht unter die Überschrift »*Raus* aus Ihrer Komfortzone!« gestellt, sondern unter das Motto »*Erweitern* Sie Ihre Komfortzone!«. Horizonterweiterung bedeutet nicht zwingend, dass ich alles Vertraute und jegliche Sicherheit hinter mir lassen muss. Horizonterweiterung kann genauso gut bedeuten, dass ich mit Gottes Hilfe und gehalten von dem, was mir innere Stabilität verleiht (was mich gut verankert), meinen Lebenshorizont und meine Komfortzone erweitern darf. Geben Sie sich als introvertierte Person genügend Zeit, bis Sie innerlich bereit sind, Ihren Horizont auszudehnen. Zu meinen Lieblingszitaten gehört Spurgeons Weisheit: »*Mit Ausdauer erreichte die Schnecke die Arche.*« Wenn Sie beharrlich, mutig und bedächtig Schritt für Schritt vorwärtsgehen, werden Sie plötzlich – wie bei einer Wanderung – überrascht feststellen, welch weite Wegstrecke Sie bereits zurückgelegt haben.

Der Angst mit Mut begegnen

Meine eigene Erfahrung hat mich gelehrt: Horizonterweiterung zu erlangen, ist nicht einfach. Sie kostet ganz schön viel Mut. Und Mut ist in gewisser Weise das Gegenstück zu Angst. Während *Angst* im Leben von introvertierten Menschen jedoch meist im Überfluss vorhanden ist, bleibt *Mut* Mangelware.

Angst und Mut gehören zu den Themen, mit denen ich mich in meinen Tagebüchern bisher wohl am intensivsten auseinandergesetzt habe. Als mir vor Jahren bewusst wurde, wie prägend das Gefühl der Angst für die Gestaltung meines Alltags und meiner Zukunft ist, habe ich eine Entscheidung getroffen: Ich will mich nicht von meinen Ängsten daran hindern lassen, mutige Schritte zu wagen. Wenn mich *einzig* die Angst davon abhalten will, einen mutigen Schritt zu wagen, von dem ich spüre, dass Gott hier am Werk ist, dann darf ich ihr nicht nachgeben!

Ein unglaublicher Trost sind für mich diese Worte von Jesus: *In der Welt habt ihr Angst; aber seid getrost, ich habe die Welt überwunden* (Johannes 16,33b; LUT). Hier steht: In der Welt **habt** ihr Angst! Das ist die Realität, auch für Nachfolger von Jesus. Mit anderen Worten: Es ist alles in Ordnung mit euch, wenn ihr Angst habt. Es ist ganz normal, *dass* ihr Angst habt. Doch dabei dürft ihr eines nicht vergessen: Es gibt jemanden, der diese Angst überwinden kann. Der Sohn Gottes – er ist stärker als alles in der Welt! Denn Jesus sagt nicht: »Ich habe die *Angst* überwunden.« Nein, er sagt: »Ich habe die *Welt* überwunden.« Durch seinen Tod am Kreuz hat Jesus alle Mächte und Gefühle, die uns von Gott und einem Leben in seiner Nähe trennen wollen, besiegt. Er ist stärker als alles. Wenn ich nun aber meinen Lebensalltag von Ängsten bestimmen lasse, mache ich Jesus gleichzeitig klein. Dann glaube ich nicht wirklich, was in Johannes 16,33b steht.

Manchmal empfinde ich die Angst wie hohe Mauern. Mauern, die mich daran hindern wollen weiterzugehen. Mauern, die mir den Blick versperren, die Dinge in einem größeren Zusammenhang zu sehen. Mauern, die mich daran hindern, Horizonterweiterung zu wagen. Mauern, die mich davon abhalten, mehr von dem zu entdecken, was Gott noch für mich bereithält. Doch eine Existenz hinter Mauern ist nicht das, was Gott sich für mein Leben vorgestellt hat. Daher habe ich diesem Unterkapitel den Bibelvers aus Psalm 18,30b vorangestellt: *Mit meinem Gott kann ich über Mauern springen.* Aus eigener Kraft kann ich es nicht schaffen, diese Mauern zu überwinden. Sie sind viel zu hoch. Der entscheidende Punkt ist: Für Gott stellt selbst die höchste Mauer Ihres und meines Lebens nicht das geringste Problem dar. Wie ein Vater, der seinem Kind über ein Hindernis hilft, das es selbst nicht bewältigen kann, streckt Gott Ihnen erwartungsvoll seine Hand entgegen, damit er Ihnen dabei helfen kann, Lebensmauern zu überwinden.

Horizonterweiterung in meinem Leben

Die Sehnsucht nach Horizonterweiterung begleitet mich schon viele Jahre lang. Als ich vor einigen Jahren im Auftrag meiner Mentorin mein Leben rückblickend unter die Lupe nehmen sollte, stellte ich den Zeitabschnitt von 2003 bis 2009 (und damit die Altersspanne von achtundzwanzig bis fünfunddreißig) unter die Überschrift: »mutig und im Vertrauen auf Gott Schritte wagen.« Der entsprechende Zeitabschnitt füllte neun Tagebücher, alle geprägt vom Ringen und Suchen nach dem Weg, den Gott mich persönlich, uns als Ehepaar und als Familie führte. Rückblickend hielt ich fest:

Das zentrale Thema in diesem Lebensabschnitt lautet: Horizonterweiterung. Das kommt auch in Referaten und Schulungen, die ich halte, immer wieder zum Ausdruck. Ich erlebe Horizonterweiterung in geistlicher, geistiger, geografischer und anderer Hinsicht. […] Im September 2004 werde ich dreißig. Der Übergang in ein neues Jahrzehnt fordert mich ein ganzes Jahr lang heraus. Ich habe das Gefühl, dass ein ganz neuer Lebensabschnitt vor mir liegt, und will mich darauf vorbereiten. Meine Mängel stehen mir oft nur allzu deutlich vor Augen und ich arbeite hart an mir. […] Mein Weg mit Gott in diesem Zeitabschnitt ist intensiv und bewegend. […] Trotz meiner Ängstlichkeit wage ich es, mit Gottes Hilfe meinen Horizont zu erweitern, und spüre, dass ich daran wachse. Und doch wird mir angesichts der großen, weiten Welt auch immer wieder meine Winzigkeit schmerzlich bewusst und Fragen nach Sinn und Ziel meines persönlichen Lebens treiben mich um. Oft leide ich daran, dass es mir in der Hektik des Alltags und all den Anforderungen oft nicht gelingt, mir regelmäßige Freiräume für Gott zu schaffen. Dann lebe ich wieder aus eigener Kraft und bin sehr schnell kraftlos. Im Kopf weiß ich das alles. Aber es im Alltag zu ändern, ist so unglaublich schwierig.

Die Folgen meiner inneren Bereitschaft, den Horizont zu erweitern, wurden sicht- und spürbar. Gott öffnete Türen, die ich nie für möglich gehalten hätte: »*Ich erhielt Anfragen für Referate, Workshops, Schulungen, für eine Teammitarbeit, eine Trauung. Zum Teil sehr anspruchsvolle Herausforderungen, denen ich mich mutig stellte!*« Eine Anfrage, die mich ganz speziell herausforderte, war die Einladung zu einem TV-Interview in der christlichen TV-Reihe *Fenster zum Sonntag*. Ich als Introvertierte bei einem TV-Interview? In meiner Rückblende ist zu lesen: »*Ich habe unglaublich Angst davor. Doch da ich schon länger entschieden habe, dass ich nicht zulassen will, dass mich meine Ängste daran hindern, meinen Weg mit Gott zu gehen, wage ich es.*« Bis es so weit war, bin ich innerlich gefühlte tausend Tode gestorben. Nach außen wirkte ich vermutlich ziemlich gelassen.

Am Beispiel dieses TV-Interviews erkannte ich, wie Gott Horizonterweiterung in meinem Leben möglich machte: Er öffnete mir eine Tür und half mir dabei, durch die geöffnete Tür hindurchzugehen. Nachdem ich es gewagt hatte, ging mein Weg weiter und Gott öffnete – mithilfe dieses TV-Interviews – die nächste Tür. Entscheidend war meine Bereitschaft, mich im Vertrauen auf Jesus mutig in Bewegung zu setzen und in Bewegung zu bleiben. Auf diese Weise nahm der Führungsweg Gottes Schritt für Schritt immer konkretere Gestalt an. Durch immer weitere Türen, die sich öffneten. Dann wieder vorbei an Wegkreuzungen, die eine Entscheidung von mir forderten. Bis heute bin ich so mit Gott unterwegs. Immer wieder neu herausgefordert und mehr denn je beseelt vom Wunsch, meinen Horizont noch viel weiter auszudehnen, um noch mehr mit ihm zu erleben. Um dabei noch mehr von der göttlichen Allmacht in meinem Leben und dem von anderen Menschen zu erfahren. Damit andere Menschen an meinem Leben und Handeln – so introvertiert und zurückgezogen es die meiste Zeit auch sein mag – den lebendigen Gott und seine Kraft erkennen.

Wagen Sie Schritte in den Nebel!

Es war ein unvergesslicher Spaziergang an jenem Dezembermorgen im Jahr 1998. In Riehen bei Basel, wo mein Mann und ich die ersten beiden Ehejahre verbrachten, hatte das Künstlerehepaar Christo und Jeanne-Claude eine seiner berühmten Verhüllungsaktionen umgesetzt. In einem weitläufigen Park hatten sie hundertachtundsiebzig kahle Bäume in silbergrau schimmerndes Polyestergewebe geschnürt. Die Bäume boten einen unvergesslichen Anblick. Der dichte Nebel, der an jenem Morgen über dem Park lag, unterstrich die mysteriöse Atmosphäre der Szenerie. Hand in Hand liefen mein Mann und ich schweigend, fast andächtig, durch den Park. Dabei erinnerte ich mich an einen Text von Ulrich Schaffer aus dem bereits zitierten Büchlein *Ich wage*. Zu Hause suchte ich den Text hervor, schrieb ihn in mein Tagebuch und klebte später zur Erinnerung noch ein Foto von unserem unvergesslichen Nebelspaziergang dazu:

Ich wage Schritte in den Nebel.
Ich will nicht stillstehen,
nur weil ich Angst
vor dem Ungewissen habe.

Die größere Gefahr ist es,
zu warten, bis alles klar ist,
um nur ja keinen Fehler zu machen,
und dann vor lauter Warten
nichts mehr zu riskieren
und im Stillstand nicht mehr zu wachsen.

Ich will mein Leben
nicht verwarten.[183]

Diese Zeilen haben mir zutiefst aus dem Herzen gesprochen. Genau ich, mit all meinen Ängsten – der Angst davor, Fehler zu machen; der Angst, andere Menschen zu enttäuschen; der Angst vor Kritik etc. –, hatte und habe in dieser Hinsicht noch so viel zu lernen. Horizonterweiterungen, die Jesus in den vergangenen Jahren möglich gemacht hat, haben mich zu verblüffenden offenen Türen und geografisch bis nach Südafrika geführt. Im Rückblick bin ich unendlich dankbar, dass ich viele dieser Mutproben mit Gottes Hilfe angenommen habe. An ihnen durften mein Glaube und mein Vertrauen auf Gott wachsen. Im Überwinden meiner Ängste erstarkte mein Mut.

Ich möchte auch Ihnen von Herzen Mut machen: Verwarten Sie Ihr Leben nicht! Schützen und erhalten Sie in Ihrem Herzen die Sehnsucht nach Horizonterweiterung! Gottes Vision für Ihr Leben und Ihre Zukunft ist nicht Stillstand und Kleinkariertheit, sondern ein Eintreten in das, was Gott mit Ihrem Leben vorhat. Steigen Sie ein in dieses göttliche Geschehen! Lassen Sie sich anstecken von der Weite des Reiches Gottes und wachsen Sie hinein in ein Denken, das die Welt umfasst. Nähren Sie diese Weite in Ihrem Herzen. Träumen und leben Sie den Traum einer Generation, die gemeinsam aufsteht, Jesus anbetet und den Namen Gottes groß macht in dieser Welt! Auf diese Weise trägt Horizonterweiterung dazu bei, diese Welt zu verändern.

Impulse zum Weiterdenken

- Wie würden Sie Ihre Komfortzonen und Ihren Umgang damit beschreiben? Behagt Ihnen eher das Bild des Sprungs aus der Komfortzone oder aber das Bild einer kontinuierlichen und behutsamen Erweiterung?
- Welche Rolle spielen Ängste in Ihrem Leben? Wo lassen Sie sich von Ihren Ängsten bestimmen? Inwiefern könnte sich eine Situation zum Positiven verändern, wenn Sie die Ängste in einem bestimmten Lebensbereich »entmachten« würden? Rufen Sie sich immer wieder in Erinnerung, dass Jesus stärker ist als jede Angst. Blicken Sie weg von der Angst und hin zu Jesus!
- Welche Mauer blockiert aktuell Ihren Lebensweg? Wagen Sie es, die ausgestreckte Hand Gottes zu ergreifen und seine Hilfe anzunehmen!
- Wo ist ein mutiger Schritt von Ihnen gefragt, der Ihren Horizont erweitern könnte?

Verändern durch Hingabe

Wir allerdings sind für diesen kostbaren Schatz, der uns anvertraut ist,
nur wie zerbrechliche Gefäße, denn es soll deutlich werden,
dass die alles überragende Kraft, die in unserem Leben wirksam ist,
Gottes Kraft ist und nicht aus uns selbst kommt.

2. Korinther 4,7

Neben der Horizonterweiterung (und untrennbar mit jener verbunden) ist als weiteres Kennzeichen von introvertierten Weltveränderern ihre Hingabe zu nennen. Introvertierte besitzen Hingabe aber nicht exklusiv. Auch im Leben von Extrovertierten kann Hingabe ein zentraler Wert darstellen (wie nachfolgend beschrieben im Leben von Paulus). Dennoch bringen Introvertierte natürliche Voraussetzungen mit, die ein Leben der Hingabe unterstützen, sofern es Introvertierten gelingt, ihre innere Kraft in den entsprechenden Bereichen freizusetzen. Dies trifft in diesem Zusammenhang besonders auf ihre Beharrlichkeit, ihren Durchhaltewillen, ihre Hartnäckigkeit und ihren Kampfgeist zu, auch in schwierigen Zeiten nicht einfach aufzugeben.

Hingabe und göttliche Aufträge

Hingabe bedeutet ganz grundsätzlich, dass ich Gott mein Leben »hingebe«. Dass ich es dem anvertraue, der größer ist als ich. Es bedeutet, dass ich bereit bin, *meine* Pläne, Sicherheiten, Wünsche und Vorstellungen vom Leben loszulassen und stattdessen nach *seinem* göttlichen Willen zu fragen. Dass ich bereit bin, Jesus nachzufolgen und ihn mit meinem Sein und Tun zu ehren. Dass ich bereit bin, das zu tun, was er mir aufträgt. Hingabe bedeutet aber auch, dass ich Jesus meine leeren Hände entgegenstrecke und ihn bitte, sie zu füllen. Dass ich mich bereit erkläre, in seiner Gegenwart still zu werden, aus seiner Fülle zu empfangen und zuzulassen, dass der Heilige Geist mich verändert. Ich weiß, das hört sich alles so einfach an. Dabei ist die praktische Umsetzung unglaublich herausfordernd und mit vielen Entscheidungen, mutigen Schritten und inneren Kämpfen verbunden.

Die folgenden Bibelverse veranschaulichen, welches Ausmaß ein göttlicher Auftrag haben kann. Paulus schreibt:

Aber Gott hatte mich in seiner Gnade schon vor meiner Geburt dazu bestimmt, ihm einmal zu dienen. Als die Zeit dafür gekommen war, ließ er mich seinen Sohn erkennen. Die anderen Völker sollten durch mich von ihm erfahren. Ohne Zögern habe ich diesen Auftrag angenommen und mich mit keinem Menschen beraten.

Galater 1,15-16 (Hfa)

Was für ein Auftrag: *Die anderen Völker sollen durch mich von ihm erfahren.* Er hat Paulus alles abverlangt. Auf seinen Missionsreisen wurde er verfolgt, gefoltert, gesteinigt, ins Gefängnis geworfen und vieles mehr. Trotzdem blieb er dem Auftrag treu, den Gott ihm gegeben hatte (vgl. 2. Korinther 11,23-33).

Hingabe als Opferbereitschaft

Dieses Beispiel von Paulus macht deutlich, was auch an vielen anderen Stellen in der Bibel zum Ausdruck kommt: Hingabe schließt Opferbereitschaft mit ein (vgl. Römer 12,1). Über das bereits erwähnte Loslassen von Plänen, Wünschen und Vorstellungen hinaus stellt sich uns die Frage, ob wir bereit sind, Lebenszeit und Lebenskraft für Gottes Aufträge zu »opfern«.

Wer annimmt, dass ich mein Doktoratsstudium, meine bisherigen Bucher oder Referate einfach so aus dem Ärmel schütteln konnte, ist ganz schön auf dem Holzweg. Dass ich zu diesen göttlichen Aufträgen Ja sagte, brachte vielerlei Opfer mit sich – nicht nur für mich, sondern auch für uns als Ehepaar und als ganze Familie. Selbst wenn ich leidenschaftlich gerne schreibe – so ist doch jedes Buch wieder eine ganz neue Herausforderung für mich. Es kostet mich viel Mut und Energie, die mir dann anderswo fehlt.

Mein Ehemann kann ein Lied davon singen, wie oft ich im Auf und Ab von inneren Kämpfen in der Versuchung stehe, einfach aufzugeben, und wie oft mich Zweifel lähmen wollen. Manchmal würde ich mich auch lieber einfach vor den Fernseher setzen oder einen spannenden Thriller lesen, statt aufwühlende und komplexe Gedanken über das Innenleben von Intros oder was auch immer auf Papier zu bringen. Dabei stellt sich immer wieder neu die Frage, welche Priorität ich göttlichen Aufträgen in meinem Leben einräume.

Ein Freund schrieb mir kürzlich, dass es große Opfer beinhalten könne, für andere Menschen ein Segen zu sein. Und ergänzend fügte er hinzu: »*Denke zum Beispiel an die Gabe des Bücherschreibens: Dein Leben wäre einfacher ohne sie. Aber auch ärmer…*« Ich stimme ihm zu. Denn die Kehrseite der Medaille ist, dass wir – wenn wir bereit sind, Jesus zu vertrauen und uns ihm hinzugeben – die Kraft und Führung von Jesus in unserem alltäglichen Leben in einem so viel größeren Ausmaß erleben dürfen, als wenn wir uns ängstlich an menschliche Sicherheiten klammern. Das durfte ich bereits als Kind erfahren. Die vielen Wunder, die wir als Familie erlebten, gerade auch in finanzieller Hinsicht, haben mein Vertrauen in einen Gott gestärkt, dem nichts unmöglich ist.

Im Fall meines Ehemanns äußerte sich seine Opferbereitschaft nach seiner Entscheidung für Jesus im Alter von fünfundzwanzig Jahren dadurch, dass er seine gut bezahlte Arbeitsstelle als frischgebackener eidg. dipl. Augenoptikermeister aufgab. Stattdessen begann Rolf ein fünfjähriges Theologiestudium, um anschließend in den Pastorendienst zu gehen, weil er sich so von Gott geführt sah. Wiederholt haben wir als Ehepaar durchbuchstabiert, was es bedeutet, finanzielle Sicherheiten loszulassen, im Vertrauen darauf, dass Jesus für uns sorgt, wenn wir tun, was er uns aufträgt.

Wenn Gott Begabungen und Aufträge schenkt, ist das nicht in erster Linie ein cooles Abenteuer. Es ist eine Aufgabe, die mit viel Verantwortung verbunden ist und die auch durch Schwierigkeiten und Zeiten des Leidens führen kann. Besonders eindrücklich sichtbar wird der Zusammenhang von Auftrag und Leiden bei den alttestamentlichen Propheten. In Jakobus 5,10 wird uns ihr Verhalten als vorbildlich vorgestellt: *Geschwister, wenn es darum geht, im Leiden Geduld zu beweisen, nehmt euch die Propheten, die im Namen des Herrn geredet haben, zum Vorbild.*

All die erwähnten Opfer werden unbedeutend angesichts der Opfer, die Christen in vielen Teilen der Welt bringen, wenn sie zu Jesus stehen: Verfolgung, Verleumdung, Verstoßung, Misshandlung. Es kann sie – oder Menschen, die ihnen nahestehen – sogar das Leben kosten. Das macht sprachlos und demütig. Und stellt uns umso eindringlicher vor die Frage, was wir bereit sind, für Jesus zu opfern. Jesus selbst hat uns vorgelebt, was wahre Hingabe bedeutet, indem er sein Leben für uns hingab: *Die größte Liebe beweist der, der sein Leben für die Freunde hingibt* (Johannes 15,13; NLB).

Missverstandene Denker

Die Hingabe von Paulus und sein enormes Engagement für das Reich Gottes sind unbestritten. Dasselbe gilt für das Engagement von zahlreichen weiteren biblischen Gestalten. Ebenso wie für die Tätigkeit vieler aktiver und einflussreicher Christen der Gegenwart. Ohne deren Wirken abzuwerten, darf man nicht in die Falle tappen, die Sichtbarkeit eines Dienstes zum Gradmesser der Frömmigkeit und Hingabe zu machen. Sonst würde man sehr vielen introvertierten Christen unrecht tun, weil man außer Acht lässt, dass Gottes

Führungswege ganz unterschiedlich sind. Göttliche Führungen, die in einer leisen und behutsamen Umsetzung von Introvertierten Ausdruck finden, können genauso zur Veränderung der Welt beitragen wie das geräuschvolle und aufsehenerregende Wirken von extrovertierten Weltveränderern.

Nachdenkliche, sachliche, analytische und intellektuelle Christen haben es in ihrer Aufgabe als Weltveränderer in christlichen Gemeinschaften nicht leicht. In den Augen von Extrovertierten scheinen sie den Gemeindebau und die Ausbreitung des Reiches Gottes mit ihrer zurückhaltenden und reflektierten Art eher zu bremsen, statt voranzutreiben. Die Anliegen von Introvertierten werden oft missverstanden und sie selbst werden bisweilen als besserwisserisch oder arrogant abgestempelt.

Allein die Tatsache, dass ich das Gymnasium besuchte und anschließend Theologie studierte, hat in meinem Fall ausgereicht, in meiner Gemeinde als Jugendliche einen Außenseiterstatus zu erlangen. Von Einzelnen wurde mir unterstellt, dass ich mich für etwas Besseres halte, und man spekulierte über die ehrgeizigen Motive, die mich für diesen Weg antrieben. Erst recht, als später noch das Doktoratsstudium folgte. Wieso sollte man sich aus freien Stücken einen solchen Weg zumuten? Die Antwort könnte lauten: Zum Beispiel, weil Gott einige Menschen mit einer Leidenschaft fürs Nachdenken und Forschen ausgestattet hat! Oder weil Gott die Gabe des Denkens bei einigen Menschen auf besondere Weise fördern möchte und sie daher entsprechende Wege führt. Genauso wie er es auch bei denjenigen tut, die über die Gabe des Handelns verfügen.

Es hatte mich viel Mut gekostet, als Mutter von zwei Kindern Gottes Auftrag für ein Doktoratsstudium zu folgen. Ein weiterer Gehorsamsschritt war, dass ich mich für unbestimmte Zeit aus meinen öffentlichen Wirkungsfeldern (Referaten, Predigten etc.) zurückzog. Ich spürte einfach, dass ich das tun musste. Als ich zu jener Zeit mit jemandem über mein Doktoratsstudium sprach, sagte diese Person zu mir: »*Weißt du, was der Unterschied zwischen dir und mir ist?* Du **studierst** *Geschichte und ich* **schreibe** *Geschichte.*« Ich lachte unsicher. Erst später realisierte ich, wie tief mich diese Aussage verletzt hatte. In meinem Tagebuch hielt ich fest: »*Oft, wenn ich an meinem Schreibtisch sitze und mich in die Geschichte versenke, kommt diese Frage wieder in mir hoch: Ist es nicht Zeitverschwendung, mich so in die Geschichte zu vergraben – sollte ich nicht viel aktiver für Gott tätig sein? Ich möchte mit meinem Leben doch auch für und mit Gott Geschichte schreiben…!*« Heute weiß ich: Auch Denker können mutige Wege gehen und Geschichte schreiben, bloß bleibt ihr Führungsweg und ihre Mission vielen verborgen. Was bleibt, ist ein tiefes Gefühl der Einsamkeit.

In einsamer Mission unterwegs

Dieses Gefühl der Einsamkeit zog mir in einem Gottesdienst im Februar 2009 fast den Boden unter den Füßen weg. An jenem Abend berichtete ich meiner Mentorin in einer E-Mail von dem »nachdenklich-traurigen« Tag, an dem meine »kleine Schwester« (eine Missionarstochter, die einige Jahre in unserer Familie gelebt hatte) in die Auslandsmission ausgesandt worden war. *Traurig* war ich unter anderem deswegen, weil ich nun auch meine »zweite Schwester« in die Ferne ziehen lassen musste (meine leibliche »große Schwester« war bereits seit vielen Jahren als Missionarin im Ausland tätig). »*Nachdenklich war/bin ich aber vor allem deswegen*«, schrieb ich, »*weil ich in letzter Zeit manchmal etwas verunsichert bin in Bezug auf mein eigenes Wirken für Gott.«* Um Worte ringend, schilderte ich meine Gedanken wie folgt:

> Meine Schwestern sind beide in der Auslandsmission. Sie dienen dort Gott, sind aktiv, tun etwas »Sichtbares« und Heldenhaftes (aus Sicht der christlichen Gemeinschaft, die sie aussendet). Sie folgen einem Weg, der so offensichtlich Sinn macht und von der aussendenden Gemeinde auf vielerlei Weise unterstützt wird (Aussendungsgottesdienst, Gebetsabende, Anteilnahme, finanzielle Unterstützung etc.). Ich hingegen vertiefe mich in die Geschichte einer längst verstorbenen Frau. […] In meiner Bücherwelt fühle ich mich im Moment […] irgendwie so unnütz. Dies, obwohl ich weiß, dass ich im Moment genau *die* Mission erfülle, die Gott *mir* aufgetragen hat. Doch wer trägt *meine* Mission mit? Es ist ein einsamer, verborgener und von vielen unverstandener Weg. […] Es kam mir auch hoch, dass jemand zu mir sagte, sie könne nicht verstehen, dass ich so viel Zeit für diese Arbeit verschwende, wo es doch dringend nötig wäre, die Zeit zu nutzen, Menschen zu Jesus zu führen, Gemeinden zu gründen etc.

Die Antwort meiner Mentorin tat meiner Seele gut:

> Debora, ich kann dich soo gut verstehen! Gell, es ist manchmal unheimlich schwer, so einsame Wege zu gehen. Auch *du* schreibst Gottesgeschichte, liebe Debora! Das ist eine pietistische »Verkürzung«, die nur die evangelistische oder missionarische Seite sieht! Auch die Mönche in der Stille eines Klosters schreiben ihre Gottesgeschichte, die diakonischen Menschen ebenso wie die praktischen, und in einem wunderbaren Maße eben auch die Intellektuellen, die etwas gedanklich erarbeiten, vor- und zubereiten. […] Du musst

immer neu Ja sagen auch zu einem einsamen Weg, der von anderen nicht richtig bewertet werden kann in seiner tiefen Bedeutung. Debora: Dein Studium ist kein Hobby, sondern dein Gottesdienst, dein Wirken für Gott! Du schenkst ihm diese Zeit, deine Hingabe, deinen Gehorsam, bringst damit dein Liebesopfer. Und wir sehen dann nach dem Abschluss deiner Doktorarbeit, wie es weitergeht, wozu Gott dieses Opfer braucht! Lass dich nicht beirren!

Und genau dies möchte ich allen introvertierten Christen zurufen, die sich in ihrer Gemeinde einsam, missverstanden und unsichtbar fühlen. Lassen Sie sich nicht beirren. Folgen Sie mutig dem Weg, den Gott Sie führt!

Beschränkte Reich-Gottes-Sicht

In den vergangenen Jahren habe ich oft an der eingeschränkten Reich-Gottes-Sicht gelitten, die mir in vielen christlichen Gemeinschaften begegnet. Pointiert ausgedrückt meine ich damit diese Haltung: Das Reich Gottes ist deckungsgleich mit unserer Gemeinde oder Kirche. Mit anderen Worten: Solange du dich als Gemeindemitglied in unsere Gemeinde (oder in eine Auslandsmission, die von unserer Gemeinde unterstützt wird) investierst, baust du am Reich Gottes. Wenn jedoch deine Gemeindemitarbeit durch Tätigkeiten außerhalb unserer christlichen Gemeinschaft beeinträchtigt wird, dann vernachlässigst du das Reich Gottes.

Zur Illustration ein persönliches Beispiel: Ich wurde einmal von einem Gemeindemitglied heftig dafür kritisiert, weil ich bei einer Veranstaltung unserer Gemeinde gefehlt hatte. Wieso ich nicht da war, hat diese Person nicht im Geringsten interessiert. Sie hat nicht einmal nachgefragt. Tatsächlich war der Grund für mein Fehlen, dass ich an jenem Tag Referentin bei einer Großveranstaltung war, die mich sehr viel Mut gekostet hatte und bei der es um nichts anderes ging, als Menschen auf Jesus aufmerksam zu machen und dadurch an Gottes Reich mitzubauen. Die Kritik jenes Gemeinde-mitglieds hat mich nicht nur zutiefst verletzt, sondern mich auch in eine tiefe innere Krise gestürzt. Kann ich mich weiter in eine christliche Gemeinde investieren, fragte ich mich, deren Mitglieder eine so kurzsichtige Reich-Gottes-Perspektive haben? Die den Weg, den Gott mich führt, nicht nur nicht mittragen, sondern mir im Gegenteil sogar noch Vorwürfe deswegen machen? Und ich weiß, dass es nicht nur mir so erging.

Diese verletzende Begegnung liegt nun schon etliche Jahre zurück und ich bin dankbar, dass sich die Reich-Gottes-Sicht unserer Gemeinde in der Zwischenzeit erweitert hat. Es geht doch gar nicht um ein Entweder-oder, sondern vielmehr um ein Sowohl-als-auch. Im Rahmen dessen, was kräftemäßig möglich ist und wie wir uns von Gott geführt sehen. Ich träume von einer Gemeinde, in der man sich gegenseitig noch viel stärker dabei unterstützt, im All-tag – jeder in seinen Wirkungsfeldern und seinem Wesen entspre-chend – an Gottes Reich mitzubauen. Damit die Gemeinde nicht zu einem Ort wird, der uns Energie raubt, unserem Auftrag im Alltag nachzukommen, sondern dass sie vielmehr ein Ort ist, der uns für unseren Gottes-Dienst im Alltag befähigt, ermutigt und freisetzt. Dabei will ich keineswegs bestreiten, dass einige Christen einen ganz besonderen Auftrag von Gott für die Ortsgemeinde erhalten und die Investition in die Ortsgemeinde ihr Beitrag zum Bau des Reiches Gottes ist. Umgekehrt dürfen andere Christen nicht dafür diskreditiert werden, dass ihr Auftrag im Reich Gottes über die Grenze der Ortsgemeinde hinausreicht. Es wäre wunderbar, wenn

»Missionsdienste« im Inland ebenso intensiv unterstützt würden wie »Missionsdienste« im Ausland. Denn als Nachfolger von Jesus stehen wir ja in einer gemeinsamen Mission. Und auch wenn die Aufträge und Platzanweisungen unterschiedlich sind, so dienen wir doch demselben König und bauen gemeinsam an seinem Reich.

Kostbarer Schatz in zerbrechlichen Gefäßen

Das Herzstück der Hingabe ist schließlich, dass es nicht um uns, sondern allein um Jesus und seine Ehre geht: *Bei unserer Verkündigung geht es schließlich nicht um uns, sondern um Jesus Christus, den Herrn; wir sind nur Diener – eure Diener, weil Jesus uns damit beauftragt hat* (2. Korinther 4,5). Das Einzige, was wir Gott anzubieten haben, sind unsere Gebrochenheit und Schwachheit. Und genau das ist es, was er von uns will. Dies ist der Ort, wo seine Kraft und Schönheit auf besondere Weise wirksam und sichtbar werden:

> Wir allerdings sind für diesen kostbaren Schatz, der uns anvertraut ist, nur wie zerbrechliche Gefäße, *denn es soll deutlich werden, dass die alles überragende Kraft, die in unserem Leben wirksam ist, Gottes Kraft ist und nicht aus uns selbst kommt.* Von allen Seiten dringen Schwierigkeiten auf uns ein, und doch werden wir nicht erdrückt. Oft wissen wir nicht mehr weiter, und doch verzweifeln wir nicht. Wir werden verfolgt und sind doch nicht verlassen; wir werden zu Boden geworfen und kommen doch nicht um. [...] In der Schrift heißt es: »Ich habe mein Vertrauen auf Gott gesetzt; darum habe ich geredet.« Der Glaube, der aus diesen Worten spricht, erfüllt auch uns: Auch wir vertrauen auf Gott, und deshalb lassen wir uns

nicht davon abhalten, zu reden und das Evangelium zu verkünden. […] Ja, unser ganzer Dienst geschieht für euch. Denn Gottes Gnade soll immer mehr Menschen erreichen, damit dann auch eine ständig wachsende Zahl Gott dankt und ihm die Ehre gibt. Das sind also die Gründe, weshalb wir uns nicht entmutigen lassen. Mögen auch die Kräfte unseres äußeren Menschen aufgerieben werden – unser innerer Mensch wird Tag für Tag erneuert.

2. Korinther 4,7-9. 13. 15-16

Hingabe erfordert also in keiner Weise Perfektion und Stärke von unserer Seite. Im Gegenteil: Unsere Verletzlichkeit und Schwäche werden zum Zeugnis der göttlichen Macht! Und eine Hingabe dieser Art lässt die Welt nicht unverändert.

Impulse zum Weiterdenken

* Wie äußern sich Hingabe und Opferbereitschaft in Ihrem Leben? Wo sind Sie bereit, ein Opfer zu bringen – aus Liebe und tiefer Dankbarkeit Ihrem Retter gegenüber, der sein Leben für Sie gegeben hat? Was hält Sie davon ab, ein bestimmtes Opfer zu bringen?
* Welche Perspektive haben Sie vom Reich Gottes? Wo bauen Sie konkret mit an Gottes Reich? Vergessen Sie nicht: Ihr Beitrag ist einzigartig!
* Wagen Sie es, zu Ihrer Verletzlichkeit zu stehen? Ihrer Schwachheit? Ihren Ängsten und Zweifeln? Wenn nicht, möchte ich Sie von Herzen dazu ermutigen. Es wird anderen Menschen den Weg zu Jesus ebnen, weil sie sich in ihren eigenen Schwächen und Nöten verstanden fühlen. Lösen Sie sich von der Vorstel-

lung, dass Sie als brauchbares Werkzeug für Gott perfekt und stark sein müssten. Lassen Sie nochmals in Ruhe das ganze Kapitel 4 des 2. Korintherbriefes auf sich einwirken. Vergessen Sie nicht: Ihr zerbrechliches und verletzliches Lebensgefäß ist genau der Ort, wo Gottes überragende Kraft wirksam und dadurch auch für andere sichtbar wird.

Verändern durch Kreativität

Rückzugsorte sind
die Quellen der Kreativität.

Helmut Glaßl

Von der Horizonterweiterung und Hingabe gelangen wir zu einem dritten Kennzeichen, das leisen Weltveränderern auf besondere Weise eigen ist: Kreativität. Selbstverständlich gibt es auch kreative *extrovertierte* Weltveränderer. Und doch ist man sich heute weitestgehend einig, dass der Schlüssel zur Kreativität im Alleinsein liegt. Kreative Impulse mögen zwar aus unterschiedlichen Quellen stammen (bei Extros eher von außen, bei Intros von innen). Doch der Weg vom Impuls zur kreativen Umsetzung oder Endgestalt führt nicht an Phasen der Reflexion und der Stille vorbei. Etwas, was introvertierten Menschen von Natur aus liegt. Daher überrascht es nicht, dass ein erstaunlich hoher Anteil aller kreativen Menschen introvertiert ist (viele sind auch hochsensibel).

Kennen Sie die Kindergeschichte von Frederick?[184] Der Maus, die lieber Sonnenstrahlen, Farben und Wörter für die kalten Wintertage sammelte als Nüsse, Weizen und Stroh? Ich finde diese

Geschichte einfach wunderbar und äußerst hilfreich, um das Wesen kreativer introvertierter Weltveränderer zu erklären:

Frederick lebte mit seiner Familie in einer alten Steinmauer. Im Herbst sammelten die kleinen Feldmäuse Tag und Nacht Körner, Nüsse, Mais und Stroh als Vorräte für den Winter. Alle halfen mit, nur Frederick nicht. Er saß scheinbar untätig da, worüber sich alle anderen Mäuse sehr ärgerten. Dabei sammelte er Sonnenstrahlen, Farben und Wörter für die kalte Jahreszeit.

Zu Beginn des Winters hatten die Mäuse noch ausreichend zu essen und sie erzählten sich viele schöne Geschichten. Als alle Vorräte aufgebraucht waren, baten sie Frederick um Hilfe. Er gab ihnen das weiter, was er während des Herbstes gesammelt hatte: Er erinnerte sie an die warmen Sonnenstrahlen, an die Farben des Sommers und trug der Mäusefamilie ein Gedicht vor. Dunkelheit, Kälte und Wortlosigkeit wichen bunten Erinnerungen, innerer Wärme, neuer Lebendigkeit, Hoffnung und Zuversicht.

Kreative introvertierte Weltveränderer

Im Abschnitt *Introvertierte Weltveränderer* zu Beginn von Kapitel 5 habe ich bereits etliche einflussreiche Introvertierte der Vergangenheit und Gegenwart namentlich erwähnt. Diese Liste ist natürlich längst nicht abschließend. Wenn man durch Bücher blättert oder Internetseiten scrollt, die einflussreiche Introvertierte auflisten, dann fällt auf, dass die Außergewöhnlichkeit von vielen der genannten Introvertierten in ihrer Kreativität liegt. So schreibt auch Susan Cain, dass einige unserer größten Ideen, Kunstwerke und Erfindungen von »*stillen und feinsinnigen Menschen*« stammen, die es verstanden haben, »*in sich hineinzuhören und die Schätze, die in ihrem*

Innern lagen, zu heben«[185]. Sie erinnert daran, dass unsere Welt ohne Introvertierte (in diesem Fall könnte man eigentlich auch treffend sagen »ohne kreative Introvertierte«) viel ärmer wäre. Ärmer um das Gravitationsgesetz von Sir Isaac Newton. Um die Relativitätstheorie von Albert Einstein, um Chopins Nocturnes, van Goghs Sonnenblumen, Steven Spielbergs *Schindlers Liste* und so weiter.

Und so könnte man Cains Hinweise in jedem Bereich denkerischer und künstlerischer Kreativität um eine beeindruckend lange Liste von Namen erweitern. Zum Beispiel Musiker, Maler und eine Flut von männlichen und weiblichen Autoren. Darunter Emily Dickinson, Virginia Woolf, Franz Kafka, Charles Dickens, T. S. Eliot, Oscar Wilde, Jane Austen und viele mehr. Sie alle haben ein Stück introvertierte Lebenswirklichkeit in diese Welt getragen und sie dadurch reicher gemacht. Die Beobachtungsgabe und Fähigkeiten vieler introvertierter Künstler, einen flüchtigen Augenblick einzufangen und in zeitlosen Worten, Bildern, Liedern und so weiter festzuhalten, ist phänomenal. Dabei wird immer wieder das Alleinsein als Quelle einer veränderten Wahrnehmung und Quelle der Inspiration beschrieben. So äußerte auch die amerikanische Schauspielerin und Pulitzerpreisträgerin Mary Oliver: »*Wenn ich allein bin, kann ich unsichtbar werden. Ich kann auf einer Düne sitzen, so still wie Seegras, sodass Füchse unbekümmert vorüberlaufen. Ich kann fast das unhörbare Lied von singenden Rosen hören.*«

Damit keine Missverständnisse entstehen: Kreativität umfasst viel mehr als Schreiben, Malen oder Musizieren. Kreativität hat viele Gesichter. Quasi alle Berufe, die unkonventionelle und neue Denkansätze erfordern, sind kreative Tätigkeiten. Studien von zeitgenössischen Verhaltensforschern belegen, dass die berühmtesten Denker der Vergangenheit und Gegenwart oftmals introvertierte Menschen waren beziehungsweise sind. Ich habe introvertierte

Freunde, die sich überhaupt nicht gerne schriftlich ausdrücken und auch sonst nicht künstlerisch veranlagt sind, die aber brillieren, wenn es darum geht, innovative Ideen zu entwickeln, gedankliches Neuland zu betreten, festgefahrene Wege zu verlassen oder mit unsinnigen Traditionen zu brechen. Eine ruhige Atmosphäre und viel Raum zur Reflexion sind essenziell, damit komplexe Zusammenhänge verstanden und bewertet werden können und Raum für Neues entsteht.

Kreativer Output als Überdruckventil

Als ich über mögliche Überschriften zu diesem Abschnitt nachdachte, ging mir einfach immer wieder das Bild eines Schnellkochtopfes durch den Kopf. Dies hat mich schließlich zur Formulierung »Kreativer Output als Überdruckventil« bewogen. Wenn ich auf mein eigenes Leben und dasjenige von anderen kreativen Introvertierten schaue, dann scheint mir Kreativität nicht nur ein Geschenk oder ein Segen zu sein, sondern ich würde sie sogar als Überlebenshilfe oder -strategie bezeichnen – im Bild des Schnellkochtopfes als »Überdruckventil«. In der Innenwelt von Introvertierten sammeln sich oft so viele Gefühle und Gedanken an, dass es für sie schwer ist, damit klarzukommen und in diesem Chaos nicht den Halt unter den Füßen zu verlieren. Ich erlebe und beobachte Kreativität mitten im Chaos als Hilfe und Ausweg, diesem inneren Druck Abhilfe zu verschaffen. Vielleicht haben ähnliche Überlegungen die Essayistin Aba Assa zur Aussage bewegt: »*Kreativ arbeiten heißt, das Chaos im Kopf ständig neu zu ordnen.*«

Kreativität schafft eine Möglichkeit, dass Emotionen mit zerstörerischem Potenzial einen konstruktiven Output finden. So gesehen ist zumindest künstlerische Kreativität oft auch eine Form von Selbsttherapie. Statt Gefühle der Trauer, der Enttäuschung, des Schmerzes oder der Einsamkeit in mich hineinzufressen, lasse ich ihnen in ihrer ganzen Tiefe freien Lauf – in Farben, Gemälden, Klängen, Formen, Worten, Bewegungen, Gegenständen, Architektur, Einrichtungen, einem besonderen Hobby oder in welcher Form auch immer.

Was geschieht mit einem Dampfkochtopf, dessen Ventil defekt ist? In einem solchen Fall wird es sehr gefährlich. Bei alten Modellen kann es gar zu einer Explosion kommen. Wenn introvertierte Menschen kein heilsames Ventil für den Überdruck ihrer Innenwelt finden, besteht die akute Gefahr, dass im Inneren gefangene Emotionen und Gedanken irgendwann »explodieren« – zum Beispiel in Form von Wut, Verbitterung oder Depression.

So kann das Ausleben von Kreativität zutiefst heilsamen Charakter haben. Wenn es mir zum Beispiel gelungen ist, belastende Gedanken in Gedichtform auszudrücken, bin ich erleichtert. So geht es anderen, wenn sie ein Lied geschrieben, eine Formel zu Ende gedacht, ein Gemälde gemalt, ein Gesteck arrangiert oder ein Kleid genäht haben. Was ganz speziell ist am kreativen Schaffen: Im Ausleben von Kreativität entsteht eine ganz besondere Verbindung zum kreativen Schöpfergott, der diese Kreativität selbst als Geschenk in uns Menschen angelegt hat. Doch diese Kreativität ist oft nicht nur ein Geschenk des Schöpfers an uns selbst, sondern zugleich auch an viele andere Menschen, die durch unser kreatives Schaffen in ihrem Herzen und Leben berührt werden.

Das ist der Weg, wie die Kreativität introvertierter Christen diese Welt verändern kann: indem tiefgründige und komplexe Gedanken umgestaltet werden und in kreativer Gestalt eine Brücke vom eigenen Erleben zur Realität anderer Menschen schlagen. In Form von

Büchern, Liedern, Bildern, Skulpturen, Bauten und vielem mehr zeugen sie von dem, was Gott im Leben seiner Nachfolger wirkt.

Kreativität als Weg zur Sichtbarkeit

Auf diese Weise wird Kreativität zu einer wunderbaren Möglichkeit für Introvertierte, auf indirekte Weise (indirekt via ihr kreatives Werk) über der Wasseroberfläche sichtbar zu werden. Kreativität schafft einen Weg, sich mit anderen Menschen rund um den Globus zu vernetzen und trotzdem aus der Sicherheit des Rückzugs weiterzuwirken. Auf diese Weise kann Kreativität zu einem sehr wirkungsvollen und einflussreichen Werkzeug werden, diese Welt zu verändern.

Was für Introvertierte immer schwierig bleiben wird, ist das Selbstmarketing. Anders als bei Extrovertierten, die ihre Werke gerne überzeugend an den Mann und die Frau bringen, ist dies für viele Introvertierte fast ein Ding der Unmöglichkeit. Sie zweifeln viel zu sehr an sich und dem, was sie tun, als dass sie dies überzeugt vermarkten können. Nachdem mich dies lange Zeit sehr gestresst hat, nehme ich es heute gelassener. Ich möchte mich nicht verbiegen lassen. Selbstmarketing geschieht ja nicht nur via soziale Interaktionen, sondern auch im Social-Media-Bereich, über persönliche Websites und so weiter. Hier gibt es viele Möglichkeiten, die Introvertierten sehr entgegenkommen. Und für alles andere gibt es auch noch extrovertierte Ehepartner, Freunde, Familienmitglieder und so weiter, die die Unzulänglichkeiten von Introvertierten im Bereich des Selbstmarketings etwas ausgleichen können.

Die amerikanische Schriftstellerin und Bürgerrechtlerin Maya Angelou wies auf folgende Besonderheit der Kreativität hin: »*Krea-*

tivität kann man nicht aufbrauchen. Je mehr man sich ihrer bedient, desto mehr wächst sie.« In diesem Sinne möchte ich Ihnen von Herzen Mut zusprechen: Suchen Sie die Stille, hören Sie auf Ihr Herz, nähren Sie Ihre Träume und gestalten Sie! Entfalten Sie durch die Kreativität die Kraft der Stille. Akzeptieren Sie, dass Sie anders sind. Dass Sie von anderen auch als anders wahrgenommen werden – so wie die Feldmaus Frederick. Doch es kam der Tag, an dem alle anderen Feldmäuse dankbar waren für Frederick und die besonderen Gaben, die er hatte. Danken Sie Gott dafür, dass er Ihnen die Kreativität als Ausdrucksmittel (und in manchen Fällen als Überdruckventil) geschenkt hat.

Impulse zum Weiterdenken

* Welche Form von Kreativität spricht Sie am meisten an?
* Welche Rolle spielt Kreativität in Ihrem Leben? Falls Kreativität eine sehr wichtige Rolle spielt: Haben Sie in Ihrem Alltag genügend Freiräume für kreatives Schaffen?
* Erleben Sie Kreativität manchmal auch als Überdruckventil? Falls ja: Inwiefern äußert sich dies heilsam in Ihrem Leben?

Verändern durch Selbstfürsorge

Je weniger Aufmerksamkeit wir uns selbst schenken, desto weniger haben wir anderen auf lange Sicht anzubieten.

Adam S. McHugh[186]

Es zeugt von der Eigendynamik dieses Buches, dass es mit einem Unterkapitel schließt, das ursprünglich gar nicht geplant war. Im dynamischen Prozess des Schreibens wurde mir die Bedeutung eines solchen Schlusses immer klarer. Denn sämtliche Aufforderungen – die Impulse zum Weiterdenken, die Appelle zur Veränderung der Welt, der Aufruf, seine eigenen Stärken zu entdecken und einzusetzen etc. – werden hinfällig, wenn *wir selbst* auf der Strecke bleiben.

Sie selbst sind der Schatz!

In Kapitel 2 ging es darum, introvertierte Schätze zu entdecken, zu bergen und anderen Menschen zugänglich zu machen. Das ist zweifellos wichtig. Doch noch wichtiger ist die Erkenntnis, dass *Sie selbst* der Schatz sind! Leider geht dies im Eifer, möglichst viele Schätze zu bergen und seine Sache so gut wie möglich zu machen, manchmal völlig unter. Nicht was Sie *tun*, sondern wer und wie Sie *sind*, macht Sie kostbar. Die Tatsache, dass Sie vom Schöpfer nach seinem Bild geschaffen wurden, verleiht Ihnen ewigen Wert. Gottes Liebe zu Ihnen ist bedingungslos und in keiner Weise von Ihrer Leistung abhängig. Es ist nicht in Gottes Sinne, wenn sich Christen im Dienst für Jesus so sehr verausgaben, dass sie fast daran zerbrechen. Viele investieren so viel Zeit und Energie in das Vorhaben, sich um die geistlichen und praktischen Bedürfnisse von anderen zu kümmern, dass sie darüber ihre eigenen Bedürfnisse völlig vernachlässigen.

Jesus wurde einmal von einem Pharisäer gefragt, welches das höchste Gebot im Gesetz sei. Jesus antwortete: »*Du sollst den Herrn, deinen Gott, lieben von ganzem Herzen, mit ganzer Hingabe und mit deinem ganzen Verstand!*« (Matthäus 22,37). Im Anschluss daran erwähnte er ein zweites, *ebenso wichtiges* Gebot: »*Liebe deine Mitmenschen wie dich selbst*« (Matthäus 22,39). Manchmal habe ich den Eindruck, dass sich introvertierte Christen fast nur auf den ersten Teil dieses zweiten Gebotes konzentrieren: Liebe deine Mitmenschen! Innerhalb der Grenzen, die ihnen durch ihr introvertiertes Wesen gesteckt sind, versuchen sie ihr Möglichstes. Doch was ist mit dem Rest des Satzes: *Liebe deine Mitmenschen* – **wie dich selbst?** Es fällt introvertierten Christen nicht leicht, sich selber zu lieben. Sie zweifeln an sich, suchen die Fehler oft zuerst bei sich und können ihren eigenen hohen Ansprüchen und Maßstäben kaum je gerecht werden … Jesus sehnt sich nach Nachfolgern, die sich annehmen und lieben, weil er genau dies tut.

Wenn Sie nicht auf sich achtgeben, sind Sie früher oder später auch anderen Menschen keine Hilfe mehr. Daher sollten Sie sich in Ihrem Alltag entsprechend den Sicherheitsanweisungen auf einem Flug verhalten: Im Notfall müssen Sie sich zunächst um sich selbst kümmern (Ihre eigene »Sauerstoffmaske« aufsetzen), bevor Sie Mitreisenden helfen! Auch Pastor McHugh mahnt: »*Je weniger Aufmerksamkeit wir uns selbst schenken, desto weniger haben wir anderen auf lange Sicht anzubieten.*«[187] McHugh kommt zum Schluss, dass Selbstfürsorge das unverzichtbarste Element im Blick darauf ist, wie dauerhaft der Dienst eines Leiters ist. Über all den hehren Absichten, die Welt zu verändern, sollten Sie also nie vergessen, dass Selbstfürsorge die alles entscheidende Voraussetzung für Ihren Beitrag an die Welt bildet. In Ihrer Einzigartigkeit – Ihren Stärken und Grenzen – sind Sie ein Geschenk an diese Welt. Tragen Sie Ihr Möglichstes dazu bei, sich selbst, dieses kostbare Geschenk, zu schützen!

Schützen und schätzen Sie Ihre Andersartigkeit

Selbstschutz beginnt damit, dass Sie sich erlauben, so zu sein, wie Sie sind. Und dass Sie damit aufhören, krampfhaft in die Rolle einer Person zu schlüpfen, die Sie tief in Ihrem Innersten nicht sind. Bloß weil Sie denken, Sie müssten anders sein, damit Sie von anderen akzeptiert werden. Das Problem ist, dass Sie sich damit nur selbst schaden. Denn es kostet unglaublich viel Energie, sein Wesen und seine Stärken zurückzuhalten und sich zu verstecken. Dabei ist – wie weiter vorne erklärt – zu unterscheiden zwischen gelegentlich extrovertiertem Verhalten im Dienste einer höheren Sache und einer anhaltend extrovertierten Verhaltensweise, um sein wahres Wesen zu verbergen.

Lernen Sie Ihre Andersartigkeit schätzen und lassen Sie sie zu. Entdecken Sie sich ganz neu und lieben Sie sich in Ihrer introvertierten Einzigartigkeit. Ja, »lieben Sie sich«! *Liebe deine Mitmenschen* – **wie dich selbst**! Anderen Menschen machen Sie doch auch Mut, sich anzunehmen, wie sie sind. Wieso sollte dies denn nicht auch für Sie gelten? Es ist kein Fehler, wenn Sie introvertiert sind. Es entspricht dem Willen Ihres Schöpfers und er verfolgt eine ganz bestimmte Absicht mit Ihrer einzigartigen Andersartigkeit.

Wenn man sich einige Zeit in Introversions-Foren oder in anderen Social-Media-Begegnungsräumen für Introvertierte bewegt, fällt auf, dass leise Menschen ähnliche Dinge lieben. Sie gestehen es zuerst nur zaghaft und leise, um erstaunt festzustellen, dass sie nicht alleine sind mit ihren Gefühlen. Die Erkenntnis, dass es »da draußen« noch andere gibt, die ähnlich empfinden, ist sehr tröstlich.

Introvertierte Andersartigkeit

In Virginia Woolfs Roman *The Waves* (»Die Wellen«) drückt sich introvertierte Andersartigkeit in den folgenden Zeilen aus: »*Wie viel besser ist Stille; die Kaffeetasse, der Tisch. Wie viel besser ist es, alleine hier zu sitzen, wie der einsame Seevogel, der seine Flügel auf dem Pfahl ausbreitet. Lass mich für immer hier sitzen mit schlichten Dingen, dieser Kaffeetasse, diesem Messer, dieser Gabel, Dingen an sich, mir selbst, indem ich ich selbst bin.*«[188] Ähnlich klingt es in diesem anonymen Zitat: »*Ich mag abgesagte Pläne. Und menschenleere Buchläden. Ich mag Regentage und Gewitter. Und Cafés. [...] Aber am meisten mag ich die kleinen Freuden, die ein einfaches Leben mit sich bringt.*«[189]

Und so könnte jeder Introvertierte seine individuelle Liste von Andersartigkeiten erstellen. Nicht im Sinne einer Beichte, sondern im Sinne besonderer Kennzeichen, die ihn oder sie außergewöhnlich und einzigartig machen. Auf meine Liste kämen etliche Dinge, die bereits erwähnt wurden. Darüber hinaus würde ich erwähnen: Ich liebe Herbststürme, Regenwetter und Schneetreiben – sie geben mir die offizielle Rechtfertigung, mich in meine Höhle zurückzuziehen. Ich mag das Gefühl der Geborgenheit, wenn es draußen dunkel wird und ich drinnen eine Kerze anzünden kann. Ich mag es, von einem gemütlichen Beobachterposten aus dem geschäftigen Treiben anderer Menschen zuzusehen. Ich lebe auf, wenn es um mich herum still wird. So still, dass ich meine Gedanken hören und meine Gefühle spüren kann. Ich habe eine Schwäche für Bücher – insbesondere für antiquarische Kostbarkeiten oder edle Designs. Ich liebe Tagebücher, Schreibstifte und leere Blätter. Die Möglichkeiten von unbeschriebenen Seiten erfüllen mich mit Spannung, Vorfreude und Ehrfurcht.

Susan Cain ermutigt ihre introvertierten Leser: »*Verbringen Sie Ihre Freizeit so, wie Sie es möchten, nicht so, wie Sie es Ihrer Meinung nach tun sollten.*«[190] Konkret könnte dies folgendermaßen aussehen: »*Bleiben Sie Silvester zu Hause. Lassen Sie die Ausschusssitzung fahren. Gehen Sie auf die andere Straßenseite, um sinnloses Geschwätz mit zufälligen Bekannten zu vermeiden. Lesen Sie. Kochen Sie. Laufen Sie. Machen Sie Dinge am Computer. Schließen Sie ein Abkommen mit sich selbst, dass Sie an einer bestimmten Anzahl von gesellschaftlichen Anlässen teilnehmen und sich im Austausch dafür nicht schuldig fühlen, wenn Sie absagen.*«

Selbstfürsorge im Dienste einer höheren Sache

Damit keine Missverständnisse entstehen: Selbstfürsorge soll weder als Entschuldigung für Faulheit herhalten noch egoistisches Verhalten rechtfertigen. Im Kontext dieses Buches geht es vielmehr darum, dass leise Weltveränderer ohne Selbstfürsorge früher oder später Schiffbruch erleiden. Denn Selbstfürsorge ist das Lebenselixier ihrer Stärken. Es geht nicht darum, dass sich Intros nur noch auf sich selbst konzentrieren, sondern der Blick soll offenbleiben für das große Ganze. Nicht die Kurzsichtigkeit des eigenen Lebens und Wohlbefindens, sondern der Weitblick für Gottes Perspektive soll die Motivation zur Selbstfürsorge sein. Nur wenn introvertierte Christen für sich und ihre Grenzen Sorge tragen, werden sie in der Lage sein, auf ihre leise Weise die Welt zu verändern. Doch was bedeutet Selbstfürsorge denn konkret? In der Fortsetzung unterscheide ich zwischen innerer Selbstfürsorge und äußerer Selbstfürsorge. Beides gehört untrennbar zusammen.

Innere Selbstfürsorge

Innerlich gut für sich selbst zu sorgen, beinhaltet vieles von dem, was im Laufe dieses Buches bereits erörtert wurde. Zum Beispiel Regenerationsnischen, die Introvertierten den dringend benötigten Rückzug bieten. Hierzu einige ergänzende Impulse.

- **Erkennen Sie sich selbst.** Selbstreflexion ist der Schlüssel zur Selbstfürsorge. Es ist von entscheidender Bedeutung, dass Sie sich selber gut kennen. Der französische Erfinder, Mathematiker, Physiker und Religionsphilosoph Blaise Pascal (1623–1662) beschrieb die Kraft der Selbstreflexion mit folgenden Worten: »*Man muss sich selbst erkennen. Alles Unglück in der Welt kommt daher, dass man nicht versteht, ruhig in einem Zimmer zu sein. Die Einsamkeit aber ängstigt deshalb, weil ihr die Menschen unverdeckt sich selber gegenübergestellt werden. In der Einsamkeit zeigt sich die Trostlosigkeit, seine Ohnmacht, Abhängigkeit, Unzulänglichkeit etc., Langeweile, Düsterkeit, Kummer, Verdruss, Traurigkeit befällt den Menschen, die Angst vorm Alleinsein. Die Größe des Menschen ist darin groß, dass er sich selbst als elend erkennt.*« Selbstreflexion kann also durchaus ernüchternd, aber auch heilsam sein. Die Erkenntnisse der Selbstreflexion geben Ihnen eine gute Ausgangslage dafür, in kleinen und großen Herausforderungen des Lebens kluge Entscheidungen zu treffen. Wenn Sie sich selber nicht gut genug kennen, stehen Sie immer in Gefahr, sich nach den Wünschen oder Erwartungen anderer Menschen zu richten. Viele Introvertierte neigen dazu, ihre Persönlichkeit zu verleugnen. Selbstreflexion hat zum Ziel, die wahre Wesensart zu entdecken und segensreiche Weichen für die Zukunft zu stellen.
- **Gönnen Sie sich Zeit und Ruhe.** Zeit und Ruhe sind die Schaltzentrale für Ihren Energiehaushalt sowie der Nährboden, auf dem sich Ihre introvertierte Stärke entfaltet. In der Musik war

längst bekannt, dass eine gelungene Komposition nicht nur aus Tönen besteht. So sagte einst Wolfgang Amadeus Mozart: *»Die Stille zwischen den Noten ist genauso bedeutsam wie die Noten selbst.«* Genau dies trifft auch auf unser Leben zu. Ist es von Momenten des Innehaltens durchsetzt, klingt unsere Lebensmelodie umso kraftvoller. Gehen Sie achtsam und respektvoll mit dem um, was in Ihrem Innenleben vor sich geht. Erlauben Sie sich zu sein. Sie selbst zu sein. Sich zu erholen. Einfach dazusitzen und zu staunen. Gönnen Sie sich die Extrazeit, die Sie in manchen Lebenssituation als Intro brauchen. Lassen Sie sich aus der Fülle des göttlichen Segens beschenken, an der wir durch Jesus Anteil bekommen haben (vgl. Epheser 1,3). Nahe bei Jesus finden Sie zur Ruhe. Hier finden Sie göttlichen Frieden – mitten im Chaos des Lebens: *Macht euch um nichts Sorgen! Wendet euch vielmehr in jeder Lage mit Bitten und Flehen und voll Dankbarkeit an Gott und bringt eure Anliegen vor ihn. Dann wird der Frieden Gottes, der weit über alles Verstehen hinausreicht, über euren Gedanken wachen und euch in eurem Innersten bewahren* (Philipper 4,6-7). Jesus lag es sehr am Herzen, dass seine Jünger zwischendurch ausruhen konnten: *»Kommt, wir gehen an einen einsamen Ort, wo wir allein sind und wo ihr euch ein wenig ausruhen könnt.« Denn es war ein ständiges Kommen und Gehen, sodass sie nicht einmal Zeit zum Essen fanden. Sie fuhren also mit einem Boot an einen einsamen Ort, um allein zu sein* (Markus 6,31-32). Und genau das wünscht er sich auch für Sie!

- **Grenzen Sie sich ab.** Selbstfürsorge bedeutet, dass Sie Ihre Grenzen respektieren, indem Sie sich abgrenzen. Seine Grenzen zu schützen bedeutet, ein Ja zu sich selbst und ein Nein zu gewissen Erwartungen und Forderungen von anderen Menschen zu haben. Das Wort »Nein« ist unverzichtbar für Menschen, die viel Ruhe und Rückzug brauchen, um die Herausforderungen des Lebens bewältigen zu können. Für harmoniebedürftige Intros, die es allen recht machen und niemanden enttäuschen möchten, bleibt dies ein lebenslanges Übungsfeld.

- **Nähren Sie Ihre innere Flamme.** Stillen Sie Ihren Wissensdurst, Ihre Leidenschaft für Schönheit, Kunst, Musik etc. Besuchen Sie Museen und Konzerte. Lassen Sie einen wertvollen Film auf sich wirken. Freuen Sie sich an dem Frühlingserwachen in der Natur und der Farbenpracht der Herbstblätter. Genießen Sie einen Spaziergang im Park. Setzen Sie sich auf eine Bank und lassen Sie Ihren Gedanken freien Lauf. Freuen Sie sich an der Schönheit eines Sonnenuntergangs. Gehen Sie Impulsen nach. Googeln Sie, wenn Sie eine bestimmte Frage interessiert. Schauen Sie sich Dokumentarfilme dazu an. Wenn etwas Ihr Interesse weckt, dann lesen Sie darüber, was auch immer Sie in die Finger kriegen. Studieren Sie, lernen Sie, regen Sie Ihren Verstand an. Unterrichten Sie sich selbst. Auf diese Weise nähren Sie Ihre innere Flamme.

Äußere Selbstfürsorge

Forschungsergebnisse bestätigen, dass Introvertierte im Vergleich zu Extrovertierten in vielerlei Hinsicht mit erhöhten psychischen und physischen Gesundheitsrisiken zu kämpfen haben. So belegte zum Beispiel eine Studie der Universität North Carolina, dass Introvertierte im Vergleich zu Extrovertierten ein deutlich erhöhtes Depressionsrisiko aufweisen. Selbstfürsorge ist allerdings nicht bloß eine innere, sondern ganz entscheidend auch eine äußere Angelegenheit. Es bedeutet einerseits, dass Sie sich um Ihr seelisches Wohlbefinden kümmern, und andererseits, dass Sie bereit sind, ganz praktisch Verantwortung für Ihre körperliche Gesundheit zu übernehmen.

Ich schreibe diese Zeilen in einer Situation, in der ich schon längere Zeit gesundheitlich angeschlagen bin. Es ist mir schmerzlich bewusst, welches Übungsfeld in diesem Bereich noch vor mir liegt. Und wie wichtig es ist, dass wir auch diesen Teil der Selbstfürsorge sehr ernst nehmen. Selbst wenn uns unsere eigenen kleinen Bedürfnisse völlig nebensächlich und fast störend erscheinen im Vergleich zu den Vorhaben, offene Fragen in den Abgründen unserer Innenwelt zu lösen, Projekten zu folgen und die Welt zu retten ... Genau hier sollten wir uns wieder an die Sauerstoffmaske erinnern. Wenn wir uns nicht zuerst um uns selbst kümmern, werden wir auch anderen Menschen auf die Dauer keine Hilfe sein.

Lassen Sie sich von den folgenden Gedanken anregen, gezielt darüber nachzudenken, was es für Ihr Leben bedeuten könnte, äußere Selbstfürsorge zu praktizieren.

- **Hören Sie auf Ihren Körper.** Adam McHugh macht in einem Interview darauf aufmerksam, dass unsere Körper eine eigene Weisheit haben. Er ist überzeugt: *»Je mehr wir auf unsere Körper hören, desto weiser werden wir.«*[191] Unser Körper weist uns darauf hin, wenn wir hungrig oder satt, erschöpft oder energiegeladen, gestresst oder entspannt sind. Unser Körper weiß manchmal Dinge, lange bevor es unser Verstand realisiert. Unser Körper zeigt auch Emotionen an: Anspannung im Magen, Schweiß auf der Stirn, ein beschwingter Schritt etc. Introvertierte sind bekanntlich oft auch hochsensible Menschen, deren Körper schnell auf zu viel Stress reagiert. Wenn Intros also zu lange unter Leuten sind, zu viel Lärm um sich haben oder zu vielen Aktivitäten folgen, fühlen sie sich nicht mehr wohl. Der Körper reagiert mit Warnsignalen. Er signalisiert laut Anne

Heintze beispielsweise: »*Ich brauch jetzt Ruhe! Vielleicht zeigt sich Müdigkeit, vielleicht Kopfschmerz oder der Magen drückt.*«[192] Heintze erklärt: »*Bei jedem können die Symptome anders aussehen, aber immer sollten sie ernst genommen werden. Je schneller nämlich darauf reagiert wird, umso leichter kann sich der Körper erholen. So einfach kann oft sogar Krankheiten vorgebeugt werden.*« Anne Heintze sieht den Körper als sensiblen Freund für Introvertierte, mit dem sie gemeinsam für höchste Lebensqualität sorgen: »*Je genauer sie seine Sprache kennen und auf seine Bedürfnisse antworten, umso kraftvoller und ausgeglichener können sie ihr Leben gestalten.*«[193]

- **Übernehmen Sie Verantwortung.** Verantwortung übernehmen bedeutet: Tun Sie Ihrem Körper Gutes! Führen Sie einen gesunden Lebensstil. Achten Sie darauf, dass Schlaf, Bewegung und Ernährung im Lot sind. Keiner dieser drei Bereiche sollte vernachlässigt werden. Schlafen Sie ausreichend. Ernähren Sie sich gesund. Trinken Sie genügend Flüssigkeit, am besten Wasser. Gehen Sie zurückhaltend mit Genussgiften um. Betätigen Sie sich körperlich (das kann mit einem Spaziergang an der frischen Luft beginnen). Lassen Sie gesundheitliche Probleme frühzeitig und fachgerecht behandeln. Räumen Sie sich genügend Ruhezeiten und Pausen ein. Gönnen Sie sich ein heißes Bad.

- **Tun Sie es introvertiertengerecht.** Aus eigener Erfahrung weiß ich, dass einige der genannten Punkte für Introvertierte eine viel größere Herausforderung darstellen als für Extrovertierte. Ein Spaziergang in der näheren Umgebung kann zur Hürde werden, weil man nicht in der Stimmung dafür ist, anderen Menschen zu begegnen. Lassen Sie sich von solchen Hindernissen aber nicht davon abhalten, es zu tun. Vielleicht können Sie ja eine andere Route wählen oder sogar einen kleinen Ausflug machen?

Ähnliches trifft auch auf das Thema Sport zu. Wenn mein Mann jeweils nach einem Besuch im Fitnesscenter begeistert von seinen Begegnungen und Gesprächen mit anderen Mitgliedern berichtet, verdrehe ich oft nur die Augen und sage: »Ach du meine Güte, das würde mich sooo stressen!« Nachdem ich lange nach einer Lösung gesucht habe, mit der auch ich als Introvertierte leben kann, bin ich vor wenigen Jahren fündig geworden. Nach Möglichkeit besuche ich ein kleines Fitnessstudio, das nur für Frauen zugänglich ist und nur teilweise betreut wird. Mit der Zeit weiß ich, wann die anderen Frauen dort sind, und kann bewusst ruhige Zeiten aussuchen. Ich lege eine ziemliche Distanz zurück, um zu diesem Fitnessstudio zu gelangen. Aber das macht nichts. Ich schätze die Anonymität. Zudem wähle ich auf der Fahrt dorthin immer einen Umweg und fahre durch eine schöne, ländliche und bewaldete Gegend. Das tut meiner Seele gut.

Schütten Sie nicht gleich das Kind mit dem Bad aus, wenn sich eine Umsetzung für Sie als komplizierter entpuppt. Sie sind eine kreative Person! Suchen Sie nach kreativen Lösungen – und setzen Sie Ihre Vorsätze in die Tat um!

Selbstfürsorge bedeutet im Kern also, dass ich verantwortlich mit den mir von Gott anvertrauten Ressourcen umgehe. Sie ist Ausdruck eines dankbar-wertschätzenden Lebensstils. Auf der einen Seite dankbar dem Schöpfer gegenüber, der mir diese inneren und äußeren Ressourcen anvertraut hat. Auf der anderen Seite wertschätzend mir selbst und meinen Mitmenschen gegenüber. Als Person, die in Gottes Liebe verwurzelt ist und in sich selbst ruht, werde ich zum positiven Vorbild für andere und bin bereit für das, was Gott durch mich in dieser Welt bewegen möchte. Genau hierzu möchte ich Sie mit diesem Buch ermutigen. Sind Sie bereit dafür, Ihrem Wesen entsprechend, neu gestärkt und motiviert zum Segen und zum Geschenk für andere Menschen zu werden? Und vergessen Sie nie: Sie sind von Gott dazu berufen, diese Welt zu verändern – nicht *trotz*, sondern *wegen* Ihrer Introversion!

Impulse zum Weiterdenken

- Was löst die Aussage »Sie selbst sind der Schatz!« in Ihnen aus? Würde sich in Ihrem Leben etwas verändern (und falls ja, was?), wenn Sie dieser Aussage entsprechend leben würden?
- Erstellen Sie Ihre persönliche Liste der Andersartigkeit. Was zeichnet Ihr introvertiertes Wesen aus? Schmunzeln Sie ruhig über Ihre Schrulligkeiten (die haben wir alle!) und freuen Sie sich an Ihrer Einzigartigkeit.
- Wählen Sie aus den Abschnitten *innere* und *äußere Selbstfürsorge* je eine Aufgabe aus, die Sie in nächster Zeit gezielt in die Tat umsetzen wollen.

SCHLUSSGEDANKEN

Es scheint mehr als ein Zufall zu sein, dass genau dann, als ich meine Schlussgedanken sortierte, der Song *Englishman in New York* im Radio gespielt wurde. Damit schlägt dieses Lied eine Brücke vom Vorwort hin zu diesen Schlussgedanken. *I'm an alien* (»Ich bin ein Fremder«), singt Sting in diesem Lied. In diesem Buch habe ich versucht zu erklären, wieso viele Introvertierte unter einem Gefühl des Fremdseins leiden. Wieso sie sich oft nicht zugehörig, sondern fehl am Platz fühlen – gerade auch in christlichen Gemeinschaften. Zu meiner eigenen Überraschung bin ich nicht die Einzige, die das Empfinden vieler Introvertierter mit einem Gefühl des Fremdseins vergleicht. Wiederholt bin ich in Introversionsbüchern auf ebendiesen Vergleich gestoßen, beispielsweise bei Laurie Helgoe (2013).[194]

Das Problem der Entfremdung

Laurie Helgoe geht im genannten Kapitel darauf ein, dass Introvertierte auf zwei unterschiedliche Arten mit dem Gefühl der Entfremdung (engl. *alienation*) umgehen. Diesem Gefühl, das sich dann einstellt, wenn sich ein Individuum von der Gesellschaft nicht verstanden und angenommen fühlt. (Einem Gefühl, das Introvertierten in einer extrovertierten Gesellschaft nur allzu vertraut ist.) Beide Gruppen haben gemeinsam, dass sie nach außen hin nicht als Introvertierte zu erkennen sind. Genau diese Unsichtbarkeit trägt mit Sicherheit ihren Teil zur weitverbreiteten Annahme bei, dass

Intros nur eine verschwindend kleine Minderheit der Gesellschaft ausmachen.

Auf der einen Seite gibt es laut Helgoe die »Schattenbewohner«[195]. Darunter versteht die Psychologin diejenigen, die ihrem introvertierten Wesen treu bleiben, indem sie sich offen und manchmal auch wütend dem Mainstream widersetzen. Ihnen ist es egal, ob sie von der Gesellschaft akzeptiert werden oder nicht. In diesem Fall findet eine offen gelebte Entfremdung von der Gesellschaft statt. Auf der anderen Seite sind die »sozial Zugänglichen«[196]. Das sind diejenigen, die sich nach außen hin extrovertiert verhalten, damit sie von der Gesellschaft akzeptiert werden – allerdings auf Kosten ihres introvertierten Wesens. In diesem zweiten Fall findet laut Helgoe eine Selbstentfremdung statt, die sich auf die Dauer sehr negativ auf Introvertierte auswirken kann (zum Beispiel durch Verlust des Einfühlungsvermögens für sich selbst bis hin zu Selbsthass). Beide Extreme sind ungesund und dienen weder den Betroffenen noch ihrem Umfeld.

Die Notwendigkeit der Heilung

Es erklärt sich von selbst, dass das Gefühl der Entfremdung (sei es von der Gesellschaft oder von sich selbst) mit vielen inneren Verletzungen verbunden ist. Damit introvertierte Christen ihre Stärken entfalten, anderen Menschen dienen und die Welt verändern können, brauchen sie dringend Heilung. Die Realität mag ernüchternd und für (harmoniebedürftige) Introvertierte schwer zu ertragen sein: Das Gefühl des Fremdseins wird nicht verschwinden. Zudem wird es immer Menschen geben, die mit Ihrer Andersartigkeit Mühe haben, die Sie nicht verstehen können oder vielleicht sogar ablehnen.

Dann brauchen Sie Heilung, damit Sie ein Ja zu sich selbst und Ihrer introvertierten Andersartigkeit finden. Der Schöpfer selbst hat Sie mit viel Liebe geschaffen. Sie sind gewollt in Ihrer Einzigartigkeit. Verbergen Sie sie nicht, sondern stehen Sie dazu. Es sind wunderbare Stärken damit verbunden. Vielleicht brauchen Sie auch Heilung, weil andere Menschen Sie wegen Ihrer Andersartigkeit verletzt haben. Vergebung ist der Schlüssel zur Heilung. Wagen Sie es, Verletzungen loszulassen, sie Gott abzugeben, damit Sie diese Last nicht länger mit sich herumtragen müssen. Lassen Sie sich von Jesus zeigen, wo es in Ihrem Leben Dinge gibt, die Sie daran hindern, dass sein Licht in voller Stärke durch Sie hindurchdringen kann, und arbeiten Sie mit Gottes Hilfe an sich!

Zum Trost: Alle Christen sind Fremde!

Allen introvertierten Christen, die sich in dieser Welt fremd fühlen, sei zum Trost gesagt: Laut Gottes Wort sind *alle* Nachfolger von Jesus Fremde in dieser Welt! Wir sind nur Durchreisende. Gäste. Diese Welt ist nicht unser Zuhause. So lesen wir in Hebräer 11,13 über Vorbilder aus alttestamentlicher Zeit:

> Sie alle, von denen wir jetzt gesprochen haben, haben Gott bis zu ihrem Tod vertraut, obwohl das, was er ihnen zugesagt hatte, dann noch nicht eingetroffen war. Sie erblickten es nur aus der Ferne, aber sie sahen der Erfüllung voller Freude entgegen; denn *sie waren auf dieser Erde nur Gäste und Fremde* und sprachen das auch offen aus.

Diese geheimnisvolle Aussage wird in den Versen 14 bis 16 wie folgt erklärt:

Wenn sich aber jemand als Fremder und als Gast bezeichnet, gibt er damit zu verstehen, dass er nach einer Heimat Ausschau hält. Hätten unsere Vorväter dabei an das Land gedacht, aus dem sie gekommen waren, so hätten sie ja genügend Zeit gehabt, dorthin zurückzukehren. Nein, sie sehnten sich nach etwas Besserem, nach einer *Heimat im Himmel*. Daher schämt sich Gott auch nicht, ihr Gott genannt zu werden; schließlich hat er im Himmel tatsächlich eine Stadt für sie erbaut.

Nachfolger von Jesus sind Durchreisende auf dem Weg in die ewige Heimat. Seit meiner Teenagerzeit begleitet mich der Gospelsong *Poor wayfaring stranger* (»Armer reisender Fremder«)[197]. Dieses Lied wurde für mich zu einer Oase, wenn ich mich vom Leben überfordert fühlte. Hier konnte ich meinen Tränen freien Lauf lassen. Ich fühlte mich verstanden in meinen Sehnsüchten, Traurigkeiten und Hoffnungen:

I am a poor wayfaring stranger/Ich bin ein armer reisender Fremder
While wandering through this world of woe/Alleine durch die Welt wandernd
And there's no sickness, toil or danger/Da gibt es keine Krankheiten, keine Mühe oder Gefahr
In that fair land to which I go/In jenem hellen Land, in das ich gehe
[…]
I'm only going over Jordan/Ich gehe nur über den Jordan
I'm only going over home/Ich gehe nur nach Hause

Die Perspektive der Endlichkeit und Begrenztheit unseres Lebens taucht das introvertierte Gefühl des Fremdseins in ein anderes Licht. Es ist zwar noch da, aber verliert an Macht, weil es um etwas viel Größeres geht. Und über allem steht das Versprechen, dass eine himmlische Heimat auf die Nachfolger von Jesus wartet. Dort werden wir nicht nur ankommen, sondern im Tiefsten erkannt und verstanden sein. Das Gefühl des Fremdseins wird der Vergangenheit angehören.

Es wird Zeit ...

Der amerikanische Schriftsteller John Green schrieb: »*Schreiben ist etwas, was Sie alleine tun. Es ist ein Beruf für Introvertierte, die Ihnen eine Geschichte erzählen wollen, die aber keinen Augenkontakt herstellen wollen, während sie dies tun.*«[198] So ähnlich ist es mir beim Schreiben dieses Buches ergangen. Vieles von dem, was ich hier preisgebe, wird selbst Menschen, die mich gut zu kennen meinen, überraschen. Für mich war die Arbeit an diesem Buch ein Stück Weg, ehrlicher und selbstbewusster zu mir und meinem Wesen zu stehen. Verbunden mit der Hoffnung, dass diese Reise mich selbst, unser Familienleben, unsere christliche Gemeinde und meine kleine Welt positiv verändert. Offen gestanden: Es hat mir gutgetan und fühlt sich befreiend an. Was *Sie* nun daraus machen, bleibt Ihnen überlassen! Aber ich hoffe von Herzen, dass auch Sie als Leserin und Leser dieses Buches ähnlich befreiende Wege gehen können!

Ein Buch zu schreiben, ist vergleichbar mit einem sehr, sehr langen Tauchgang. Die Unterwasser-Gedankenwerkstatt arbeitet Tag und Nacht und wird nur durch gelegentliches Auftauchen über der Wasseroberfläche unterbrochen (wobei die Werkstatt selbst dann weiterarbeitet, was sich in großer Zerstreutheit über der Wasseroberfläche äußert und meine Familie und Freunde manchmal in Verwirrung versetzt). Doch nun wird es Zeit, aufzutauchen und meinem Innenleben eine Pause zu gönnen. Ganz im Sinne von: Alles hat seine Zeit – Bücher schreiben hat seine Zeit – sich vom Schreiben zu erholen, hat seine Zeit! Es wird Zeit, dieses Buch abzuschließen und mich selbst an die Umsetzung zu machen. Es wird Zeit, meine Familie zu verwöhnen, den längst versprochenen Ausflug mit meinen Eltern zu machen, mich mit einer Freundin zu treffen und ein heißes Bad zu nehmen. Es wird Zeit, auf der Couch zu liegen, zum Dachfenster hinauszuschauen, mit den Wolken zu treiben und meine Gedanken in die Ferne schweifen zu lassen. Es wird Zeit, mich um meine Gesundheit zu kümmern, mein Fitness-abo zu verlängern, Tagebuch zu schreiben, irgendwo einen Kaffee zu trinken und dabei in Ruhe andere Menschen zu beobachten. Es wird Zeit, all die vielen Bücher zu lesen, die sehnsüchtig auf meine ungeteilte Aufmerksamkeit warten. Es wird Zeit, wieder neu dankbar zu sein für das Geschenk des Lebens und dafür, dass der lebendige Gott an meiner Seite ist.

Herzliche Einladung!

Während es im englischsprachigen Raum mittlerweile recht viele Möglichkeiten zur Vernetzung von Introvertierten gibt (auch von introvertierten Christen), stehen wir im deutschsprachigen Raum noch ganz am Anfang. Falls Sie sich also gerne mit anderen introvertierten Christen vernetzen und über introvertierte Herausforderungen austauschen möchten, sind Sie herzlich eingeladen, der geschlossenen Facebook-Gruppe *Die leisen Weltveränderer* beizutreten, die zeitgleich mit der Publikation dieses Buches startet. Ich freue mich auf die Vernetzung mit Ihnen!

DANK

Dieses Buch verdankt seine Geburt der aktiven Unterstützung etlicher Geburtshelferinnen und -helfer. Ihnen gebührt mein abschließender Dank.

Mein erster Dank geht an *Silke Gabrisch* vom SCM Verlag: Danke für deinen Mut und deine Beharrlichkeit, an der Idee für ein solches Buch festzuhalten, auch wenn es lange Zeit wie eine Sackgasse schien. Danke, dass du mir dieses Buch zugetraut hast!

Weiter danke ich meiner Lektorin *Nadine Weihe*: Mit großer Fachkompetenz, Geduld und Sensibilität hast du meinen Gedanken den letzten Schliff verliehen.

Ein besonderes Dankeschön möchte ich den Sponsoren aussprechen, die meine Schreibauszeit möglich gemacht haben. Ohne diese kostbaren Tage der Stille hätte ich das Buch nie in dieser Zeitspanne geschafft.

Dann danke ich allen, die mein Buch durch ihre introvertierten Einsichten bereichert haben. *Gerhard*, *Markus*, *David*, *Toni* und *Reto* danke ich für ihre wertvollen Einsichten, Beobachtungen und Ergänzungen aus männlicher Sicht.

Viele haben nicht nur die Geburt begleitet, sondern bereits die »Schwangerschaft« dieses Projekts miterlebt und mitgetragen (oder mitertragen). Allen voran meine Familie:

Mein extrovertierter Ehemann: Rolf, dieses Buch ist dir gewidmet. Denn ohne dich wäre ich nicht diejenige, die ich heute bin. Du hast an meine innere Stärke geglaubt, als sie mir und anderen noch verborgen war. Immer neu hast du mir Mut gemacht, trotz Ängstlichkeit und Selbstzweifeln Schritte zu wagen, neue Horizonte zu entdecken und unbeirrt meinen Weg zu gehen. Dabei hast du mir den Rücken gestärkt und zugleich mein Bedürfnis nach Ruhe und Rückzug respektiert. Dafür möchte ich dir von Herzen danken. Auch wenn eine Extro-Intro-Ehe viele Herausforderungen mit sich bringt, sind wir gemeinsam doch ein Zeugnis für die Güte Gottes, die uns durch so manchen Lebenssturm hindurchgetragen hat.

Ruben und Dina: Herzlichen Dank für eure ehrlichen Beiträge in diesem Buch. Sie haben mich zutiefst bewegt. Es erfüllt mich mit Stolz und tiefer Dankbarkeit, dass euch bereits in jungen Jahren so vieles bewusst ist über eure Eigenarten. Ihr seid beide mit wunderbaren Stärken gesegnet. Lasst euer Licht leuchten und ehrt Gott damit! Und danke, dass ihr meine Mängel und Begrenzungen als introvertierte Mutter in Liebe ertragt und stolz seid auf meine Stärken. Ich liebe euch.

Meine Eltern: Danke für alle Unterstützung bei diesem Projekt und in all den Jahren zuvor – seit meiner Geburt. Es ist ein Geschenk, euch als Eltern zu haben, und ich liebe euch von Herzen.

Meine Schwester: *Mirjam*, als ich dieses Buch schrieb, wurde mir neu bewusst, wie wichtig du für mich warst in meiner Kindheit und Jugend und bis auf den heutigen Tag. Danke, dass du als Kind oft über dich selbst hinausgewachsen bist, um mir die Sicherheit zu geben, die ich brauchte. Du hast mir dabei geholfen, so manche unangenehme Situation zu überstehen, einfach, indem du in meiner Nähe warst. Es ist ein Geschenk, dass es dich gibt!

Meine Mentorin: *Vreni*, unsere Gespräche und gemeinsamen Prozesse sind in diesem Buch abgebildet. Mehr muss ich nicht dazu sagen. Du bist ein Segen für mich. Aus tiefstem Herzen: Danke!

So viele Menschen haben meinen introvertierten Lebensweg begleitet, erleichtert und bereichert, ohne dass es ihnen bewusst war.

Ganz besonders die Schulfreundinnen und Schulfreunde, die Jesus mir bei jedem Stufenwechsel zur Seite stellte. Speziell erwähnen möchte ich *Karin*, *Alice* und *Philipp*. Auch für die männlichen Förderer, die mir Jesus in den vergangenen Jahren zur Seite stellte, bin ich zutiefst dankbar: *René*, *Fritz* und *Johannes*, ich danke euch für eure Wertschätzung und eure Ermutigung zur Horizonterweiterung. Ihr habt mehr Potenzial in mir erkannt, als mir bewusst war, und habt mir dabei geholfen, über mich hinauszuwachsen. Darüber hinaus danke ich all meinen Freundinnen und Freunden, die mich annehmen und schätzen, so wie ich bin. Es bedeutet mir mehr, als ihr vermutlich ahnt.

Von Dankbarkeit beflügelt möchte ich hoffnungsvoll weitergehen auf dieser spannenden Durchreise hin zur himmlischen Heimat. Beseelt vom Wunsch, dass wir gemeinsam – Seite an Seite, extrovertiert, introvertiert und zentrovertiert – mutig diese Welt verändern. Zu Gottes Ehre!

GEDICHT »HIDDEN ME«

they praise me
for my cheerful manner
intelligence and courtesy

they like me
for my hearty laughter
kindness and serenity

they thank me
for my understanding
encouragement and charity

they call me
strong
tough
brave and bold

and pride themselves
on knowing me
so well

I just smile

feeling lonelier
than ever before
wondering

if they would still like me
if there was nothing left
but my hidden me?

when they would see
the pain behind my words
the tears behind my smiles
the fears behind my deeds
the doubts behind my plans
the weaknesses behind
my strengths

will YOU still like me
if there is nothing left
but my hidden me?

my lonesome, anxious
vulnerable, weeping
hidden me

overwhelmed by life
lost in complexity

Debora Sommer,
10. August 2014

WEITERFÜHRENDE LITERATUR

Christliche Literatur ist mit einem Sternchen* markiert.

Ancowitz, Nancy (2010). *Self-Promotion for Introverts: The Quiet Guide to Getting Ahead*. Croydon: McGraw-Hill.

(*)Ackermann-Stoletzky, Karin (2016). *Introvertiertheit: Die leise Stärke*. Moers: Brendow.

*Baltz, Evan D. (2016). *The Christian Introvert*. Wrocław: Amazon.

*Bechtle, Mike (2006). *Evangelism for the Rest of Us: Sharing Christ within Your Personality Style*. Grand Rapids: Baker Books.

Bleibtreu, Bastian (2015). *Die stille Kraft: Erfolgreich als Introvertierter in einer extrovertierten Welt*. Wrocław: Amazon.

Cain, Susan (2013). *Still: Die Kraft der Introvertierten*. 3. Aufl. München: Goldmann. (Die amerikanische Erstauflage erschien 2012 unter dem Titel *Quiet: The Power of Introverts in a World That Can't Stop Talking* bei Crown Publishing Group/Random House, Inc.)

Cain, Susan mit Gregory Mone und Erica Moroz (2017). *Still und stark: Die Kraft introvertierter Kinder und Jugendlicher*. München: Goldmann.

Chung, Michaela (2016). *The Irresistible Introvert: Harness the Power of Quiet Charisma in a Loud World*. New York: Skyhorse.

Dembling, Sophia (2015). *Die Macht der Stille: Wie introvertierte und hochsensible Menschen ihre Besonderheit erkennen, verstehen und nutzen können*. München: mvg Verlag.

*Edwards, Judson (2013). *Quiet Faith: An Introvert's Guide to Spiritual Survival*. Macon: Smyth & Helwys.

Edwards, Michael (2014). *Introverted Leader: Be Successful in Business and Networking as an Introvert*. San Francisco: Globalized Healing.

Granneman, Jenn (2017). *The Secret Lives of Introverts: Inside Our Hidden World*. New York: Skyhorse.

Heintze, Anne (2016). *Auf die leise Weise: Wie Introvertierte ihre Stärken erkennen und nutzen*. München: Gräfe und Unzer.

Helgoe, Laurie (2013). *Introvert Power: Why Your Inner Life is Your Hidden Strength*. 2nd edition. Naperville: Sourcebooks. (Die Erstauflage erschien 2008.)

Hundt, Patrick (2014). *Kopfsache: Liebe den Introvertierten in dir.* Wrocław: Amazon.

Kozak, Arnie (2015). *The Awakened Introvert: Practical Mindfulness Skills to Help You Maximize Your Strengths and Thrive in a Loud and Crazy World*. Oakland: New Harbinger.

Laney, Marti Olsen (2005). *The Hidden Gifts of the Introverted Child: Helping Your Child Thrive in an Extroverted World*. New York: Workman Publishing Company.

Laney, Marti Olsen (2016). *Die Macht der Introvertierten: Der andere Weg zu Glück und Erfolg*. 2. unveränderte Auflage. (Die amerikanische Erstauflage erschien 2002 unter dem Titel *The Introvert Advantage: How to Thrive in an Extrovert World* bei Workman Publishing Company, New York; die deutsche Erstauflage erschien im Jahr 2013.) Bern: Hogrefe.

Löhken, Sylvia (2015). *Leise Menschen – starke Wirkung: Wie Sie Präsenz zeigen und Gehör finden*. München/Berlin: Piper.

Löhken, Sylvia (2016a). *Intros und Extros: Wie sie miteinander umgehen und voneinander profitieren*. München/Berlin: Piper.

Löhken, Sylvia (2016b). *Intro, Extro oder Zentro?* Offenbach: Gabal.

Löhken, Sylvia (2017). *Leise Menschen – gutes Leben: Das Entwicklungsbuch für introvertierte Persönlichkeiten.* Offenbach: Gabal.

McCloud, Ace (2014). *Introvert: Discover How To Use Your Inner Strengths To Thrive And Flourish In The Modern World.* Norderstedt: Books on Demand.

Märtin, Doris (2014). *Leise gewinnt: So verschaffen sich Introvertierte Gehör.* Frankfurt am Main: Campus.

*McHugh, Adam S. (2015). *The Listening Life: Embracing Attentiveness in a World of Distraction.* Downers Grove: InterVarsityPress.

*McHugh, Adams S. (2017). *Introverts in the church: Finding our place in an extroverted culture.* Revised and expanded 2nd edition. Downers Grove: InterVarsity Press. (Die Erstauflage erschien 2009.)

*Philips, L. (o. J.). *The Christian Introvert's Handbook.* Kindle Edition. Amazon.

Schnack, Natalie (2014). *Leise überzeugen: Mehr Präsenz für Introvertierte. Der Ratgeber für Alltag und Beruf.* Hannover: humboldt.

Seidel, Jens (2013). *Stille Menschen haben Tiefgang: Wie introvertierte Persönlichkeiten ihre Stärken erkennen und zum Vorteil nutzen.* Wrocław: Amazon.

(*)Stephens, Valarie Elena (2017). *The Quiet Thinker: Lessons of Love, Spirituality and Self-Acceptance from the Mind of an »Introvert«.* Norderstedt: Books on Demand.

*Tanner, Mark (2015). *The Introvert Charismatic: The gift of introversion in a noisy church.* Oxford: Monarch Books.

Taylor, Leslie (2016). *The Dynamic Introvert: Leading Quietly with Passion and Purpose.* Norderstedt: Books on Demand.

Trappmann-Korr, Birgit (2012). *Hochsensitiv: Einfach anders und trotzdem ganz normal. Leben zwischen Hochbegabung und Reizüberflutung.* 5. Auflage. Kirchzarten: VAK.

Wehrle, Martin (2017). *Der Klügere denkt nach: Von der Kunst, auf die ruhige Art erfolgreich zu sein.* München: Mosaik.

Wolf, Chris (2014). *Überzeugend leise! Wie stille Menschen ihre Stärken wirkungsvoll nutzen.* Göttingen: BusinessVillage.

Vogt, Peter (2014). *The Introvert Manifesto: Introverts Illuminated, Extraverts Enlightened.* Introvert Insights, LLC.

ANMERKUNGEN

1 Die deutsche Version lautet *Still – Die Kraft der Introvertierten.*
2 Cain in einem Kurzinterview mit der Verlagsgruppe Random House: http://tinyurl.com/hgsej6j [Stand: 06.03.2017].
3 Susan Cain war allerdings nicht die Erste, die über Introversion schrieb. Bereits zehn Jahre vor Cains Bestseller erschien Marti Olsen Laneys Buch *The Introvert Advantage: How to Thrive in an Extrovert World.* New York: Workman Publishing Company 2002. Im Jahr 2008 erschien zudem Laurie Helgoes Buch *Introvert Power: Why Your Inner Life is Your Hidden Strength.* Naperville: Sourcebooks.
4 Vgl. http://www.quietrev.com/quiet-the-book [Stand: 06.03.2017].
5 Vgl. hierzu die von Cain und ihrem Team betreute Website *Quiet Revoultion*: http://www.quietrev.com [Stand: 06.03.2017].
6 *Introvert, Dear* ist auch der Name einer Website für Introvertierte und Hochsensible, die von Jenn Granneman im Jahr 2013 als persönlicher Blog gestartet wurde: https://introvertdear.com [Stand: 18.07.2017]. Anfang August 2017 erschien zudem ein Buch von Jenn Granneman: *The Secret Lives of Introverts. Inside Our Hidden World.* New York: Skyhorse 2017.
7 Heintze, Anne (2016). *Auf die leise Weise: Wie Introvertierte ihre Stärken erkennen und nutzen.* München: Gräfe und Unzer, S. 114.
8 Zanni, B. 2017. Zurück aus Amerika: »Die Schweizer sind so distanziert.« Artikel in *20min* vom 03.03.2017 (http://www.20min.ch/schweiz/news/story/13942015 [Stand: 23.07.2017]).
9 Der Psychologe Jonathan Cheek hat im Jahr 1980 vier Typen von Introversion definiert: sozial (*Social*), denkend (*Thinking*), ängstlich (*Anxious*) und zurückhaltend (*Restrained*). Fügt man die englischen Anfangsbuchstaben aneinander, ergibt sich daraus das Wort STAR. Das Modell wurde dann auch unter dem Namen STAR bekannt. Die meisten introvertierten Menschen sind ein Mix aus allen vier Typen.
10 Tan, Christine. *On Being Quiet and Asian.* https://tinyurl.com/y93q2w6h [Stand: 23.07.2017], Übersetzung D. S.
11 https://tinyurl.com/y93q2w6h [Stand: 23.07.2017], Übersetzung D. S.
12 Zum Beispiel: Löhken, Sylvia (2015). *Leise Menschen – starke Wirkung: Wie Sie Präsenz zeigen und Gehör finden.* München/Berlin: Piper. Im Unterkapitel *Was, bitte, ist ein leiser Mensch?* erklärt Sylvia Löhken (2015:22.28), was introvertierte Menschen ausmacht.
13 *Fernstudium Theologie* am Theologischen Seminar St. Chrischona (tsc) in Basel: http://tsc.education/fernstudium.html [Stand: 15.07.2017].
14 Vgl. Laney 2016:32–34. Bereits C. G. Jung vermutete, dass jeder Mensch von Geburt an mit einem Temperament ausgestattet ist, das

ihn irgendwo auf einem Kontinuum zwischen »sehr introvertiert« und »sehr extrovertiert« ansiedelt. Laney verweist auf Forschungen der Gegenwart (insbesondere Forschungen an Zwillingen), die bestätigen, dass Jung mit seiner Intuition richtiglag, dass jeder Mensch mit einem angeborenen Temperament zur Welt kommt.

15   Zu den prägenden Werken gehören Laney (2016), Cain (2013), Helgoe (2013) sowie sämtliche Bücher von Sylvia Löhken.

16   Einzig bei Karin Ackermann-Stoletzky (2016). *Introvertiertheit: Die leise Stärke*. Moers: Brendow, S. 182–206 findet sich ein Abschnitt zu Introversion aus christlicher Sicht.

17   Löhken 2015:14.

18   Rilke, Rainer Maria (2014). *Du musst das Leben nicht verstehen. Schöne Gedichte*. 5. Aufl. Wiesbaden: marixverlag, S. 48.

19   In der akademischen Literatur wird eher von *Extraversion* gesprochen, in der Umgangssprache eher von *Extroversion*. Ich halte es mit Löhken (2015:17) und anderen, indem ich mich der gängigen Umgangssprache anschließe und durchgängig von *Extroversion, Extrovertierten* und *extrovertiert* spreche (ausgenommen Zitate, dort übernehme ich die Schreibweise der jeweiligen Autoren). Im Blick auf die Verwendung des Adjektivs ist laut Duden neben *extravertiert* inzwischen auch die Schreibweise *extrovertiert* zulässig.

20   Die *Stabilität* zeigt den Grad der Emotionalität einer Person: »Instabile Menschen sind launisch, erregbar, stabile – ruhig, gut angepasst.« Franken, Swetlana (2007). *Verhaltensorientierte Führung. Handeln, Lernen und Ethik in Unternehmen*. 2. Aufl. Wiesbaden: Gabler, S. 23.

21   Der Faktor *Extroversion* spiegelt das Ausmaß wider, »in dem die Orientierung einer Person nach innen, auf sich selbst, oder nach außen gerichtet ist«. Franken 2007:22.

22   Helgoe, Laurie (2013). *Introvert Power: Why Your Inner Life is Your Hidden Strength*. 2nd edition. Naperville: Sourcebooks. (Die Erstauflage erschien 2008.)

23   Helgoe 2013:xxv.

24   Mit Verweis auf die Ergebnisse des *MBTI® Step II Manual (© 2001)* nennt Helgoe (2013:xxvi) das Verhältnis von 57 Prozent Introvertierten gegenüber 43 Prozent Extrovertierten.

25   Löhken 2015:33.

26   Vgl. hierzu Laney, Marti Olsen (2016). *Die Macht der Introvertierten: Der andere Weg zu Glück und Erfolg*. 2. unveränderte Auflage. Bern: Hogrefe, S. 32–33.

27   Löhken 2015:45.

28   Vgl. hierzu das *Kapitel nur für Zentros* bei Löhken, Sylvia (2016b). *Intro, Extro oder Zentro?* Offenbach: Gabal, S. 91–97. In der neueren Literatur hat Devora Zack (Autorin von *Networking für Networking-Hasser*, 2012) den Begriff »zentrovertiert« geprägt (Löhken 2016:91).

29   Löhken 2016:92.

[30] Marti Olsen Laney besetzte im Jahr 2003 als Erste das Thema Introversion. Als Entscheidungshilfe für Menschen in der Mitte schrieb sie, dass sich jene fragen sollen, ob sie in einer Notsituation dazu tendieren, stillzustehen und sich zurückzuziehen. In diesem Fall wäre die Kernveranlagung eindeutig introvertiert. Viele Extrovertierte fallen in Notsituationen in einen regelrechten Aktivismus.

[31] Löhken 2015:29.

[32] Diese Erkenntnisse gehen vor allem auf den Harvardpsychologen Jerome Kagan zurück. Er untersuchte rund fünfhundert Säuglinge im Alter von vier Monaten. Seine Untersuchung führte er dann Jahre später an den mittlerweile Erwachsenen fort. Er kam zum Schluss, dass, wer als Kind heftig auf Reize reagiert hatte, als Erwachsener eher ein introvertierter Charakter war (vgl. Cain 2013:155–170).

[33] Dembling, Sophia (2015). *Die Macht der Stille: Wie introvertierte und hochsensible Menschen ihre Besonderheit erkennen, verstehen und nutzen können.* München: mvg Verlag, S. 25.

[34] Wehrle, Martin (2017). *Der Klügere denkt nach: Von der Kunst, auf die ruhige Art erfolgreich zu sein.* München: Mosaik, S. 32.

[35] Hier ist vor allem auf das Standardwerk von Elaine Aron hinzuweisen: Aron, Elaine N. (2013): *Sind Sie hochsensibel? Wie Sie Ihre Empfindsamkeit erkennen, verstehen und nutzen.* 9. Aufl. München: mvg. Die Forschung von Aron bildet die Grundlage für weiterführende Forschungen. Erwähnenswert sind: Parlow, Georg (2015): *Zart besaitet. Selbstverständnis, Selbstachtung und Selbsthilfe für hochsensible Menschen.* 4. Aufl. Wien: Festland Verlag; Harke, Sylvia (2016): *Hochsensibel ist mehr als zartbesaitet. Die 100 häufigsten Fragen und Antworten.* München: Via Nova; Heintze, Anne (2014): *Außergewöhnlich normal. Hochbegabt, hochsensitiv, hochsensibel: Wie Sie Ihr Potential erkennen und entfalten.* München: Ariston.

[36] Hier ist vor allem auf die Bücher von Dirk und Christa Lüling hinzuweisen (zum Beispiel: *Lastentragen, die verkannte Gabe. Hochsensible Menschen als emotionale Lastenträger.* 10. Aufl. Lüdenscheid: Asaph 2015). Weiter auf Bücher von Samuel Pfeifer (zum Beispiel: *Der sensible Mensch. Leben zwischen Begabung und Verletzlichkeit.* Wuppertal: R. Brockhaus 2006) sowie auf die Bücher von Brigitte Schorr (zum Beispiel: *Hochsensible Mütter.* Holzgerlingen: SCM Hänssler 2013).

[37] Ein Grund dafür mag in der tiefen Sehnsucht nach Spiritualität, Metaphysik und Übersinnlichem, die viele Hochsensible (und insbesondere auch Hochsensitive) auszeichnet, zu finden sein.

[38] Cain, Susan (2013). *Still: Die Kraft der Introvertierten.* 3. Aufl. München: Goldmann, S. 31.

[39] Trappmann-Korr, Birgit (2012). *Hochsensitiv: Einfach anders und trotzdem ganz normal. Leben zwischen Hochbegabung und Reizüberflutung.* 5. Auflage. Kirchzarten: VAK, S. 109.

[40] Vgl. Heintze 2016:21.

[41] Heintze 2016:29.

42 Vgl. Schorr, Brigitte (2014): *Hochsensibilität. Empfindsamkeit leben und verstehen.* 5. Aufl. Holzgerlingen: SCM Hänssler, S. 15–17.20–26.

43 Dies trifft zum Beispiel auf das Buch *Lastentragen – die verkannte Gabe. Hochsensible Menschen als emotionale Lastenträger* von Christa und Dirk Lüling (8., ergänzte Auflage. Lüdenscheid: Asaph 2012) zu.

44 Klar schwingt Letzteres immer ein bisschen mit, angesichts der Tatsache, dass 70 Prozent aller Hochsensiblen introvertiert sind. Auch das Verhalten von extrovertierten Hochsensiblen kann in gewissen Punkten Ähnlichkeiten mit dem Verhalten von introvertierten Menschen aufweisen.

45 Eine sehr ausführliche Auflistung findet sich zum Beispiel bei Patrick Hundt, dem Autor von *Kopfsache: Liebe den Introvertierten in dir.* Auf seiner Website hat er *92 Eigenschaften von Introvertierten* zusammengetragen und jene dabei in die Kategorien eher positive assoziierte, neutral bewertete, eher negativ assoziierte und gefühlte Eigenschaften unterteilt: http://www.introvertiert.org/92-eigenschaften-von-introvertierten [Stand: 10.07.2017].

46 https://twitter.com/michaelachung1/status/529483280081752064?lang=de [Stand: 06.10.2017], Übersetzung D. S.

47 Trappmann-Korr 2012:309.

48 Trappmann-Korr 2012:307. Die meisten Forscher sind sich einig darin, dass 70 bis 75 Prozent aller Introvertierten auch hochsensibel sind.

49 Trappmann-Korr 2012:120.

50 Trappmann-Korr 2012:120.

51 Trappmann-Korr 2012:311.

52 Vgl. hierzu auch Trappmann-Korr 2012:309.

53 Trappmann-Korr 2012:310.

54 Dembling 2015:10.

55 http://tinyurl.com/yazp78ya [Stand: 01.10.2017].

56 Schaffer, Ulrich (1987): *Ich wage… Etwas einsetzen, um Leben zu gewinnen.* München: Groh, S. 22.

57 Unter diesem Begriff fasst Anne Heintze hochbegabte, hochsensible, hochsensitive und introvertierte Menschen zusammen.

58 Auch Extrovertierte können von Depression betroffen sein.

59 http://gutenberg.spiegel.de/buch/-2100/19 [Stand: 26.07.2017].

60 Vgl. hierzu zum Beispiel den Beitrag von Joel Reuse vom 6. Februar 2017 auf der Website *Introvert, Dear. For Introverts and Highly Sensitive People* mit dem Titel: *I'm an introvert who faked being an extrovert and it led to severe depression* (Ich bin ein Introvertierter, der vorgab, ein Extrovertierter zu sein, und es endete in schweren Depressionen) [Stand: 26.07.2017].

61 Dieses Zitat wird in Selbsthilfebüchern und in den sozialen Medien fälschlicherweise Dostojewski zugeschrieben. Es stammt jedoch aus einem Gedicht (ohne Titel, datiert auf das Jahr 1878) des russischen Dichters Apollon Maikow (vgl. https://en.wikiquote.org/wiki/Fyodor_Dostoyevsky [Stand: 26.07.2017]).

62 Sie finden die englische Originalversion im Anhang.

63 Vgl. hierzu Löhken 2015:46. Sylvia Löhken weist darauf hin, dass Selbstkritik in extremen Fällen sogar zur Selbstsabotage führen kann.

64 http://tinyurl.com/ycvkqtk5 [Stand: 06.10.2017], Übersetzung D. S.

65 Cain 2013:115.

66 Dembling 2015:26.

67 Damit ist das *Diagnostic and Statistical Manual of Mental Disorders* (DSM-5) gemeint (vgl. Dembling 2015:26).

68 Die Introversion wäre einer von mehreren Faktoren gewesen, die zu der Diagnose einer schizotypen Persönlichkeitsstörung hätte führen können. Im entsprechenden Vorschlag wurde Introversion wie folgt definiert: »Sozialer Rückzug: Vorliebe, allein zu sein, anstatt mit anderen zusammen; Zurückhaltung in sozialen Situationen; Vermeidung und mangelnde Freude an sozialen Kontakten/Aktivitäten; fehlende Initiative zu sozialen Kontakten« (Dembling 2015:26).

69 Dembling 2015:9–10.

70 Dembling 2015:27.

71 Cain 2013:20.

72 »Here's a well-kept secret: introversion is not defined by lack. Introversion, when embraced, is a wellspring of riches« (Helgoe 2013:xx; Übersetzung D. S.).

73 Vgl. Löhken 2015:48 sowie eine ausführliche Beschreibung der entsprechenden Stärken auf den Seiten 49 bis 63.

74 Löhken 2015:50.

75 Das Lied *Dass i di ma* von Peter Reber findet sich auf seiner CD *Timbuktu* (aus dem Jahr 1998, © 1998 Peter Reber Liton Musikverlag). Das Lied ist in der schweizerdeutschen Originalversion auch auf Youtube zu hören: http://tinyurl.com/y7ffkxgm [Stand: 04.08.2017].

76 In ihrem Buch *Introvert Power: Why your inner life is your hidden strength (Introvertierte Kraft: Wieso dein Innenleben deine verborgene Kraft ist,* Helgoe 2013:137ff).

77 Dembling 2015:49.

78 Pearl S. Buck, zit. in *The New York Post* vom 26. April 1959, Übersetzung D. S.

79 https://www.scientificamerican.com/article/the-power-of-introverts [Stand: 05.08.2017], Übersetzung D. S.

80 Ein Konzept, das auf Talenten beruht, ist zum Beispiel der *Clifton StrengthsFinder®*. Dieses Onlinewerkzeug erfasst persönliche Talente und identifiziert die Bereiche mit dem größten Potenzial für den Ausbau der jeweiligen Stärken.

81 2001, Melodie & Text: Stuart Townend & Keith Getty, deutsche Übersetzung: Guido Baltes.

82 Text: Florian Sitzmann, Andreas Malessa, Musik: Florian Sitzmann, © Pila Music, Dettenhausen.

83 Sommer, Debora (2017). *einzigartig – Entfalte, was in dir steckt.* Marburg: Francke, S. 152–156.

84 Sommer, Debora (2017). *einzigartig – Entfalte, was in dir steckt.* Marburg: Francke, S. 154–156.

85 Allen Shawn, zit. vorne im Buch von Cain 2013.

86 Vgl. hierzu auch Heintze 2016:84–87. Anne Heintze spricht in diesem Zusammenhang von »Energievampiren« und »Energiespendern«.

87 Christian Morgenstern, zit. in Ackermann-Stoletzky 2016:168.

88 https://twitter.com/MichaelaChung1/status/811653231180967936 [Stand: 06.10.2017], Übersetzung D. S.

89 Mueller, Kayla 2016. *Just because I need time to respond doesn't mean I'm unintelligent.* Beitrag vom 22. Dezember 2016 auf der Website: *Introvert, Dear. For Introverts and Highly Sensitive people.* Vgl. http://tinyurl.com/yc5uqe62 [Stand: 28.07.2017], Übersetzung D. S.

90 Dieses und die folgenden Zitate sind aus dem Englischen übersetzt von D. S.

91 Trappmann-Korr 2012:132.

92 Trappmann-Korr 2012:131.

93 Trappmann-Korr 2012:310.

94 Staatsunabhängige Theologische Hochschule Basel (http://www.sthbasel.ch).

95 https://www.ted.com/talks/susan_cain_the_power_of_introverts [Stand: 27.07.2017].

96 Wehrle 2017:13.

97 Cain 2013:425.

98 Cain 2013:318.

99 Cain 2013:331.

100 Cain 2013:332–333.

101 Cain 2013:333.

102 Als Resultat meiner Nachforschungen wurden zwei Bücher publiziert. Einerseits die Doktorarbeit: Sommer, Debora (2013). *Eine baltisch-adlige Missionarin bewegt Europa: Barbara Juliane v. Krüdener, geb. v. Vietinghoff gen. Scheel.* Göttingen: V&R unipress. Und ein Jahr später die Biografie zum 250. Jubiläum: Sommer, Debora (2014). *Juliane von Krüdener: Eine Baronin missioniert Europa.* Marburg: Francke.

103 Vgl. Cain 2013:318.

104 Cain 2013:320.

105 Cain 2013:334.

106 Cain 2013:122.

107 Cain 2013:116.

108 Wehrle 2017:125.

109 Wehrle 2017:125.

110 Wehrle 2017:368.

111 Cain 2013:13.

112 Vgl. Laney 2016 (2. unveränderte deutsche Auflage). Die amerikanische Originalausgabe erschien im Jahr 2002 unter dem Titel *The Introvert Advantage.*

113 Laney 2016:30.

114 Laney 2016:30–31.
115 Laney 2016:31.
116 http://tinyurl.com/yccf63n8 [Stand: 28.07.2017].
117 http://tinyurl.com/ycm5cnzj [Stand: 28.07.2017].
118 Dembling 2015:155.
119 Vgl. hierzu Cain 2013:338f.
120 Löhken 2015:114.
121 Helgoe 2013:97–98.
122 Auch wenn bereits einzelne Introversionsbücher vor 2011 erschienen sind, so markiert Cains Buch *Quiet* aus dem Jahr 2011 (beziehungsweise die deutsche Übersetzung im Jahr 2013), zumindest im deutschsprachigen Kontext, eindeutig den Anfang der Diskussion.
123 Im deutschsprachigen Kontext hat sich in den vergangenen Jahren vor allem Sylvia Löhken mit Fachliteratur zum Thema Introversion einen Namen gemacht. Mit Patrick Hundt (2014), Martin Wehrle (2017) und wenigen anderen haben sich auch einzelne männliche Stimmen in die deutschsprachige Diskussion eingebracht.
124 Vgl. Ackermann-Stolezky 2016:182–206.
125 Bechtle, Mike (2006). *Evangelism for the Rest of Us: Sharing Christ within Your Personality Style.* Grand Rapids: Baker Books, S. 19, Übersetzung D. S.
126 Cain 2013:106–115.
127 http://tinyurl.com/y8smvr2p [Stand: 28.07.2017].
128 http://www.bibel.com/jesus-forum/viewtopic.php?f=47&t=11007 [Stand: 28.07.2017].
129 http://tinyurl.com/ycy8ykjz [Stand: 28.07.2017].
130 Trappmann-Korr 2012:109. Dabei verweist sie auch auf das Buch *Kein Platz für »Jäger«* (2000) von T. Hartmann, wo die beiden Persönlichkeitstypen »Jäger« (eher extrovertiert) und »Farmer« (eher introvertiert) unterschieden werden.
131 Vgl. McHugh, Adams S. (2017). *Introverts in the church: Finding our place in an extroverted culture.* Revised and expanded 2nd edition. Downers Grove: InterVarsityPress, S. 18.
132 McHugh 2017:18–19, Übersetzung D. S.
133 Tanner, Mark (2015). *The Introvert Charismatic: The gift of introversion in a noisy church.* Oxford: Monarch Books, S. 47.
134 Baltz, Evan D. (2016). *The Christian Introvert.* Wrocław: Amazon, S. 27–37.
135 Baltz 2016:29, Übersetzung D. S.
136 Vgl. Baltz 2016:37.
137 Wenn ich zum Beispiel an die Tempelreinigung von Jesus denke (vgl. Matthäus 21,12–14), erkenne ich durchaus auch extrovertiertes Verhalten bei Jesus. Auch in den Gesprächen mit den Pharisäern etc.
138 Baltz 2016:23, Übersetzung D. S.
139 Tanner 2015:48, Übersetzung D. S.
140 Tanner 2015:48, Übersetzung D. S.

141 McHugh 2017:52, Übersetzung D. S.
142 Baltz 2016:37, Übersetzung D. S.
143 Baltz 2016:16, Übersetzung D. S.
144 In einigen Kirchen, insbesondere in den USA, wird vor oder nach dem Gottesdienst auch eine Sonntagsschule für Erwachsene angeboten. Diese Zeit dient auf besondere Weise dem Studium biblischer Inhalte und der Reflexion im Blick auf die praktische Umsetzung.
145 Baltz 2016:20–21, Übersetzung D. S.
146 Vgl. Baltz 2016:30.
147 https://www.unifr.ch/bkv/kapitel2032-6.htm [Stand: 07.08.3017].
148 McHugh 2017:27, Übersetzung D. S.
149 Zit. in McHugh 2017:28, Übersetzung D. S.
150 »anti-intellectualism«.
151 Pragmatismus ist die Grundhaltung, alles auf die handelnden Menschen zu beziehen und nach den praktischen Folgen zu beurteilen. Das Handeln wird hierbei über die Vernunft gestellt.
152 McHugh 2017:28, Übersetzung D. S.
153 Vgl. McHugh 2017:29.
154 Das Adjektiv *still* steht in der Bedeutung für »untätig sein, sich ruhig verhalten«.
155 Vgl. hierzu Tanner 2015:59f.
156 Tanner 2015:60. *Sophia* ist das griechische Wort für Weisheit.
157 Tanner 2015:60.
158 https://tinyurl.com/yb6xy5db [Stand: 10.08.2017].
159 Baltz 2016:3.
160 Baltz 2016:4.
161 Baltz 2016:48.
162 Platon [1957]. *Sämtliche Werke*. Bd. 1. Hg. von Walter F. Otto, Ernesto Grassi, Gert Plamböck. Hamburg: Rohwolt, S. 103.
163 Christian Ringli, in der Zeitschrift *antenne*, Ausgabe: August 2017, S. 13.
164 Das Zitat findet sich zum Beispiel auf folgender Website: http://tinyurl.com/yaa7e9ja [Stand: 28.07.2017].
165 Zit. in Laney 2016:293.
166 Cain 2013:34.
167 Dembling 2015:10.
168 Tanner 2015:57.
169 Gandhi, zit. in Cain 2013:277.
170 Löhken 2016a:22.
171 Heintze 2016:10.
172 Marc Aurel, zit. in Heintze 2016:124.
173 Marc Aurel, zit. in Heintze 2016:12.
174 Abraham Lincoln, zit. in Bischoff, Christian (2012). *Machen Sie den positiven Unterschied: 15 Einstellungen, die Ihr Leben verändern*. Leipzig: Draksal, S. 273.
175 Cain 2013:12.

176 Als Quelle wurde Tim Elmore, *Growing Leaders* angegeben.
177 McHugh 2017, Stimme zum Buch, Übersetzung D. S.
178 Edwards, Judson (2013). *Quiet Faith: An Introvert's Guide to Spiritual Survival.* Macon: Smyth & Helwys, S. 118.
179 Edwards 2013:119, Übersetzung D. S.
180 Tanner 2015:148 (»Introverts need a faith that is bigger than their horizons«), Übersetzung D. S.
181 Tanner 2015:148, Übersetzung D. S.
182 Vgl. Tanner 2015:149.
183 Schaffer 1987:12.
184 Das Kinderbuch *Frederick* vom italienischen Autor Leo Lionni wurde erstmals im Jahr 1967 veröffentlicht und erfreut sich bis auf den heutigen Tag großer Beliebtheit.
185 Cain 2013:17.
186 McHugh 2017:148, Übersetzung D. S.
187 McHugh 2017:148, Übersetzung D. S.
188 Übersetzung D. S.
189 Das anonyme Zitat stammt aus dem Internet: »I like cancelled plans. And empty bookstores. I like rainy days and thunderstorms. And coffee shops. […] But most of all I like the small joys that a simple life brings.« Übersetzung D. S.
190 Cain 2013:424.
191 Adam McHugh, interviewt von Nancy Ancowitz: http://tinyurl.com/ y6ww44 cl [Stand: 29.08.2017], Übersetzung D. S.
192 Heintze 2016:52.
193 Heintze 2016:53.
194 Helgoe 2013:35–48. Die Psychologin geht unter anderem auf die Hintergründe ein, die zum Gefühl der Entfremdung (engl. *alienation*) führen, und wie unterschiedlich Intros damit umgehen.
195 Helgoe 2013:37: »Shadow Dwellers«.
196 Helgoe 2013:27: »Socially Accessible«.
197 Nach der Version der Gruppe *Acapella*. Der Song wurde arrangiert von George Pendergrass, Übersetzung D. S.
198 http://tinyurl.com/y88sktlt [Stand: 27.07.2017], Übersetzung D. S.

Brigitte Schorr

Hochsensible im Beruf

Wie empfindsame Menschen leben und arbeiten

Klappenbroschur, 13,5 x 21,5 cm, 224 Seiten
Nr. 395.827, ISBN 978-3-7751-5827-5
Auch als E-Book

Menschen mit hochsensibler Begabung sehen, hören und spüren mehr als andere Menschen. Brigitte Schorr, führende Expertin im deutschsprachigen Raum zum Thema, zeigt, was Hochsensibilität ist und wie Menschen mit dieser Begabung im Beruf leben und aufblühen können.

Brigitte Schorr

Hochsensible in der Partnerschaft

Gebunden, 14 x 21,5 cm, 224 Seiten
Nr. 395.572, ISBN 978-3-7751-5572-4
Auch als E-Book

Auf Paare, wo einer von beiden hochsensibel ist, kommen Herausforderungen zu. Brigitte Schorr erklärt, was Hochsensibilität bedeutet und wie sie die Beziehung beeinflusst. Die Autorin gibt praxiserprobte Tipps, wie beide Partner einen guten Umgang lernen können.

Bitte fragen Sie in Ihrer Buchhandlung nach diesen Büchern!
Oder schreiben Sie an: SCM Hänssler, D-71087 Holzgerlingen;
E-Mail: info@scm-haenssler.de; Internet: www.scm-haenssler.de

Brigitte Schorr

Hochsensible Mütter

Paperback, 13,5 x 20,5 cm, 208 Seiten
Nr. 395.441, ISBN 978-3-7751-5441-3
Auch als E-Book

Ein Kind zu haben ist für hochsensible Frauen wie eine Fahrt mit der Achterbahn. Eine Flut von Wahrnehmungen und Gefühlen stürzt auf sie ein und bringt sie oft an ihre Grenzen. Dieses Buch bietet praktische Anregungen und Denkanstöße für einen entspannteren Alltag.

Samuel Pfeifer

Der sensible Mensch
Leben zwischen Begabung und Verletzlichkeit

Gebunden, 13,5 x 20,5 cm, 320 Seiten
Nr. 395.400, ISBN 978-3-7751-5400-0
Auch als E-Book

Sensibilität ist im Alltag nicht gefragt. Dabei haben 15–20 Prozent aller Menschen eine besondere »dünne Haut«. Ein Leben mit erhöhter Empfindsamkeit birgt jedoch besondere Chancen und Gefahren. Dieses Buch hilft Betroffenen und Fachleuten, sie zu verstehen.

Bitte fragen Sie in Ihrer Buchhandlung nach diesen Büchern!
Oder schreiben Sie an: SCM Hänssler, D-71087 Holzgerlingen;
E-Mail: info@scm-haenssler.de; Internet: www.scm-haenssler.de